《国家人文历史》 —— 编

Fascinating
• History Of
China

②

四川人民出版社

图书在版编目（CIP）数据

看不够的中国史. 2 /《国家人文历史》编.
成都：四川人民出版社, 2025.3. -- ISBN 978-7-220-13873-7

Ⅰ. K209

中国国家版本馆CIP数据核字第20246YQ069号

KANBUGOU DE ZHONGGUOSHI 2

看不够的中国史2
《国家人文历史》 编

出 版 人	黄立新
出 品 人	柯 伟
总 策 划	周 斌
监 制	雷 蕾 郭 健
责任编辑	范雯晴
特约编辑	宋 鑫
营销编辑	段丽君
责任校对	林 泉
装帧设计	八牛·设计

出版发行	四川人民出版社（成都三色路238号）
网 址	http://www.scpph.com
E-mail	scrmcbs@sina.com
新浪微博	@四川人民出版社
微信公众号	四川人民出版社
发行部业务电话	（028）86361653　86361656
防盗版举报电话	（028）86361653
照 排	天津星文文化传播有限公司
印 刷	三河市嘉科万达彩色印刷有限公司
成品尺寸	166mm×235mm
印 张	17
字 数	206千
版 次	2025年3月第1版
印 次	2025年3月第1次印刷
书 号	ISBN 978-7-220-13873-7
定 价	59.80元

■版权所有·侵权必究
本书若出现印装质量问题，请与我社发行部联系调换
电话：（028）86361656

目 录
contents

藏器于身,待时而动

亡国秦民为什么宁要楚人刘邦,也不要秦人章邯? / 002

拥有鲜卑血统的隋文帝,北击突厥很有一套 / 013

看似"无缚鸡之力",实则"八块腹肌":哪些读书人的武力值爆表? / 023

为了重续李唐时代,他经历了3年的血与火 / 031

抗金名将韩世忠在黄天荡之战中全军覆没,为何却能名垂后世? / 040

捕鱼儿海战役,为什么能一举将黄金家族打成青铜? / 047

不是小叫花子,是"富二代"的李卫:靠什么成为雍正的心腹? / 055

目 录
contents

得其所利，虑其所害

皇帝：我太难了，皇家亲戚不能不用，又不能重用！ / 064

刘邦如何巧妙解决数十万将士的复员问题？ / 075

他手拿"董卓+曹操"的剧本，结果被挟持的天子反杀了 / 083

"三分天下"VS"五代十国"：汉唐两朝灭亡后的割据局面有何不同？ / 092

唐高宗迎来"中年危机"：一边着急立太孙，一边放权武则天 / 099

前期作战没有折损的梁山好汉，为何在征讨方腊时迅速减员？ / 107

明知道金被灭，下一个就是自己，南宋为何还要与蒙古结盟？ / 115

在大清和大顺之间，吴三桂为什么选择打开山海关降清？ / 128

目录 contents

因势而谋，应势而动

合纵与连横的对抗：争夺韩魏何以成为秦统一的战略支点？ / 138

都是作为藩王被请入京，霸陵墓主汉文帝与海昏侯刘贺，为何同运不同命？ / 149

拿到"爽剧剧本"的开国皇帝，为何沦为"小透明"？ / 160

在帝王眼皮底下暗养死士失败率极高，司马懿是怎么做对每一步的？ / 170

安禄山为什么敢铤而走险？他的底气在哪里？ / 179

宋高宗出海避难催生了南宋政权前所未有的海洋战略 / 187

大顺 VS 八旗：两个虐过大明的选手谁更能打？ / 195

目录 contents

上枉下曲，上乱下逆

刘禅当了40年皇帝，水平究竟怎么样？ / 206

北宋军事元气大伤，赵光义有多大责任？ / 214

西辽往事：皇三代如何靠实力迅速败光一个中亚大国？ / 221

朝鲜长期追随明朝，为何在萨尔浒之战中三心二意？ / 232

崇祯一朝，有多少大将败给了莫须有的"养寇自重"？ / 240

南明实力明明远胜东晋、南宋，为何没能长期偏安南方？ / 249

垂死挣扎的晚清军队：八旗绿营不行，为什么湘淮军也不行？ / 257

第一章

藏器于身，待时而动

亡国秦民为什么宁要楚人刘邦，
也不要秦人章邯？

  对于刘邦还定三秦的战事，人们往往有两种看法：一种看法主要将其成功归因于韩信杰出的军事能力；另一种看法认为这主要是刘邦集团政治上的胜利，即刘邦占领咸阳时的约法三章，打下了良好的群众基础。反观章邯，在项羽新安杀降一事中，他采取了默许乃至配合的态度，这使得他和司马欣、董翳三位分封在关中的诸侯王丧失了民意支持。

  无论上述哪种说法，都颇有道理。但若向深层次探究，这更像是史实与宣传互相混杂的结果。大家印象中的一战而胜、关中传檄而定的情况并没有发生，刘邦用了近半年时间才基本击败了"三秦王"，而彻底消灭章邯的顽抗则用了近一年的时间，其间激烈的战事甚至让关中出现了大饥荒。

约法三章：史实与宣传的混杂

巨鹿之战后，章邯所部秦军主力与诸侯联军对峙了半年之久。最终，随着军事形势的恶化，加上章邯、赵高之间权力斗争的加剧，章邯选择了与诸侯联军结盟，共同灭秦。到此时，秦亡已成定局。赵高和关中地方军政长官也纷纷与此时在武关一带的刘邦"眉来眼去"。刘邦利用守军首鼠两端的机会，先一举攻破了武关，随后击破内部意见不一、缺乏组织的秦军，进而攻克峣关。秦朝廷中枢在一个月内先后经历了赵高杀胡亥、子婴杀赵高两次政变，秦国军民的抵抗意志迅速崩溃。刘邦所部随后在蓝田附近又两次击败秦军，基本瓦解了秦军的抵抗。刘邦在行军路上还辅以政治攻势，要求诸将沿途不得掳掠。刘邦所部楚军先锋很快到达了咸阳东南的霸上地区。

到这时，刚即位一个多月的秦王子婴再也无力回天，只能把自己的身家性命寄托在征服者的宽容上。他乘坐白马牵引的丧车，把天子的绶带系在头颈上，将皇帝的玉玺和符节封存后随身携带，前往咸阳城东南、霸上附近的轵道亭向刘邦投降。刘邦接受了子婴的投降，将他带在身边，随后进入咸阳城。刘邦的部将在入关途中被禁止劫掠民众，现在进了咸阳城，都抢着瓜分秦国宝库中的金帛财物，只有萧何第一时间接管了秦国丞相府和御史寺的律令文书和官方档案。

成为咸阳城主人的刘邦，此时难免有些懈怠，想先享受下胜利的果实，但在张良和樊哙的提醒下冷静了下来：诸侯联军还在关外虎视眈眈，关中的土地、财富和人口理论上是属于大家而不是他刘邦一个人的，他要是独吞关中的土地和财富，就会成为众矢之的。于是，刘邦便把秦国的宫殿和府库都暂时封存起来，等待诸侯联军到来后再行处置。刘邦所部军队也退出咸阳城，回到霸上驻军。

还军霸上的刘邦召集关中诸县的父老和豪杰，表示按照"怀王之约"，率先进入关中的自己应当成为下一任关中王。随后，刘邦与他们约法三章：杀人者死，伤人和偷盗劫掠者抵罪，对于诽谤罪之类的秦朝苛法都予以废除，秦地方上的官吏和基层统治秩序一律维持原状。对于主动献上牛羊酒食的当地民众，刘邦表示，缴获的秦官仓里面的粮食足够吃，不需要父老乡亲再破费。于是，刘邦在关中民众间又收获了一波好口碑。

正因如此，从当时的刘邦阵营到后世的史书，都习惯于将"约法三章"视为刘邦仁政的表现。这样理解当然没问题，但这只是其中的一部分。刘邦所部楚军当时全部驻扎在霸上，在"约法三章"时他也明确告知了关中父老，要等诸侯联军都到达了再正式定规矩，也就是说，"约法三章"是诸侯联军到来前刘邦所部楚军的临时管制措施。随着秦的覆灭，关中基层的秩序与治安都面临失控风险。刘邦的军队屯驻在远离咸阳的霸上，那么刘邦必然需要当地这些父老、豪杰们的配合，共同维持关中的基层秩序。"约法三章"更像是刘邦为这些关中本地势力划出的红线：但凡出现趁乱杀人、伤人和抢劫偷盗公私财物者，刘邦所部楚军会直接参与对他们的惩治。至于其他方面的基层秩序，则由父老、豪杰们共同维持，刘邦不会干涉。

刘邦明确对关中父老说，他在等诸侯联军到来后正式定规矩。这就带出了一个问题：诸侯联军为什么来得这么慢？

我们不妨先罗列一下具体时间。在这里需要说明，秦历以十月为岁首，十二月后紧接一月（端月，正月），九月为岁末。如秦二世二年起始于秦二世二年十月，结束于次年的秦二世二年九月，接下来则是秦二世三年十月。

早在秦二世三年（公元前207年）元月，诸侯联军就已经全歼秦军王离部，但秦军主力相对完整，联军内部就秦亡后的天下分割各怀鬼胎，都想以最小的代价获得最大的收益，不愿意与章邯死拼。因此，在双方对峙了半年之后，诸侯联军才勉强逼得章邯有条件投降。秦二世三年七月，章邯就在殷墟与诸侯联军的统帅项羽正式盟誓，一起入关灭秦，而当时刘邦刚勉强攻下南阳，还没正式向关中进军。

理论上，章邯加入后的诸侯联军向西进军，在军事进攻上几乎不会遇到什么抵抗。在后勤上，联军拥有河南、河内、河北等广阔腹地支持，又有以敖仓为核心的漕运体系支撑，也不存在什么困难。然而，随着章邯部秦军主力加入了反秦大军，联军内部的分赃不均比之前双方对峙的那半年进一步加剧。这也很容易理解，来了章邯及其麾下这些来分"蛋糕"的人，必然会导致更多的分歧和争端。

于是，我们看到了古怪的一幕，章邯部秦军在七月份投降，随后三个月内，诸侯联军和秦军都原地停留在河内郡、二川郡一带。而这一阶段的刘邦破武关、峣关，在蓝田击败做最后抵抗的秦军，随后在汉元年（公元前206年）十月受降秦王子婴，秦正式灭亡。诸侯们直到这时才磨磨蹭蹭地向西进军，眼睁睁地让刘邦经武关道一路入关，单独灭了秦。

刘邦顺利入关灭秦后，封存咸阳城的宫殿、仓库，回到霸上等待联军的到来。

新安惊变：货真价实的屠杀和存疑的规模

汉元年（公元前206年）十一月，诸侯联军到达河南新安县（今河南渑池东）。在这里，发生了令人震惊的大事：项羽等联军首领策划了一次对联军中秦降军的大规模屠杀行动！

对于这次屠杀，太史公司马迁所有的记述只有一个口径：投降的秦军和原先各诸侯国的军队之间因为新仇旧怨而相处得极差。当初在阿房宫、秦始皇陵等各类大工程的修筑中，来自关中的秦人作为灭亡六国的胜利者，担任监工之类的小领导，对六国来的徭役苦力动辄打骂。现在秦灭亡在即，诸侯联军士兵中许多人借机报复已经投降的秦军，引起了秦军普遍不满，他们甚至质疑章邯的决策，暗中串联要继续效忠秦。于是，项羽找来在巨鹿之战中立下大功的英布和蒲将军，商量后决定由楚军趁夜袭击秦军营帐，将 20 万秦军集体屠杀后埋葬在新安县城以南。

有关新安大屠杀一事的记录，最早出现在刘邦指控项羽的"十大罪"中。刘邦宣称："（项羽）诈坑秦子弟新安二十万，王其将，罪六。"《史记》各处对此事的记载口径相当统一，很可能司马迁能看到的所有史料都是顺着刘邦这一指控定调的。

只有一种口径的史书对新安大屠杀的记述并不严谨。英布、蒲将军的嫡系只有 2 万人，就算加上项羽的其他楚军也不过五六万人，他们如何偷袭并在一个晚上杀光 20 万秦军？许多人把新安大屠杀理解为集体杀降，但秦军此时是有完整建制的，他们并不是长平之战后的赵军战俘，而是诸侯联军的一部分。兵力占劣势的楚军偷袭人数有优势且成建制的秦军，后者必然会反抗，那将会是一场实打实的战争。楚军就算能击溃秦军，也绝无可能将其全部杀光，残余的秦军无论是投靠以赵国为代表的其他诸侯，还是投靠已经入关的刘邦，都将成为项羽不共戴天的敌人。单独火并秦军，对项羽而言实在是一件高风险、低回报的事情。

正因如此，新安大屠杀引起了古今读史者的普遍质疑。如李开元先生在《秦崩：从秦始皇到刘邦》一书中的评论：

> 历史上究竟是实有其事，还是出于刘邦集团为了争取秦国人心的后来伪造？往事迷茫，已知的古史宛若无尽的黑暗中闪亮的点点烛光，微亮所及，隐约可以窥望疑似的痕迹踪影。由于现有的史料仅有如此一条记载，信由它，不信也由它，没有多余的选择。我想，如果没有新的考古史料的出现，我们只有姑且从之，存疑而已。

清康熙皇帝对此事同样深深质疑，道："朕又览《史记》《汉书》，亦仅文词之工，记事亦有不实处。即如所载项羽坑秦卒二十万，夫二十万卒，岂有束手待毙之理乎？"但诸侯联军在新安袭击并大规模屠杀秦军，又是不争的历史事实。

要想对这个谜案进行合理的解释，我们先来看这支号称20万秦军主力的构成。秦军的核心无疑是跟随章邯击败陈胜部将周文、保卫关中的精锐老兵，他们与关东诸国之间的历史血债也最多。后来，章邯向东出函谷关平定陈胜，与魏、齐等国诸侯大战，又在定陶、濮阳一带一度受制于项梁。当时在朝廷执政的冯去疾、李斯等人曾两次派遣援军给章邯。这些援军主要是秦军在关中各地的地方部队，以及在关东地方上驻防的秦军，这部分人员的战斗力略差一些。占比最大的，则是当初临时动员的骊山刑徒，这部分人员占一半以上，以秦军总数20万计算，有10多万人。

这些刑徒杂役中的绝大部分人本来就是关东六国人，只因为做了亡国奴才不得不千里迢迢来秦服徭役、做苦工。他们在秦军军中的地位相对较低，主要做一些后勤方面的辅助性工作。章邯向联军有条件投降后，其在关东的根据地河内郡、三川郡都被赵国将领接收过去。诸侯们完全没有理由让这些原六国的民众继续留在秦军军中，这些刑徒或杂役此时基本恢复原来所在国家的平民身份，由联军中相应国籍的军头接收。军头们把其中少数能打仗的编入军队，剩下的则留下来搞后勤或打发回家。在刘邦入关的这几个月时间里，诸侯联军应该已经把章邯军队里的这部分关东六国人改编、消化掉了。

剩下的秦军基本是货真价实的秦人，其中的精锐更可谓秦的既得利益者。三年来，他们靠着镇压关东义军又积累了相当的军功。基于秦的军功爵位制度，这意味着他们会获得相应的田产和经济待遇。但在诸侯联军其他各方看来，这些人是与他们有着国仇家恨的敌人，此时是因为打不过自己了才不情不愿地加盟反秦阵营，大家自然不愿意接受他们。这种分歧大约是诸侯联军几个月内什么都做不了、坐视刘邦入关的一大原因。

对章邯、司马欣等人而言，关中本就是他们的，就等着带兵去接收了，可现在却因为分赃不均无法实现。彼时的他们有两个选择：出卖一部分与诸侯联军利益冲突较大的部下，以换得尽快入关，称王一方；继续拖延下去，引起诸侯联军的公愤，之前称王关中的承诺不仅难以兑现不说，他们自身也会有危险，而刘邦在关中的地位会越来越稳固。最终，他们选择了前者。

包括章邯、司马欣等人在内密议的最后结果，大约是设计把秦军的一部分精锐拆散重新建制，将他们麻痹后彻底杀光。这些人与关东诸侯仇怨最深，与秦原有统治秩序绑定最深，既得利益最多，也很可能是章邯投降后最难协调的一部分群体。至于其他秦军部队，则留给章邯等人，在入关称王后用于维持统治。譬如秦末在洛阳周边防守的赵贲，曾和入关前从河南过境的刘邦激战过。后来诸侯联军入关后，他继续担任了章邯的部将，他统率的洛阳等地的秦驻军大概率不在此次杀戮范围内。被项羽称为"故人"的汉军骑兵将领吕马童，不久后作为秦人骑将在章邯麾下效力，最后则投降刘邦加入汉军。吕马童此时多半是以章邯部将的身份与项羽交往，和项羽又颇有私交。他同样逃过了新安的杀戮，后来仍为章邯效力。这说明，吕马童所部秦军骑兵既没有被屠杀也没有被项羽收编，而是一直在章邯的支配下。新安的这次杀戮，明显是有选择性的。

在联军走到距离函谷关很近的新安县时，各方终于决定动手了。由于章邯等人的配合，将要被屠杀的那部分秦军已经被拆散了建制，而且届时的章邯等原秦军领袖完全可以寻找一个借口来进一步麻痹他们的警惕心。随后，以英布、蒲将军的2万楚军为先锋，诸侯联军对毫无戒备的这部分秦军发起进攻。虽然这些秦军大部分是经验丰富的老兵，但他们是在毫无准备的情况下遭到突袭。他们原先的最高长官章邯、司马欣、董翳、赵贲等人甚至参与了这次杀戮的谋划。秦军与诸侯联军已经结盟4个月，在死亡黑名单上的这批士兵早就放松了警惕，建制又被事先打乱，无法组织抵抗，最终在这次血腥的杀戮中全部被杀。但以赵贲所部洛阳驻军、吕马童所部骑兵为代表的部队并不在这次杀戮范围之内，他们不仅未被杀，且后来还成为章邯、司马欣等人统治的倚靠力量。

还定三秦：刘邦经过艰苦战事才获胜

"约法三章"确实帮助刘邦收获了一定的关中人心。新安杀降的事件虽然货真价实，但实际杀戮的范围并不是所有秦军，而是其中的一部分。章邯、司马欣、董翳等人在其中扮演了不光彩的角色，一定程度上会削弱他们的人心基础，但这绝非刘邦后来击败这三秦王的根本原因。刘邦的军事实力占优势，才是他能重返关中的首要原因。

刘邦返回关中、还定三秦战役双方的力量对比，可谓一笔糊涂账。不过，我们仍然会在这里尽最大可能，还原双方当时的实力。

刘邦在诸侯就国后也来到了位于汉中地区的汉国都城南郑。跟随他一起前往的，除了他的嫡系外，还有大批"慕从者"。所谓"慕从者"，便是看好刘邦前途而自愿跟随他的人。进入汉中的汉军兵力为3万人，而史书记载的刘邦的"慕从者"人数是"数万"。如果刘邦的"慕从者"人数比3万汉军本部都多，官方史书完全可以记载实数，来突出刘邦深得人心的政治优势，故可推断其总数应小于3万。另一方面，"数万"这个数字一般不会用来形容1万人。因此，"慕从者"最可能的总数应在2万到3万之间，略少于汉军本部的人数。也就是说，刘邦带入汉中的总兵力有5万至6万人，这些人大部分都是身经百战的老兵，战斗力不容小觑。

雍王章邯、塞王司马欣、翟王董翳三位诸侯王有多少总兵力，实在是难以估算。按照我们前文的推测，号称20万的秦军有不少是六国刑徒、杂役，这些人已经基本被关东诸侯分走，剩余的秦军中很大一部分人则在新安被杀，而且被杀的很可能是秦军精锐。此时，分布在三秦王手下的原秦军主力剩余总数恐怕连5万人都不到，且都还是战斗力较差的败军。除此之外，三秦王手下可能还有一支兵力：刘邦入关时受降的关中地方秦军。刘邦麾下在诸侯联军入关前算上已经受降秦军有近10万人，这次入汉中包含自愿跟随的"慕从者"在内也只带了大约6万人，那些之前投降刘邦的秦军大概率划归三秦王了。这部分秦军战斗力很差，还是刘邦曾经的手下败将，战斗力有限。

所以，三秦王的总兵力可能略高于刘邦部，但由于原秦军的许多精锐在新安被杀，他们手下经验丰富的老兵并不多，大部分都是战斗力和战斗意志不强的残兵败将。理论上，占据关中膏腴之地的三秦王可以就地招募新军来补充自己的力量，可惜关中刚刚遭受过诸侯联军的一次超大规模烧杀。

秦朝灭亡过程中，刘邦从武关进入关中，大部分时候都是以政治安抚为主、军事进攻为辅。到后来，为了尽可能地削弱关中地区的经济和军事潜力，同时奖赏长期作战的将士们，诸侯联军瓜分了秦积累了几百年的财富，进行了大肆烧杀抢掠，并灭绝了以末代秦王子婴为首的秦王族残余。这样的掠夺与杀戮行为虽然残暴，却非项羽或其他个人的意气用事。通过这次大规模掠夺，入关的各路军队首领不但可以充实自己的财政能力、提升军队士气，还能有效削弱尚未经受大规模兵灾的关中地区。即使刘邦或者章邯重新成为整个秦故地唯一的统治者，他们的实力也不至于过分强大。虽然诸侯联军在关中的大规模烧杀是一次极为残酷的破坏行动，但把这次行动算到项羽的头上是不合理的。在许多场合，项羽的确用行动证明了自己是个残暴的人，但这次关中地区遭到的大破坏，符合三秦王之外所有入关和留在关东的诸侯王、军头们的共同利益，且刘邦反而成了这次烧杀行动的最大受益者！

诸侯联军于汉元年（公元前206年）十二月进入关中，到汉元年（公元前206年）四月出关，在关中停留了四五个月，对关中进行了系统性掠夺与破坏。雍王章邯、塞王司马欣、翟王董翳得到的，是一个非常残破的关中。而在联军撤出几个月后，刘邦就从汉中重返关中，三秦王的辖区根本没有得到喘息之机，他们只能以残破的关中和实际战斗力居于下风的兵力对抗刘邦。这三位诸侯王在军事行动上即使能互相配合，比起统一号令的汉军来，还是有些各自为战了。

刘邦所部主力出陈仓后，汉军在好畤城附近的壤东、高栎两次大胜，消灭了章邯的机动兵力和司马欣派来的援军，章邯则不得不退守到都城废丘。曹参、周勃、樊哙等人又继续向东，在被破坏的秦都城咸阳附近击败了赵贲和内史保的军队，控制了咸阳地区。这里的赵贲所部应该是原来的河南秦军，而内史保所部主要是关中地方部队。随着赵贲和内史保战败，刘邦完全占据了上风。不久后，塞王司马欣投降汉国。占据陕北地区的翟王董翳，在郦商、丁复等部汉军的进击下也选择投降，他们的领土都被汉国划为自己的新郡县。

不过，困守废丘城的章邯还在顽抗。雍国西边的陇西郡和北边的北地郡领地依然基本完好。周勃、靳歙、樊哙等人追击章邯之弟章平，进入这两个郡攻城略地，逼降了翟王董翳的郦商也从新成立的上郡向西进攻北地郡。经过约4个月的连续战事，汉军最终肃清并控制了陇西、北地二郡，在汉二年（公元前205年）正月俘获章平。到这时，除了章邯困守的废丘城之外，整个关中地区都落入了汉国控制。此时，距离刘邦出汉中已经半年了。

章邯在废丘城中困守了近半年，直到彭城之战结束，从关东回来的刘邦亲自指挥对废丘城进行水攻，废丘城最终被攻破，章邯自杀，汉国后方的最后一颗钉子至此被刘邦彻底拔除。也就是说，刘邦从汉中返回关中，用了大约半年时间才基本控制住局面，将抵抗最顽强的章邯彻底击败，则又用了半年。激烈的战事使得关中地区出现了大饥荒，刘邦不得不安排饥荒受灾严重者到蜀中逃荒。

从这个角度看，"'约法三章'的刘邦靠着民心支持，击败了默许乃至参与了新安大屠杀的三秦王"，这确实堪称史实与宣传互相混杂的效果。虽然这两件事确实对人心向背有所影响，但刘邦在谋略之外，是实实在在地依靠武力优势，用了近一年的激烈战斗，才击败了三秦王，成为关中唯一的统治者，并以此为基础最终战胜项羽，问鼎中原。

（作者：黑色君）

拥有鲜卑血统的隋文帝，北击突厥很有一套

突厥边患是隋初很严重的国防问题。

北朝后期，柔然灭亡，突厥迅速崛起，"其地东自辽海以西，西至西海万里；南自沙漠以北，北至北海五六千里，皆属焉"。

突厥佗钵可汗坐拥强兵，与北周、北齐成鼎足之势，北周、北齐两国连年互殴，为争取突厥的支持，争相向突厥示好。北周不仅与之和亲，还年年赠送数以万计的锦缎。佗钵可汗得意扬扬地说："北周、北齐两国如同两个儿了，只要他们孝顺，就不愁没东西享用。"北周灭北齐后，原本奉行与北周联盟政策的佗钵可汗骤然翻脸，支持北齐余孽高宝宁，在北齐灭亡的当年，便数道入塞，侵扰中原。

隋朝建国后，突厥继续实行对抗政策。新任沙钵略可汗对隋朝的态度十分强硬，开皇二年（公元582年）就大举入寇，号称"控弦之士四十万"，进攻方向自幽并至于河西，绵延数千里。隋朝边防主力主要屯守在幽并一

带，西北武威、天水、安定、金城、上郡、弘化、延安等郡县惨遭袭击，损失不小。

边患凶猛，隋文帝却似乎一点儿也不着急。从史传中不难发现，隋文帝这几年的主要精力一直放在整合北周政治遗产、吸收北齐政治成果上，并没有大张旗鼓地展开对突厥的反击。这与以往秦汉对付匈奴的强硬政策差异颇大。隋文帝似乎并不把草原民族当回事儿，他这样的底气从哪儿来的呢？

隋文帝的出身和底气

隋文帝焉能不把草原民族的侵扰当回事儿？武功鼎盛的北魏太武帝、北周武帝以及北齐文襄帝，都把柔然、突厥的威胁视作大患。山川不变，形势岂能空为之变？隋文帝从容不迫的底气，有北魏以降鲜卑人对付柔然、突厥的一整套经验作支持。隋文帝的血液中，流淌着来自塞上少数民族的野性与凶悍，对付突厥，岂会一开始就乱了阵脚？

隋文帝杨坚之父出身代北，隋朝修宗谱将其祖上攀到汉朝名臣杨震一脉上。但他们也承认，自杨坚的六世祖杨铉开始就已屈身仕于慕容燕，五世祖杨元寿则在北魏初年到六镇之一的武川镇出任司马，此后子子孙孙定居于此。不管杨坚祖上是不是汉人血统，其数代人生长于以鲜卑人为主的代北六镇，不可避免地从生理和文化上都杂入了鲜卑成分。或许，可以说，与北齐高氏一样，他们都属于鲜卑化汉人。

北魏太武帝时期发动过规模空前的北伐，其部队以骑兵为主，威势不亚于当年汉武帝击匈奴。但北魏击破柔然史上最杰出的大檀可汗后，并没有再进一步抓获大檀本人，而是"收其众"南还。

史家将原因归于北魏诸将掳掠柔然部众,如饿鹰饱餐,不愿再度深入大漠进行艰苦的远征。

这一策略完整地传至东西二魏和北周北齐。隋文帝甚至没把突厥当主要敌人看待,建国之后,立即下诏停止北周时代的和亲和赠物政策。他虽然没有像北魏对柔然一样赐人以"蠕蠕"之侮辱名号,但其诏书内容把天朝上国的傲慢显露无遗。沙钵略可汗之所以骤然兴举大兵南伐,隋文帝下诏断绝往来就是直接的导火索。

现在难题来到案头,突厥深入国境,不仅穿过传统分界线,还深入隋朝根本之地。隋文帝再好整以暇,也须解决燃眉之急。要怎么化解突厥的攻势呢?

军事上,隋朝做得并不积极。沙钵略可汗大军在西北得手,连败隋朝数路大军,西北重镇兰州几乎被突厥攻破。面对如此军情,隋文帝却并没有立即调大兵屯守帝国北疆。盖因当时隋文帝奉行重南轻北政策。于他而言,对付南陈才是头等大事,驻扎在南方的军队肯定不能往北调,但只靠北方原有军队又不足以击败突厥军。怎么办呢?隋文帝想出了一条釜底抽薪之策。

离强合弱,釜底抽薪

隋文帝对鲜卑及诸胡的发展、壮大以及内部体制有感性认知。北周帝国有八柱国之说,其历史源流来自当年宇文泰起家时,诸部鲜卑首领各自带本部兵马加入宇文氏阵营,部落分野的痕迹到宇文泰去世前才勉强扫除干净。

突厥之崛起与鲜卑并无本质区别,其崛起后仍是部落联盟体制,突厥大可汗之下有数个统辖一方的小可汗,小可汗虽表面上臣服于大可汗,但其私底下对本部落有着绝对控制权。隋文帝的釜底抽薪之策，就是打在这个症结点上。

当时突厥各部联兵虽然号称40万，但内部部落丛杂，算不得是"铁板一块"，就连"木板一块"都算不上。突厥可汗的继承制度比较原始，一般采取兄终弟及制，很少实行父死子继，这样的继承制是为保证部落时时有成年、强壮、有力的首领。上一代兄弟轮流担任可汗后，再由下一代最年长的儿子继承汗位。这个制度虽说有利于部落稳定，但关键缺点是两代人之间的权力继承，总会有权力争夺的矛盾发生。

稍有历史经验者都会联想到春秋时吴国诸樊三兄弟相继当了吴王（老四季札拒绝接受王位），老一代全部谢世后，老三的儿子公子僚父死子立，引起老大之子公子光不满，最后爆发了那场著名的专诸刺王僚。

突厥沙钵略可汗同样面临这样的问题。他的上代佗钵可汗死后，佗钵可汗的几位子侄爆发夺位之争，虽未发生流血事件，但几位有实力的部落酋长为此闹得相当不愉快。沙钵略可汗争来汗位后，不得不封其几位堂兄弟为诸部小可汗以平息其怨怒。尤其是同辈中最年长的阿波可汗，对沙钵略可汗敌意甚大，这为后来突厥分裂埋下了祸根。

除此之外，突厥还有一个老问题。早在佗钵可汗时代，其弟达头可汗就已成为突厥西面部落的首领，表面上他听从突厥大可汗的命令，实则与之分庭抗礼，各霸一方。

这些情况，全都被隋文帝手下的一位能人摸得一清二楚。此人乃是鲜卑人，名叫长孙晟，唐朝名臣长孙无忌之父，唐太宗的岳丈。

长孙晟在北周时就已出使突厥，当时北周嫁千金公主与突厥，长孙晟正是和亲队伍的一员。此人的外交、间谍技能仿佛天授，他本打算以武将身份入突厥，意在以其骁武之资向突厥人夸耀北周武力。谁知一去之后自带光环，以一箭射落双雕的本事，引得突厥自沙钵略可汗以下诸多贵族喜爱，草原诸贵纷纷与之结交，长孙晟便留了心，细细观察诸可汗之间的关系，并侦察其山川险易。长孙晟在突厥居留的一年里，把突厥诸部关系基本摸清。

之后杨坚建立隋朝，沙钵略可汗率诸部大举入塞，长孙晟向隋文帝提出著名的"离强合弱"之策，隋文帝便采纳长孙晟之谋，在军事反击的同时，展开了对突厥诸部的政治攻势。

离强合弱的首要目标是达头可汗，达头可汗的西突厥实力强大，只不过囿于长庶位次，始终居于东面大可汗之下。隋文帝洞悉达头可汗的野心，派太仆元晖出伊吾，到达头可汗王帐赐予他狼头大纛，对其十分尊重。后来突厥诸部使者到长安去，隋朝故意把达头可汗的使者置于沙钵略可汗使者的前面，挑拨两部之间的关系。

沙钵略可汗本来就对西突厥很是忌惮，现在又见隋朝如此接待，便暗暗疑心达头可汗有异谋。

山川虽异，人心却同。世上的英雄好汉，都不怕敌人凶狠难缠，却都害怕一家人之间有了异心。越是父子兄弟，有时越要操着一份心。

开皇二年（公元582年），突厥大军屡破隋军之时，达头可汗的心里却犯了嘀咕。突厥诸部，若论单个实力，他谁也不伏。西北战线获胜，都是他出力居多。但如果继续打下去，他又能得到什么？论法统，沙钵略可汗才是草原共主。西突厥牺牲自己的实力和隋军硬拼，岂不是为他人作嫁衣？

再加上隋朝的各种挑拨，西域于阗、波斯、挹怛三国集体反叛，西突厥的后院起火，达头可汗立即决定退兵。西线大军一撤，沙钵略可汗失去侧翼掩护，再进攻便有些力不从心。

长孙晟觉得这样还不够，又劝说沙钵略可汗的儿子染干：沙钵略可汗可能并不会传位于他，若是按兄弟相承，有处罗侯英雄无敌；若是按父子相传，雍虞闾与父亲的关系又比染干亲近。为何他要这么实心眼地为别人打天下呢？

利益面前无父子，何况染干对父亲的亲疏安排一贯不满。于是，染干照长孙晟的教唆骗了亲爹沙钵略可汗，假称北方的铁勒欲进犯北面突厥的牙帐，引兵还救老巢。同时，沙钵略可汗部内薄孤、东纥罗两个小部落也发生了叛乱，沙钵略可汗孤掌难鸣，又急又恼，只得悻悻然撤兵。

于是，开皇二年（公元582年）年底，突厥南侵之战进行到关键时刻，由于部落内部原因，就这样"无疾而终"了。

故技重施，制服沙钵略可汗

开皇三年（公元583年），隋文帝趁突厥诸部自相猜疑之机，命令数路大军向突厥发动了猛烈反击，一举消灭盘踞在营、平诸州的北齐余孽高宝宁，就此斩断了突厥左臂。

战争过程无足论，出彩的依然是"离强合弱"。

长孙晟受隋文帝之命，在离间东、西两面突厥上又狠狠烧了把火，这把火还烧得很巧妙。长孙晟没有直接挑起沙钵略可汗与达头可汗的矛盾，而是选中了阿波可汗，意图挑起他们之间的内斗。阿波可汗一直以大可汗的正统继承人自居，不服沙钵略可汗。

隋军大举反击时，阿波可汗所部被隋将窦荣定、史万岁连连摧败，进退两难之际，长孙晟遣使劝说阿波可汗，不要再为沙钵略可汗卖命，不如西投达头可汗与之联合，再与沙钵略可汗争夺大可汗之位。

这一番建议入情入理，换谁听了也会照做。阿波可汗率本部人马先投靠达头可汗，不久后便在达头可汗的唆使下率兵进攻沙钵略可汗本部。沙钵略可汗当时在白道川被隋军击败，受了重伤，正没好气，于是率兵夺了阿波可汗的部落，杀了阿波可汗之母。

在此之前，突厥诸部虽说面和心不和，但矛盾没有公开化，诸部之间"暗斗"还没有到动刀枪的地步。此后，东、西两面突厥开始"明争"，强大的突厥从此正式分裂为东、西两部。

沙钵略可汗实力大削，既无力击退达头可汗的挑战，又担心东面契丹等部落反叛，处境十分不利。同时，达头可汗也没有十足的把握能击败沙钵略可汗。双方一边对峙，一边争相向隋朝遣使请和，分别请求隋朝出兵援助。

隋文帝运筹数年，要的就是这个二虎相争的局面，当即停止了对突厥部落的军事进攻。他大概考虑到过于峻急的进攻，会使突厥诸汗在压力下重新团结，而适度放松军事压迫，能让突厥诸汗有一定空间自相残杀，这样的策略显然更符合当时隋朝的战略需要。

东突厥对隋朝的示好，隋文帝照单全收，他们的关系急剧升温。譬如，此前嫁入突厥的北周千金公主，主动提出改姓为杨，认杨坚为父；沙钵略可汗则送儿子入长女为质，并把堂妹嫁给隋朝重臣虞庆则。

沙钵略可汗如此卑躬屈膝是有条件的，隋文帝自然明白。阿波可汗加入西突厥后，达头可汗的势力更加强大，东突厥已不足以与其对抗。沙钵略可汗对隋朝称臣、与之和亲的目的就是请求隋军帮一把，解除西突厥对其的威胁。隋文帝下令大军北出，与沙钵略可汗的势力联合反攻西突厥，阿波可汗不久便被击溃。

隋军亲自出手掳获阿波可汗的部众，将人口、牲口全都送给了沙钵略可汗，沙钵略可汗感佩莫名。为了维持彼此间的紧密关系，沙钵略可汗低下了高傲的头颅，规规矩矩地做起了隋朝的羁縻藩属，以女婿之名上表称臣称子，与隋文帝之间俨然一副子孝父慈的样子。随后，沙钵略可汗率众南迁于白道川，在大漠南境定居下来。

后来，随着双方的交往更加深入，突厥王子入长安朝见成了常态，隋朝使者也动辄到白道川向沙钵略可汗赐以礼物，沙钵略可汗当惯了臣与子，索性连那点一方之主的面子也不要了，隋使但来，他就跪拜受赐。这种亲密关系一直持续到开皇七年（公元587年），沙钵略可汗病死。

隋文帝人亡政息

沙钵略可汗死后，东突厥的内部形势发生了微妙变化。

开皇七年（公元587年），沙钵略可汗去世前，东突厥的新可汗人选，令其又陷入了两难。沙钵略可汗认为，其子雍虞闾年纪小、威望浅，不足以挑起与西突厥对抗的大任，遗命立其弟处罗侯为可汗。处罗侯继续坚持联隋抗西突厥的策略，对阿波可汗穷追猛打，终于将阿波可汗主力彻底击溃，并将他包围于一处山谷之中。

处罗侯英勇善战，但围住阿波可汗后不敢擅杀，上表长安请示隋文帝。隋文帝回书：他毕竟是你们自家兄弟，还是不要杀了。结果处罗侯纵虎归山，弄得东西突厥冲突不断，最终处罗侯在一次作战中负伤去世。

沙钵略可汗之子雍虞闾继承汗位，为都蓝可汗。这位可汗不像叔父那么实在，他嗅出了隋文帝的险恶用心。千金公主也不停地树立雍虞闾对隋朝的敌意，她认为隋朝嘴上说得大义凛然，其实就是留着阿波可汗让东突厥无法安生。

都蓝可汗怒从心头起，一不做，二不休，推翻了父亲的政策，公然与西突厥罢兵言和，与达头可汗联合发兵，南攻隋朝。

这时候隋文帝离强合弱的好处彻底体现了出来。隋军虽然没有搞什么犁庭扫穴式的打击，但东突厥连年征战，元气消耗甚重，已不复沙钵略可汗鼎盛时的实力。再加上，长孙晟一直坚持不懈地实行离强合弱政策，在东突厥内部扶植起突利小可汗与都蓝可汗对抗。为此，都蓝可汗要与隋朝决战，但心有余而力不足。

开皇十三年（公元593年），东、西突厥联兵南下。此时隋朝灭陈已久，兵力尽数调到北方。东突厥人心厌战，在隋军强大威势下又发生内乱，都蓝可汗在乱兵中被杀。西突厥达头可汗的势力也被隋军击败。

那位一直被隋朝拉拢的突利小可汗，则直接被长孙晟带到长安，隋文帝亲赐其名为启民可汗，将流落离散的东突厥部众交给了启民可汗。

达头可汗趁乱自称东、西突厥大可汗，但经多年内战而实力中衰，在隋军的接连打击之下，最后逃入吐谷浑部落中不知所终。

离强合弱之策实行了近20年，展现了隋朝君臣高超的政治水平，启民可汗入塞标志着中原王朝取得了对峙突厥部落的压倒性优势。

但这就完了吗？不。东突厥依然保持着独立的部族力量。启民可汗时代曾一度向隋朝提出变易服饰，与汉人一同。这是千载难逢的历史机遇，如果真的做成了，隋文帝的成就将不止结束南北朝乱世，甚至将超过苻坚、元宏、宇文泰，成为中国历史上最伟大的民族融合的功臣。

惜乎天不假年，隋文帝与最懂突厥政策的长孙晟相继逝世后，这一历史可能性被隋炀帝打断了。隋炀帝不知出于何种考虑，拒绝了启民可汗的请求，却容留其势力独立存在于隋朝的北方。

在隋炀帝的刻意忽略之下，东突厥慢慢恢复了元气，并且前所未有地结束了诸汗并立的局面。启民可汗死后，其子始毕可汗拥有了前所未有的唯我独尊的地位。隋炀帝手下大臣裴矩察觉到始毕可汗的崛起，企图重拾长孙晟的离强合弱之策，专门挑小可汗扶植，又是嫁公主又是私下结交。但隋朝人惊讶地发现，小可汗们全都不吃这一套了。一来是20年来隋朝损招使尽，突厥人都学聪明了；二来是始毕可汗的实力占据压倒性优势，哪家小可汗也不敢捋虎须。

此时，隋炀帝因连续征伐高句丽，虚耗国力，以至于伤筋动骨，无力再管突厥的事，对突厥的问题只好装作看不见。

终于，在隋炀帝大业十一年（公元615年），始毕可汗不想再忍，趁隋炀帝北巡雁门之时，突然发兵数十万包围了隋炀帝，差点儿生擒皇帝老儿。

经此一役，隋朝和突厥的关系彻底破裂。此后，在隋炀帝为数不多的余年中，既无法拿出合理的政策处理突厥问题，也无力量再对突厥进行武力打击，只能任由突厥在塞外横行。历史转了一圈，又回到了隋朝刚建立时的样子。

历史，何其荒诞，又何其充满宿命感。

（作者：陈峰韬）

看似"无缚鸡之力",实则"八块腹肌":
哪些读书人的武力值爆表?

如果要给古代的读书人们打上标签,你会用哪些词?"满腹经纶""风流多情""文质彬彬""多愁善感""儒雅""文弱书生""手无缚鸡之力""肩不能挑,手不能提""弱不禁风"……这些词语大概率会入选。

抛开其他,就身体素质而言,古代的书生、文人在我们眼里大概就是这个形象:手无缚鸡之力。

但真实的情况是,文人自古多习武,只是在某个时间点后,文人习武才成了"稀罕事"。当然,这里说的"武"是指个人身体素质、武力值,并非军事才能。

能文能武曾是基本操作

为什么会有"文人自古多习武"的说法?这大概要从孔子说起。

孔子虽不一定是"武林高手"，但也肯定与"文弱书生"的形象毫无关系：从外形看，孔子身高九尺六寸，人皆谓之"长人"（《史记·孔子世家》）。众所周知，我国古代的度量衡总在变化，每个时代的不尽相同，于是有人依据出土的西周、战国和西汉的古尺换算了孔子的身高，三种算法得出的结果皆在2米左右。从身高来说，他是个超高的山东大汉；从力量来看，孔子也算孔武有力。《吕氏春秋·慎大》记载："孔子之劲，举国门之关。""国门之关"就是国都城门的大门闩。古代城门一般有四五丈阔，门闩应该也差不太多。据汉朝高诱解释，举起门闩的方法是"以一手招城门关端能举之"。简单来说，就是用一只手握住门闩的一端，把四五丈长的木闩挺举起来。这需要很大的力量，孔子无疑是个举重高手了。

其次，"文人自古多习武"的说法应该和孔子所授"儒家六艺"有关。孔子是儒家创始人，他所教授的"礼、乐、射、御、书、数"是后世儒生学习的基本课程，其中射（射箭）、御（驾驭战车）都算是"武"的内容。可以说，早期的儒生确实是文武兼修的。再者，从孔子教习六艺，也可以合理推测出孔子本身擅长射、御，不然他没法教别人；孔子能将尚武且身手了得的子路收做弟子，当时他们之间是否曾有过武力的较量我们不得而知，但不能完全排除这个可能。可见，孔子绝非"手无缚鸡之力"，他身材魁梧，力大善射，武力值也算高，只是他可能是出于教育或宣传王道等政治理念的需求，而"不肯以力闻"。

先秦对士的要求基本是能文能武，之后虽然文士、武士逐渐分工，但读书人文武双全的情况并不罕见。汉晋、隋唐有很多文武双全的人才。三国时期的曹操、曹丕都有诗词文章传世，而且他们拿得起剑，上得了战场。不说他们的武功有多高强，起码也是能文能武的，不至于是文弱之人。著名典故

"闻鸡起舞"的当事人,即东晋祖逖,他也是一个博览群书、遍涉古今的人。见过他的人都说他有辅佐君王治理天下的才能,他还曾被征召推举为孝廉、秀才(虽然他没有接受),可见其文才。而且他"闻鸡"而起练的是剑舞,后来还参军征战,其身体素质可见一斑。

唐朝尚武,参军是年轻人的普遍追求。"从军谋边功"成了建功立业的新门路,文人中也掀起了从军热。

数不清的边塞诗歌里记载过不少读书人的参军梦。虽然部分边塞诗人只是"前线记者",他们的"武力值"究竟如何不好断言,但真从军的文人确有不少。边塞四诗人之一的高适就是真正守过潼关、参与过讨伐永王李璘叛乱和"安史之乱"的军人,曾写下"男儿本自重横行,天子非常赐颜色""杀气三时作阵云,寒声一夜传刁斗"(《燕歌行》)以描绘他所经历的战争,可见这位诗人也是文武全才。

文士参军在唐朝并不是什么稀罕事。就拿这些有从军梦的文人来说,他们的身体素质应该都和"肩不能挑,手不能提"没什么关系,毕竟没有身体资本何谈参军追求边功?

说起唐朝尚武,除了"从军热",还有任侠风气的盛行。这就不得不提起另一个武力值高的人物——李白。除了"诗仙"的名头,他还是个剑客,唐朝任侠风气在他这儿体现得是淋漓尽致。

李白10岁即通诗书,是一名少年天才。益州长史苏颋认为他可与蔺相如相比,这评价可见是非常高的。但李白"喜纵横术,击剑,为任侠,轻财重施"(《新唐书·李白传》),拒绝了当地的举荐。可能他少年时的梦想就只是当个侠客吧。

他是一个很有侠客情怀的人,曾写下"十步杀一人,千里不留行。事了拂衣去,深藏身与名"(《侠客行》)。

此诗表达他对侠客的钦慕,对快意恩仇、仗剑天涯的潇洒生活的向往。他在给韩朝宗的自荐信里写道:"十五好剑术,遍干诸侯。三十成文章,历抵卿相。"

可见他对剑术的喜好早于文章。他的剑术虽然没有诗文有名,但也有些成就。他也许就是传说中"明明可以靠武功,却靠文章出名的人"吧……

也许你会问:李白会剑术就能说其武力值高吗?

李白武力值有多高?有说法是李白师从"剑圣"裴旻学习剑术,因《翰林学士李公墓碑》中曾提及李白曾主动请求投于裴旻门下。要知道,裴旻的剑术在唐朝被评为"三绝"之一,其余两绝分别是李白的诗以及张旭的草书。如果李白真的师从裴旻,那他的剑术应该是当世一流;再者,魏颢——一个与李白生活在同一时代且有深厚友谊的人,在为《李翰林集》作的序中写道:"少任侠,手刃数人。"手刃数人的实力,足以证明李白的武力值绝对不低。

文武双全成"奇"才

文人会武是什么时候变成了稀罕事呢?换个问法:文人"手无缚鸡之力""弱不禁风"的形象大概是在什么时候形成的?

文人、武士的分工逐渐明确后,文人弱不禁风的形象逐渐有了苗头,但真正促其往前跨了一大步的无疑是宋朝的崇文之风。

不同于唐朝尚武,宋朝崇文之风盛行。这一时期为人所津津乐道的是"万般皆下品,惟有读书高"。随着科举制度日趋完善,再加上宋太祖时就有的"重文轻武"政策倾向，他对文人的大力扶持，使得读书人的数量大大增加，朝廷对武者也就越发地不重视，由此不可避免地就会形成"惟有读书高"的观念，做学问也就顺势被推到了非常高的地位。

科举制度下社会中出现了一种现象：文人们不用做其他事，专心学好四书五经、写好文章通过考试就行了。在宋朝，这种现象更加普遍，"射""御"一类的"武学"成了末流，早已被人抛在脑后。文人只顾读书，身体素质低下，久而久之，"手无缚鸡之力"便成了普遍现象，文武全才也就变得非常稀奇了。

在这样的大环境下，武力值高的文人仿佛鹤立鸡群，他们的出现无疑会打破我们对文人的刻板印象。比如，辛弃疾。

南宋词人辛弃疾存词600多首，词作高产且质量好，被称为"词中之龙"，与苏轼合称"苏辛"，与李清照并称"济南二安"。这两首词算是他的代表作，一首豪放一首细腻，几乎尽人皆知：

醉里挑灯看剑，梦回吹角连营。八百里分麾下炙，五十弦翻塞外声。沙场秋点兵。马作的卢飞快，弓如霹雳弦惊。了却君王天下事，赢得生前身后名。可怜白发生！

——《破阵子·为陈同甫赋壮词以寄之》

东风夜放花千树。更吹落、星如雨。宝马雕车香满路。凤箫声动，玉壶光转，一夜鱼龙舞。蛾儿雪柳黄金缕。笑语盈盈暗香去。众里寻他千百度。蓦然回首，那人却在，灯火阑珊处。

——《青玉案·元夕》

还记得学生时代学这两首词的时候，我们知道了他的词作"表达了作者杀敌报国、收复失地的理想，抒发了壮志难酬、英雄迟暮的悲愤心情""表达了作者对强敌压境，国势日衰，而南宋统治阶级却不思恢复，偏安江左，沉湎于歌舞享乐的愤懑"……

从词作的内容我们可以知道，辛弃疾是个爱国词人；从历史记载来看，他不仅仅是个词人，还是个武力值高的抗金英雄！有网友就曾调侃，"对辛弃疾而言，写词大概就是消遣时间发发牢骚"。

南宋绍兴三十一年（公元1161年），金主完颜亮大举南侵，在其后方的百姓不堪金人压榨，奋起反抗。二十一二岁的辛弃疾聚集了2000人，参加了由耿京领导的一支声势浩大的起义军，反抗金的统治，并且他还担任了起义军的掌书记。当金人内部矛盾爆发，完颜亮在前线死于其部下之手、金军向北撤退时，辛弃疾奉命南下与南宋朝廷联络。在完成使命归来的途中，得知老大耿京被叛徒张安国杀害，义军溃散，他便直接率领50多名勇士直冲敌方万人的军营，把张安国生擒，成功撤离后将人押回建康，交给南宋朝廷处置。最后，叛徒被当街游行示众，再被砍头。

带领50人闯万人敌营，生擒了叛徒还能全身而退！能完成这样壮举的辛弃疾，他不可能没有武功傍身，我们甚至可以猜测他可能还是个武林高手！这样的人归入南宋后，却壮志难酬，以至于英雄迟暮。谁不为之叹一句惋惜呢？

宋代文人上过战场的，还有抵挡西夏侵犯的北宋诗人章楶（jié），他以状元身份踏足官场，后来率军把守边防。西夏多次侵犯，均为章楶所败。可以说，他有效遏制了西夏向东侵犯，取得了宋朝对西夏作战的战略主动权。

此外，还有范仲淹，他镇守西北，曾收服羌族，多次以少胜多打败西夏……但他们两位的疆场表现究竟是靠计谋还是靠武力我们不得而知，只能说，他们不是弱不禁风的文人。

宋朝还有一位文武全才，没上过战场但是有官方认证的"文中进士，武中状元"。

他是谁？他就是后来一心向道的王重阳。"幼好读书，后入府学，中进士……早年为儒生，善属文兼擅骑射。"金天眷元年（公元1138年）举行武举，王重阳前往应试，中甲科，成为武举状元后改名德威，字世雄。然而，他并未得到朝廷重用，后来跑去发展道教了。他和一般文人武者发展路径不太一样，在此就不再多言其经历了。

明代时候有个叫卢象升的进士，虽是江南文人，但天赋异禀。《明史》载："象升白皙而臞，膊独骨，负殊力。"他虽肤白且瘦，但力大无穷。黄裳说卢象升平时练功用的刀重达百余斤，想来"武力值高"这个标签也适合他。

再和人家说说王阳明，一位明代心学集大成者，"为明第一流人物，立德、立功、立言，皆踞绝顶"，死后配享孔庙。王阳明的文治后世数百年，少有人能及。对我们而言，对王阳明的了解，多认为他是个思想家、哲学家。其实不仅如此，他的"武"也同样让人难以望其项背。《明史》记载，王阳明"弱冠举乡试，学大进。顾益好言兵，且善射"。他好兵法善射箭，还曾秀过自己的箭术：当时因为王阳明先打下了南昌，张忠、许泰二人抢功不成便怀恨在心。他们以为王阳明是个"手无缚鸡之力"的读书人，就逼他到校场里射箭，想让他丢脸来折辱他。而王阳明从容地拉开弓弦，三射三中。围观士兵都大声欢呼，张忠、许泰则深受打击。可见，王阳明也是个武功高强的文人。

其实明朝读书人多会习武，除了拥有和唐朝人相似的"建功立业"的政治抱负，更多的可能是出于自保需求。明朝城市发展繁荣，运河发达，倭乱频发。运河里的船只具有一定的隐蔽性，倭寇往往借此长驱直入内陆。这样的侵扰和边患还不太一样，因为当地人大多数不是要与之列阵打仗，而是要防御倭寇的偷袭。江南地区的士人在这样的日常生活中，体会到了官府需加强边防、个人需要习武防身的迫切感。当时各地往往都会聘请习武之人，召集乡民一同学武自保，于是明朝一些地方也形成了尚武风气。

不同时代的风气，对个人素质修养存在影响，而风气的不同则是政治或社会环境影响的结果。我们可以发现，文人习武现象具有明显的时代特征：春秋战国时，文武双全是对"士"的基本要求，那时文士和武士还没有分开，文武角色的转换是常见的事。之后，文武开始分工，虽然有各司其职、各学所需的倾向，但文人出身、兼修武学的全能型人才并非异乎寻常。再后来，文人修习的内容随社会需要发生变化。社会风尚注重武学时，武功肯定要学；轻武时，读书人基本放弃武学，大量文人积弱的局面出现，并将之影响反馈给社会。

此外，就宋朝以后读书人形象普遍文弱的现象来看，那些打破文人固有印象的武力值高的文人们，基本都是在救亡使命的感召下，投笔从戎。这看似是无奈之举，却又在情理之中。

文人出身、武力值高的书生，以全能的形象在历史长河中留下踪迹，定然不止本文提到的这么几个。你还能想到谁呢？

（作者：李媛）

为了重续李唐时代，他经历了3年的血与火

开元元年（公元713年）十月十三日，骊山脚下，迎风猎猎。

20万精兵列队完毕，绵延50余里，等候检阅。

大唐第七任皇帝李隆基一身戎装，三军将士山呼万岁，声音响彻云霄。

3年前，没人注意到他的存在；3年后，他从一片血雨腥风中杀将出来，登上权力顶峰，个中的惊险曲折，只有他自己知道。

1

按出身来说，李隆基没有任何优势。

他是相王李旦的第三个儿子，生母是相王的侧妃窦氏。尽管他从小就聪明伶俐、多才多艺，长的也是"仪范伟丽，有非常之表"，但这样的出身加上靠后的出生顺序，没人能想到，他日后能当上皇帝。

史载，7岁那年，李隆基带着随从入宫觐见祖母武则天，被宫门值守的金吾将军武懿宗拦住。武懿宗是武则天的侄儿，骄横无比，看一个小孩派头十足，心里很不爽，想杀鸡儆猴，就无故呵斥李隆基的随行人员。李隆基指着他的鼻子骂道："吾家朝堂，干汝何事？敢迫吾骑从！"武则天听后，惊讶于这个孙儿小小年纪竟有如此过人胆色，不但没责怪，反而"特加宠异之"。

俗话说，伴君如伴虎。武则天对其宠爱只是昙花一现。在李隆基的成长过程中，大唐上层权力斗争不断，流血事件频发。他的父亲李旦曾短暂为帝，但不久便被武后废黜，长期受监禁，生母窦氏也因出身权势家族而被武后诛杀。李隆基从小耳濡目染的这些争斗，在他心里埋下了斗争的种子。

成年后，李隆基先后在朝中担任右卫郎将、卫尉少卿等官职，由于职位不高，在政坛上并不引人注意。他利用这个时机，悄悄培植自己的势力。见惯了太多宫廷斗争的李隆基深深懂得，要想有作为，就要拥有自己信得过的武装力量。于是，他把工作重点放在了万骑营上。

万骑营是当时最精锐的禁军，负责镇守宫城北门，其中有不少高句丽人。李隆基通过其亲信、高句丽人的王毛仲与万骑营取得联系。利用这层特殊关系，李隆基结识了万骑营中葛福顺、陈玄礼、李仙凫等将领，"赐饮食金帛，得其欢心"，赢得了这帮人的好感与信任。暗暗积蓄力量的李隆基，在等待一个合适的机会。

景龙四年（公元710年），这个机会终于出现。

2

景龙四年（公元710年）六月，唐中宗李显驾崩。史载，他是被自己的老婆韦皇后和亲生女儿安乐公主合谋毒死的。韦后和安乐公主为何要对自己的至亲之人下此狠手？

韦后一直以武则天为榜样。武则天病重后，中宗再次即位。韦后利用皇帝的宠幸频繁干预朝政，培植自己的势力。懦弱的中宗对韦后的这一行径睁一只眼闭一只眼。他的纵容，让韦后更加有恃无恐。在母亲的熏陶下，安乐公主也在干预朝政的路上越走越远，她经常自己写诏书，然后找中宗签署，"帝笑而从之，竟不省视"。许多朝臣见此，便纷纷投靠韦后与安乐公主。

中宗时期，朝堂上的大臣大致分为两类：一类是投靠了韦后或安乐公主的，另一类则是对韦后、安乐公主干政保持沉默的。凡是对韦后一党说三道四的大臣，或死或被贬、流放，都远离了朝廷中枢。

中宗虽然懦弱，对妻女纵容，但不代表他真的是个"木头人"。对于妻女这种架空他的行为，他终究还是不高兴的。景龙四年（公元710年）五月，许州司户参军燕钦融上言：韦后淫乱、安乐公主等图危社稷。最后，他被韦后门下宗楚客假传圣旨给杀了。

按正常程序，宗楚客这种行为叫欺君罔上，是要株连九族的。中宗知道后，虽没有追究宗楚客的责任，但其脸色有点儿不好看了。韦后及其党羽这才意识到，他们再怎么猖狂，还是仰仗着皇权的庇佑。中宗皇帝，就是悬在他们头顶的那把剑。

自武则天之后，唐朝女性的参政野心一度十分膨胀，皇后、公主都有一颗主政的心。韦后要想实现像武则天那样临朝称制的人生目标，就必须跨过中宗这道坎。韦后找来安乐公主，许诺自己掌权后将立她为皇太女。尝到权力甜头的安乐公主欣然同意对自己的父亲下手。景龙四年（公元710年）六月二日，她们在中宗所吃的汤饼里下毒，中宗李显就这样死在了神龙殿。

中宗死后，韦后以太后身份执掌朝政。其实，当时的长安城内还有两股十分强大的李唐势力：一是相王李旦，一是太平公主。韦后要想"遵武后故事"，还必须过这两关。

这边，韦后派兵监视相王府和太平公主府；另一边，李隆基也在姑母太平公主的支持下暗做准备。太平公主还派她的儿子卫尉少卿薛崇简参加反韦斗争。双方矛盾一触即发。

一日晚，韦后门下政客崔日用派僧人普润密告李隆基，韦后已制订了一个诛杀相王李旦和太平公主的计划，不日即将发动。李隆基无路可退，他立即联系万骑营的兄弟们。万骑营此前虽已被韦后亲信韦温等人接管，但韦氏一族任职后经常无故惩罚手下官兵来给自己立威，早已引发将士们的不满。李隆基说明计划后，万骑营上下请以死自效。为此，他定下的方案是首先由葛福顺、李仙凫率万骑营卫士攻占玄武门，再分两路攻入内宫。事成后，李隆基率羽林军进入太极宫，会兵两仪殿，并得到梓宫宿卫兵的响应，全面控制宫中局势，最后关闭宫门及所有城门，肃清韦后党羽。在韦后的势力掌控着禁军和京城宿卫部队的情势下，李隆基此举以弱抵强，冒了极大的风险。

六月二十日晚二更，行动开始。葛福顺、李仙凫带着他们的手下直扑玄武门禁军营地。之所以选这个时间段，主要是因为此时宫里大多数人都已熟睡，能达到行动的突然性。果然，他们顺利斩杀统领北门禁军的韦璿、韦播、高嵩三人，并向羽林营将士宣布："韦后鸩杀先帝，谋危社稷，今夕当共诛诸韦，马鞭以上皆斩之。立相王以安天下，敢有怀两端助逆党者，罪及三族。"众将士欣然从命。

随后，李隆基率手下向玄武门进发，三更时分，在太极殿宿卫梓宫卫士的响应下，攻占内宫。韦后、安乐公主先后被斩。一夜之间，李隆基大获全胜。天亮后，关闭宫门及京师城门，分遣万骑营大肆搜捕韦氏亲党，韦温、宗楚客等人悉数被捕杀。

李隆基亮相政坛的第一仗——诛杀韦党，打得非常漂亮。他在此次行动中展现出了周密的谋划力和果敢的决断力，这也预示着他之后的成功绝非偶然。

3

韦后集团被灭，相王李旦被拥为皇帝，是为唐睿宗。李隆基被立为太子。

不过，睿宗崇尚淡泊宁静的生活，对皇位、权力没有兴趣。他把政事交给了妹妹太平公主与儿子李隆基处理。每有大臣进奏，他总是问："尝与太平议否？""与三郎议否？"

太平公主是武则天的女儿，李旦的妹妹。史载，她"沈敏多权略"，武后时代就曾多次参与机密大事的议决，对朝廷事务非常熟悉。在诛杀韦后、拥李旦为帝等行动中，出力很多，故颇受睿宗器重。睿宗经常召她入宫讨论大政方针，有时甚至派宰相到太平公主的府上请示意见。

特殊身份的加持，再加上出众的政治能力，太平公主在睿宗时期权势之隆完全不亚于皇帝。只要太平公主想要的，睿宗没有一件不应允的，"公主所欲，上无不听，自宰相以下，进退系其一言"。因此，朝野上下人人趋之若鹜，太平公主的府邸门庭若市。

太平公主干预朝政，皇帝任之，这必然会触碰到太子的利益。当时的朝中，除了太平系，还有姚崇、宋璟等拥护太子的大臣一派，他们以革除"弊政"为名推行改革，触犯到太平公主的利益。对太平公主而言，她需要的是一个能听她指挥的太子。很明显，李隆基不是这样的人物，所以她一边在李隆基身边安插耳目，监视其举动；一边不停地在睿宗跟前告太子的状，挑拨睿宗的父子关系，还在民间散播废黜太子的流言。景云二年（公元711年）正月，她甚至在光范门拦住宰相，公然提出改易太子的要求。虽然太平公主改易太子的主意遭到拒绝，但是姑侄之间的矛盾由此逐步公开化。

睿宗虽然佛系，但并不糊涂。对于妹妹与儿子之间的矛盾，他虽心知肚明，但并没有什么好的调和办法。光范门事件不久，宰相姚崇、宋璟给他出了个主意：将皇帝的长子宋王李成器外放任用，将太平公主一家安置到东都洛阳。睿宗采纳了这个明显对太子有利的主意，只不过他把太平公主的安置地放在离长安更近的蒲州。

太平公主得知此事后，大怒，她不对姚、宋发火，而是把矛头直接指向太子。李隆基采取的是丢卒保车的战术，他赶紧上奏说姚、宋离间他和姑、兄的关系，请陛下对其二人严加惩处。最后，姚崇被贬为申州刺史，宋璟被贬为楚州刺史，太平公主则前往蒲州。

表面上来看，双方第一回合斗争，互有损伤，算打了个平手。实际上，李隆基损失的是两个得力干将，太平公主却在几个月后就又回到了京城，所以，太平公主稍占上风。

4

以太平公主和李隆基的脾性，斗争既然开始，就再没有妥协的余地。

延和元年（公元712年）七月，有彗星出现在西方。太平公主找了个术士向皇上进言"帝座及前星有灾",暗示皇太子要做天子。太平公主之意,旨在挑拨睿宗与太子的关系,以天意来告诫李旦,太子有夺权的阴谋。她千算万算却没算准皇帝的性格,她以为所有皇帝都贪恋权力,没想到睿宗竟借术士之说,决定"传德避灾",传位给太子。

弄巧成拙的太平公主又鼓动党羽力谏睿宗不可传位。李隆基对个中内情并不了解,以为皇帝在试探他,吓得自投于地,诚惶诚恐地拒绝。睿宗为此也着急了,对儿子说:"这是天意,你就别拒绝了。你要是真孝顺的话,为什么非要等我死后才即位呢?"随后,睿宗下诏传位太子。次月,玄宗正式即位,尊睿宗为太上皇。

李隆基登基,固然是太子集团的一次胜利,但三品以上官员的任免权还掌握在睿宗手里,而睿宗基本对太平公主言听计从,所以朝廷高官的决定权实际为太平公主所掌握。果然,太平公主利用这一时机,更加放肆地在朝中安插亲党。

面对太平公主的强势干政,李隆基的手下坐不住了,心腹刘幽求决定再搞一场政变,铲除太平公主一党,为李隆基扫除最后的屏障。他找到右羽林军将领张暐,商定剿杀太平公主党羽的计划,并征得了李隆基的同意。张暐出身富豪之家,为人豪爽,是李隆基的旧交。正是在李隆基的安排下,他才进入羽林军。此人虽对李隆基忠心耿耿,但有爱喝酒的缺点。有一次喝多了嘴上没把住门,把剿杀计划告诉了一个叫邓光宾的侍御史。

李隆基得知此事后吓坏了,他担心太平公主的党羽遍布朝野,一旦此事被她得知,以太平公主的能力,不仅刘、张二人小命不保,连他也很可能被设计废黜。情急之下,他以退为进,当即面见父皇,将刘、张二人准备刺杀太平公主的计划和盘托出。按太平公主的处置意见,是要把这两人砍头。关键时刻，李隆基为这两人求情，言及这两人在诛杀韦后的事件中的立功表现。最后，这两人的处理结果是流放。

一场未遂的政变，使李隆基又损失两员干将，势力被严重削弱。更要命的是，这起事件过早地暴露了李隆基的政治意图，让太平公主及其党羽提高了警惕。

第二回合，太平公主再胜一筹。

5

刘幽求的刺杀计划虽然被扼于摇篮，但太平公主已经从这件事上看出，她与侄儿之间的流血斗争已经不可避免。

为了在即将到来的斗争中取胜，她继续在朝中扩充势力，举荐亲信萧至忠为中书令，收买皇宫北门禁军将领常元楷和李慈，另一亲信窦怀贞以宰相身份控制了南衙诸卫兵，使得朝中"文武之臣，大半附之"，当时朝中7个宰相有4个都是她的人。同时，她还制订了毒杀李隆基的计划——由手下崔湜出面，勾结宫女元氏，在皇帝饮服的"赤剑粉"里投毒。

与太平公主在朝中势力不断增长形成鲜明对比的是，李隆基的势力在不断被削弱。除了之前被贬的姚崇、宋璟和被流放的刘幽求、张暐外，原宰相之一的张说被排挤到东都洛阳，在诛杀韦后事件中助李隆基立下大功的崔日用也外放在荆州任长史，李隆基的处境可以说是"孤立无援"。因此，尽管张说从洛阳给玄宗送来佩刀，崔日用亲自回长安面圣，均劝其尽快动手，但惮于太平公主的势力之强，李隆基一直按兵不动。

太平公主或许看出了这一点，先天二年（公元713年）秋，她和手下窦怀贞等人商定行动计划：七月四日，由常元楷和李慈率领禁兵，突入玄宗与众臣议事的武德殿，窦怀贞、萧至忠等宰相在南衙举兵相应，一举"废立"李隆基。不料，此事被宰相魏知古知晓。魏知古此人表面中立，但暗地里向着李隆基。关于他如何得知太平公主的政变计划，史上并无记载。得到消息的他，立即报告给李隆基。事已至此，李隆基决定先下手为强。

七月四日，李隆基采取崔日用"先定北军，次收逆党"之策，先解决对手的军事力量。他命令已升任龙武将军的王毛仲率300余名万骑卫士埋伏在虔化门，同时召常元楷和李慈入宫觐见。这两人根本没想到皇帝已经掌握了他们的计划，毫无防备地入宫。于是，他们刚到虔化门，就被王毛仲等人砍杀。随后，李隆基率领手下亲兵从武德殿冲进朝堂，捕杀了萧至忠、岑羲等人，窦怀贞在走投无路的情况下投水自尽。太平公主虽及时逃出长安，躲到终南山的一座寺院内，但其后回到长安，被李隆基赐死。

太平公主一党，只有两人在事变中幸免。一个是她的儿子、曾助李隆基诛灭韦后的薛崇简。据说，他数次劝说其母亲不要与太子为敌。另一人是崔湜，在李隆基还是太子时，他就把自己的老婆和女儿献给了太子。李隆基可能基于此，饶了他一命。不过，宫女元氏不久后招供出关于崔湜主谋毒杀皇帝的事，一道诏书追上了流放途中的崔湜，他被就地赐死。

此后，年仅28岁的李隆基正式登上唐代权力的巅峰，一个全新的，也是大唐最为辉煌的时代就此开启。

（作者：番茄汁）

抗金名将韩世忠在黄天荡之战中全军覆没，为何却能名垂后世？

韩世忠的名字往往和"黄天荡之战"联系在一起。此战，韩世忠的夫人梁氏因在军前擂鼓助威而闻名，此举被市井文学无限演绎，其人被世人冠以"梁红玉"之名。夫妇二人互相成就，提高了彼此的知名度。

历史上，黄天荡战役的结局并不是那么让人满意：韩世忠一度让完颜宗弼（金兀术）所部金军陷入困境，最终的结局却是金军不但脱困，还反过来打得韩世忠惨败，近乎全军覆没。梁氏还因此上书弹劾丈夫。

那么，为何全军覆没的败仗反而让韩世忠名垂千古？韩世忠的军事能力到底如何？

意外受困的完颜宗弼

在"中兴四将"中，韩世忠的出身不如刘光世，但比起北宋末年尚在基层、在赵构提拔下才火箭般上升的张俊、岳飞,其发迹时间要早得多。早在北宋后期对西夏与平定方腊的战事中,韩世忠已经是刘光世之父刘延庆麾下的中层将官,并在一系列军事行动中表现得相当活跃,更是带领本部人马直接擒获了方腊本人。

到两宋之交,韩世忠成为第一批参与拥立宋高宗赵构的将领。在这一阶段,他的表现和其他宋军将领没啥区别:对付"变民"、叛军、贼寇,战绩不错。但过了两年再次遇到渡过黄河南下的金军主力时,韩世忠一再被击败。随后在一部分军人反对赵构的"苗刘兵变"中,韩世忠冲锋在前,堪称平叛的绝对主力,得到了赵构的信任,也因此让自己的事业得到迅速发展。

宋高宗建炎三年(公元1129年),金军首次渡过长江进攻南宋。由于赵构信任的杜充难堪大任,加上金军渡江前半年宋军内部刚经历了"苗刘兵变",宋朝的长江防线几乎是一触即溃,江南的两大政治中心建康(今南京)和临安(今杭州)很快沦陷。在随后的"明州之战"中,虽然张俊所部宋军赢得了两次来之不易的胜利,掩护赵构完成了海上逃亡,但得到增援的金军最终占领了明州。

以渔猎起家的女真人虽然不擅长海战,但大海对他们而言并不是不能抵达的战场。金军占领了今日的舟山群岛地区后,强征当地渔民的船只,南进数百公里,试图继续追击。直到他们发现临时征发的渔船不可能挑战宋军的舰队,才放弃南进。

此次入侵,金军完全没有考虑后勤的问题。在他们眼里,江南乃富庶膏腴之地,一路抢劫,以战养战便是。临走时,金军还不忘大肆破坏,明州(今宁波)、临安(今杭州)、秀州(今嘉兴)、平江(今苏州)、常州(今常州)等地都被金人大肆烧杀抢掠。以平江府为例,根据地方志的记载,金军入城并没有遭受多大抵抗,他们"劫践官府民居,纵火延烧,烟焰见二百里,凡五昼夜","士民前后迁避,得脱者十之二三,迁避不及或杀者十之六七"。自唐代以来素称"风物雄丽,为东南之冠"的苏州城,旦夕之间,"一城殆空",几成废墟。

金军的这次入侵给江南人民带来了巨大的苦难。在战争中活下来又抢劫到大量战利品之后,金军的士兵们懈怠,只想享受巨额的战争红利。这个时候,哪怕是金军精锐部队的战力也因此受到影响。满载掠夺来的财富和人口准备返回的金军,在完颜宗弼的统率下准备从镇江一带渡江北返。结果,他们到了焦山(今镇江焦山)时,发现之前曾多次败于金军的韩世忠已经带领8000士兵在长江江面严阵以待。

宋军舰队控制了长江,金军虽然在数量和质量上都有优势,但在水上打仗却相当吃亏。完颜宗弼因为之前连续的胜利,并没有把韩世忠部放在眼里,果断下战书约他决战。到决战那天,完颜宗弼让麾下的契丹人和北方汉人驾驶小船攻击韩世忠的舰队,双方在长江江面大战。虽然此时的宋军在陆上不是女真铁骑的对手,但韩世忠所部宋军有着压倒性的水上优势。金军在激战之后被打败,战死、淹死了数百人,还出现了临阵投降的将领。

此战诞生了历史上著名的场面:韩世忠的妻子梁氏亲自擂鼓助威。梁氏是将门出身,其家族因为曾有人贻误军机而失势,其本人也沦落风尘,后成为韩世忠的继室。在苗刘兵变时,梁氏身在宫内,得到太后授意,第一时间联系上了韩世忠,为平叛立下了功勋,因此先后得到了"安国夫人""护国夫人"的册封,在赵构和皇室面前都颇有地位和影响力。

脱困靠汉奸，反杀靠援军

完颜宗弼渡江以来第一次感到了麻烦。他向韩世忠提出，归还掳掠的财富和妇女，换取宋军放他们平安渡江。但这个提议被韩世忠拒绝了。如果能重创甚至歼灭金军主力的话，那将是这些年来宋朝前所未有的大捷，其意义远比归还掳掠的财富和人口要大。完颜宗弼又派人给韩世忠送名马示好，也遭到了拒绝。眼见无法渡江，完颜宗弼选择一边沿着长江向上游进军，一边寻找渡江机会。韩世忠的舰队贴身紧逼，继续在长江江面上游弋，防止金军渡江。

于是，完颜宗弼及其所部金军被滞留在了江南。双方就这样一边沿着长江前进，一边小规模接战。双方从最初的镇江焦山一带来到了位于建康（今南京）东北栖霞山附近的黄天荡。三月中旬，完颜宗弼在镇江被韩世忠击败，双方使节有来有回。随后完颜宗弼率军沿着长江往上游行进，寻找渡江机会，而且是水陆两栖并行。这支军队大约走了100千米才到达黄天荡地区。虽然金军无法渡江，但由于其军队在陆上占据明显优势，行动颇为自由，大部分时间并非困于一地。

完颜宗弼到了黄天荡，才发现这是个死水港，自己的舰队被韩世忠的舰队堵住出不去了。此时，在江淮流域的金军统帅完颜昌派部将孛堇太一接近扬州，试图接应完颜宗弼，被其他宋军击退。可黄天荡并非真正意义上的绝地，这里原本有一条老鹳河故道，可以直通秦淮河，只不过当时处于半废弃状态。完颜宗弼悬赏重金，果然有附近的乡民贪图赏格，出卖了这条河渠的情报。

在叛贼的指引下，完颜宗弼疏浚老鹳河故道，仅花费一天一夜就把30里的水路打通了，于是顺利脱困，率军到达了江宁。从三月十五日双方在镇江首次接战，到此时的四月十三日完颜宗弼到达江宁，总共不到一个月。大家印象中"完颜宗弼被困黄天荡48天"是宋朝鼓舞士气的宣传。48天是从韩世忠和完颜宗弼初次接战，到完颜宗弼部最终渡江的时间。历史上，完颜宗弼在击败并追杀韩世忠之后，又过了一个多星期才渡过长江。

到这时候，随着长江以北的两支金军成功与完颜宗弼会师，韩世忠已经不可能全歼完颜宗弼部，甚至连战胜的机会都很渺茫了。但是，好不容易得到如此战机的韩世忠并不愿意就此放弃，他选择继续游弋在长江上拦截渡江的金军，并希望能寻找战机打击对方。坚持，在许多时候是一个优秀军事家必须拥有的素质，但不甘心的坚持会增加失败的风险。

金军在此时得到大批生力军的支援，而韩世忠舰队已经连续作战一个多月。这种情况下，宋军的失败就难免了。四月二十五日，天气晴朗，需要借助风力的宋军大船行动变得迟缓，金军趁机发起决战。按照《金史》记载："宗弼选善射者，乘轻舟，以火箭射世忠舟……皆自焚，烟焰满江，世忠不能军，追北七十里，舟军歼焉，世忠仅能自免。"金军利用小火船和火箭对此时行动迟缓的韩世忠舰队发起进攻，结果宋军舰队纷纷起火，韩世忠部溃不成军。到最后，金军追杀70里，韩世忠部几乎全军覆没，仅韩世忠携余部逃走。

《宋史》中关于韩世忠的传记同样描述了宋军的惨败："次日风止，我军帆弱不能运，金人以小舟纵火，矢下如雨。孙世询、严允皆战死，敌得绝江遁去。世忠收余军还镇江。"这不但验证了《金史》的说法，还记下了宋军阵亡将官名单。不过韩世忠部虽然全部溃败，但还有一部分士兵逃出生天。

韩世忠在战后能收整败兵退守镇江，说明他并不是金人吹嘘的那样被打成了光杆司令。《宋史》的本纪部分对这一战的记述更为简明："金人乘风纵火，世忠败绩。"

黄天荡之后的抗金名将

战后，按照《杨国夫人传》记载：韩世忠夫人梁氏"上书弹劾忠武失机纵敌，请朝廷加罪"。被打得灰头土脸的朝廷倒是深知人才难得，加上梁氏是在苗刘之变时立过大功的，赵构和皇室都会照顾她的情面。因此，南宋朝廷对之前在明州力挫金军前锋的张俊和先胜后败的韩世忠都予以嘉奖。虽然宋军在黄天荡之战中遭受惨败，但是韩世忠是"虽败犹荣"的典范。他把完颜宗弼困在长江以南将近一个月，让金人从此明白，长江天堑对他们来说极为危险。不久之后，张荣的民团在泰州附近的缩头湖弥补了韩世忠的遗憾，利用水网地形给了金军一次歼灭性的打击，并在战后投奔了刘光世麾下。金军此后基本放弃了对淮河以南的经营，双方的控制区逐渐稳固下来。

有趣的是，如果说这一年被打得很惨的南宋把这次失败当成胜利来宣传是情有可原的，完成了逆风反杀的完颜宗弼对此战的态度就令人玩味了。参考金朝史料对同时代其他胜仗的写法，此战完全可以写成不擅水战的完颜宗弼初遇占水军优势的韩世忠虽有不利，但随后英明神武地发现对方弱点，绝地翻盘，大破对手。然而，金朝对此战的描述颇为克制，完全没有同时代其他战役里把金军自己吹成战力所向披靡那种感觉，为何？

无他，完颜宗弼虽然依靠叛贼指路脱离了黄天荡的险境，但是真正帮助他完成反杀的，是完颜宗翰的嫡系乌林答泰欲和完颜昌的嫡系孛堇太一。在接下来的 10 年内，完颜宗翰和完颜昌都将成为金朝日益严酷的政治斗争的失败者。其中的完颜昌，是完颜宗弼最直接的政治对手，最终还死在了完颜宗弼手中。在黄天荡一战中，完颜宗弼一度被困，虽勉强逃离险境，最后却是靠着后来被自己打倒的政敌派来的援军实现了反败为胜，这一切对他来说不是什么光彩的事，反而令他颇为尴尬。

对韩世忠而言，黄天荡之战虽然是一次惊心动魄的先胜后败，却是他迎战金军的转折点。在黄天荡之战后，韩世忠取得了对金军和其附庸伪齐军的一系列胜利。尤其值得一提的是，绍兴四年（公元1134年）金军联合伪齐军南下侵宋，这是南宋建国以来金人规模最大的一次南侵。在这次战事中，韩世忠先通过伏击战挫败了金军的先锋，又成功阻遏了金齐联军的进军，使得后者不久后被迫撤退，在史书上被称为"大仪镇大捷"，成为南宋"中兴十三处战功"之一。

随后，韩世忠又在对抗金和伪齐军的前线屡立战功，成为南宋第一个领三镇节度的将领。刘光世被罢黜后，韩世忠成为南宋军界地位最高者。随后，在赵构收回军权的一系列行动下，韩世忠选择告老还乡，最后得到了善终。他死后同夫人梁氏等人一起合葬于苏州西郊灵岩山麓。

有趣的是，包括大仪镇大捷在内，韩世忠对阵金军和伪齐军取得了诸多次辉煌胜利，但其知名度都远远比不上以惨败告终的黄天荡之战。这大概就是"戏剧性"对于历史的影响力吧。

（作者：黑色君）

捕鱼儿海战役，
为什么能一举将黄金家族打成青铜？

明洪武二十年（公元1387年）九月，朱元璋经过20年的努力，终于做完了他一直想做的几件大事。在政治制度改革上，他不仅废除了延续2000多年的丞相制度，还把成立5年的锦衣卫废了。在解决内忧外患问题上，他将江西、安徽等地的百姓迁徙至刚刚平定的云南，迁徙人口多达百万，真正控制了西南地区；在沿海地区，为应对倭寇袭扰，他撤销台湾行政和防务的巡检司，把台湾岛上的居民强行移民到漳州、泉州，并加强沿海防务，实行海禁政策；在辽东地区，明朝设置了沈阳中卫，牢牢控制了己方右翼……

稳住内外大局后，这位大明朝的开创者，准备向自己最大的敌人——仍占据北方广大区域的北元，发起总攻。

黄金家族余威尚存

至正二十八年（公元 1368 年），元朝第 11 位皇帝元顺帝孛儿只斤·妥懽帖睦尔从大都仓皇出逃。撤往草原大漠的元朝势力自此潜伏了 19 个年头。19 年时间可不短，如果元朝剩余势力励精图治，大元或许还能再次崛起。但是，这个黄金家族在最后的延续时间里，似乎有点儿荒废，显然已经放弃了再次饮马长江的野心。

不过，他们依然控制着整个蒙古草原，其势力范围覆盖长城以北、东至女真、西抵哈密以及哈密以西的裕勒都斯河流域、北到叶尼塞河的广袤地区。凭借着黄金家族百余年的统治余威，北元依然在广大北方少数民族地区拥有至高无上的地位和对其他部族的绝对控制权。因此，这样一个有着雄厚实力的北方政权，对刚建立政权不久的明朝造成了相当大的威胁。

朱元璋为了彻底打垮老对手，确实煞费苦心。当初朱元璋北伐时，明朝与北元进行了多次大战，明军胜多败少，将北元驱逐到大漠草原中去，却一直无法彻底消灭北元。其主要原因是元军在退回草原大漠后，恢复了他们最为擅长的骑兵机动作战，这种战术让明军苦不堪言。明军进攻时，元军利用骑兵的高机动性避其锋芒，并派出轻骑骚扰明军脆弱的补给线。当明军后勤不济时，元军骑兵又如风一般发起突袭，让明军猝不及防。这种"敌进我退，敌驻我扰，敌疲我打"的打法，让朱元璋很是难受。

在多年的拉锯战后，朱元璋终于决定终止这场漫长的"猫鼠游戏"，他要毕其功于一役，于是派遣自己的精兵良将出征漠北，想一口气将黄金家族最后的势力打垮，彻底解除新生政权的北方边患。

朱元璋的多年布局

朱元璋之所以有如此大的决心和把握，跟他一直在谋划的战略布局有很大关系。对明朝来说，想一举消灭北元势力，稳住自己的后方是先决条件。明初，各地依然有忠于北元的势力存在，甚至还有部分地方势力在与明朝对抗。十几年的时间里，朱元璋采取了"向北防御，向周围进攻"的作战方针，先后对四川、云南进攻，消灭当地的反抗势力。尤其是云南的梁王把匝剌瓦尔密，此人在大明建立后，依然奉北元为正朔，服从退回蒙古大漠的北元，与明朝为敌。朱元璋平定四川后，曾劝降把匝剌瓦尔密，未遂。随后，朱元璋派傅友德、蓝玉、沐英带兵大举进攻，于洪武十四年（公元1381年）成功消灭梁王势力，此役解除了明朝征伐北元的后顾之忧。把匝剌瓦尔密失败后，焚烧龙衣，驱赶妻子到滇池赴死，他自己则与左丞达德、右丞绿尔夜入草舍自尽。

在辽东地区，朱元璋建立了沈阳中卫，并令冯胜统率20万大军出征，成功逼降了盘踞在此地且一直与明军对峙的纳哈出势力。这是一次意义非同一般的逼降，因为在之前的拉锯战中，拥兵20万却一直首鼠两端的纳哈出势力对明军而言，是一个重大威胁。经过此役后，明军向大漠进军时的侧翼已经完全没有了威胁，完全可以直取北元的统治中心。

更重要的是，经过了多年准备，明军已经囤积了大量粮草、马匹，可谓是为出征做了充分的准备。一切准备就绪后，朱元璋以永昌侯蓝玉为征虏大将军，延安侯唐胜宗、武定侯郭英为左右副将军，都督佥事耿忠、孙恪为左右参将，率军15万人第7次北征北元。

必须指出的是，蓝玉的这次出征，在一开始十分不顺。在出征前，蓝玉的老上级冯胜卷入河南周王朱橚擅离封地案而遭罢免，故此次出征由他挂帅。朱元璋又要求蓝玉毕其功于一役，彻底剿灭北元残余势力。可想而知，蓝玉肩负的压力有多大。

蓝玉虽然压力大，但他手中有一张王牌可打，那就是久经沙场的明军骑兵部队。一直以来，中原王朝对抗北方游牧民族的最大困难就是缺乏足够强大的骑兵部队。而此时的明军，已经拥有了可以匹敌元军的骑兵部队，个个骑兵都训练有素。按照明代唐顺之写的《武编》记载，明军骑兵身着重甲，难以被敌人伤到。据《武艺图谱通志》载，明军骑兵训练时："右手执辔。左腋挟枪。作新月上天势。右手执前。左手执后。高举过额。换执左右手。作左前一刺。换执左右手。作右前一刺……如是者无定数。"另外，除了传统的骑兵武器，明军还装备了大量火器。数量众多的火枪火炮，更让明军对战北元军具有压倒性优势。

北元的逐渐耗散

北元则是另一番光景了。自元顺帝逃到上都后，身体一直不好。他对被赶出大都一事一直耿耿于怀，渴望有朝一日可以打回去。于是他接受哈剌章的请求，命扩廓帖木儿入援。扩廓帖木儿率军击败明军，在韩店与明军打了胜仗。但好景不长，正当元顺帝满怀希望地认为重回大都有望时，坏消息来了，扩廓帖木儿被明军偷袭，仅以十八骑逃走。元顺帝听闻顿时感到天旋地转，从此健康状况一落千丈。至正三十年（明洪武三年，公元1370年），元顺帝因痢疾病逝，终年51岁，庙号是"惠宗"，蒙古汗号"乌哈笃汗"（即明智者）。朱元璋则以"知顺天命，退避而去"，给予了他"顺帝"的谥号。

元顺帝死后，长子孛儿只斤·爱猷识理答腊继位，是为元昭宗。但是，他还没坐稳政权，明朝大军便呼啸而至。元昭宗被迫逃奔哈拉和林，在抵达和林后，他改元"宣光"。这个年号取自杜甫《北征》诗中的"周汉获再兴，宣光果明哲"之意，他希望自己成为周宣王、汉光武帝那样中兴国家的君主。

元昭宗致力于中兴元朝，重新启用一批老将。旗下扩廓帖木儿、哈剌章、太尉蛮子等人与明军作战，取得了一定的战果。洪武五年（公元1372年），朱元璋派徐达、李文忠、冯胜三路出师。讨伐北元的战役中，扩廓帖木儿的应对先是佯败，诱敌深入，大破明军攻势；中路徐达部阵亡万余人（一说数万人）；东路李文忠部在漠北虽未像徐达那样完败，但也损失惨重，只得撤兵而还；只有西路冯胜、傅友德部连战连捷，占领北元的甘肃全境。这次战争挫败了明军进攻的锐气，保住了元王朝命脉，是元昭宗时代的一个重大成就。

但时代已变，此时元军的战斗力已越来越难以与明军匹敌。由于丧失了大量富饶地区，光靠草原上的资源，难以维持大军需要。当时，蒙古草原上的生产力和技术水平十分低下，这让元军骑兵的装备越来越差，到了后期，军队甚至连箭矢的箭头都无法用铁制作，只能用动物的骨头代替，这让元军的战斗力进一步衰减。

在后来的对峙中，明朝进行了边禁政策，禁止各种物资进入草原地区。元军越来越难获得急需的铁器、粮食等资源，甚至北元牧民做饭用的铁锅都成了稀罕物。最后，连元昭宗自己都过上了"流离毋宁、衣食艰辛"的日子。严酷的现实让元昭宗日益忧愤，最后于1378年，即宣光八年，洪武十一年去世，庙号昭宗，蒙古汗号"必里克图汗"（即聪明者）。

在元昭宗之后，他的弟弟益王孛儿只斤·脱古思帖木儿继位，称天元帝，年号"天元"。8年间，北元连续换了三位皇帝，造成了北元的政治局面的严重动荡。由于北元频繁地更换皇帝，各部落逐渐有了不臣之心。明朝对这个大好机会当然不会坐视不理，立刻加紧了对北元的进攻。随着北元的附属政治力量不断被明朝消灭，北元在漠北的政权也越来越难以为继。

捕鱼儿海大战

洪武二十一年（公元1388年），蓝玉的部队终于找到北元政权最后的容身之所——捕鱼儿海。捕鱼儿海，即今日贝尔湖，是中蒙两国共有的湖泊，中国部分位于呼伦贝尔市新巴尔虎右旗贝尔苏木境内。湖面呈椭圆形状，长40千米，宽20千米，面积608.78平方千米，蓄水量约55亿立方米，是一个巨大的淡水湖。值得一提的是，当年成吉思汗在按照蒙古游牧贵族的传统分封亲族时，将兀鲁灰河这片地方（现在的乌珠穆沁旗一带）封给同母弟弟合赤温的后裔。北元政权选择捕鱼儿海作为最后的安身之地，冥冥之中似乎也预示着他们的命运。

当蓝玉的部队马不停蹄地赶路时，北元的部队依旧按照他们祖先的作战方式，主动后撤以待时机。按照史书记载，北元对明军的这次进攻是有所准备的。他们认为，明军大军出动，所需要的粮草甚多，只要避其主力军的锋芒，把他们诱入大漠深处，时间一长自然会让明军退兵。

北元主动向漠北后撤，的确让明军的补给线大大延长。事实上，明军深入大漠数月一无所获，官兵也疲惫不堪。到洪武二十一年（公元1388年）四月九日，明军主力抵达游魂南道时，还一度因缺水陷入困境。幸好，此时归顺的蒙古将领观童凭借经验找到泉水，为全军解困。蓝玉在四月十一日到达距离捕鱼儿海尚有40余里的百眼泉时，明军依然找不到北元朝廷的蛛丝马迹，此时明军的补给已经消耗殆尽。困境之下，蓝玉等人一度有了退兵的计划。但是，定远侯王弼此时坚决反对，对蓝玉表示："我们深受皇上威德信任，率领十几万大军已经到了这里，如果一无所获，两手空空回去，拿什么向皇上复命呢？"（吾等奉圣主威德，提十万余众，深入至此，无所得，何以复命？）在他的劝说下，蓝玉等人决定继续向前搜索。

功夫不负有心人，经过仔细侦察，蓝玉终于发现了北元朝廷的踪迹，他们就在捕鱼儿海东北方向80余里外。蓝玉率部立刻发起进攻，以王弼为先锋，一路保持安静"衔枚疾进"。当时天气也帮了明军大忙。史书记载："时大风扬沙，昼晦。"即当时风沙极大，白天如同黑夜一样。在漫天黄沙下，北元朝廷完全没有防备，人们都在帐内休息。此时，15万明军如同天兵下凡一样猛攻，北元营地顿时大乱。尽管太尉蛮子等人拼死抵抗，仍不能阻挡大势。数千名北元兵士在混战中被杀，剩下的人只能束手就擒。按照《明实录·太祖实录》记载："大风扬沙，昼晦，军行，虏皆不知。虏主方欲北行，整车马皆北向。忽大军至，其太尉蛮子率众拒战，败之，杀蛮子及其军士数千人，其众遂降。"

混战中，天元帝与太子天保奴等数十骑侥幸逃出明军追杀，但是，他们的手下就没那么幸运了。史书记载，除了被杀的人外，明军战果还包括"获其次子地保奴等六十四人及故太子必里秃（指爱猷识理达腊）妃并公主等五十九人。其詹事院同知脱因帖木儿将逃，失马，窜伏深草间，擒之。又追获吴王朵儿只、代王达里麻、平章八兰等二千九百九十四人，军士男女七万七千三十七口，得宝玺图书牌面一百四十九、宣敕照会三千三百九十道、金印一、银印三；马四万七千匹，驼四千八百四头，牛羊一十万二千四百五十二头，车三千余辆"。但是，蓝玉并没有停止追击，十几天后又再次攻破元将哈剌章的营地，"获其部下军士一万五千八百三户，马驼四万八千一百五十余匹"。至此，整个捕鱼儿海战役基本画上句号。

此战明军战果丰盛，不但一举歼灭10万北元人马，还彻底打垮了北元政权的最后一丝元气。尤其是作为北元正统象征的金印银印、宝玺图书牌面、宣敕照会。这些重要器物的损失是对北元的永久性打击。黄金家族从此一蹶不振，天元帝脱古思帖木儿及其子天保奴虽然逃出了捕鱼儿海的包围圈，但在逃亡途中被阿里不哥后裔也速迭儿所杀。与天元帝一起逃亡的知院捏怯来、丞相失烈门在走投无路的情况下，很快投降明朝。至此，北元政权最后的有生力量彻底烟消云散。

按照《明史·鞑靼传》记载："敌自脱古思帖木儿后，部帅纷拏，五传至坤帖木儿，咸被弑，不复知帝号。有鬼力赤者篡立，称可汗，去国号，遂称鞑靼云。"由此可知，当时蒙古各部落再也没有统一的对北元的凝聚力，又回到了当初部落林立的状态。就连鞑靼，后来也分裂成鞑靼和瓦剌两部。从这一点上来说，捕鱼儿海战役是瓦解黄金家族的最后一击。

明朝经此战彻底终结了北元政权。从此，明朝北部边境的蒙古势力再难对明朝造成致命威胁，一个全新的时代正式开始。

（作者：郭歆）

不是小叫花子，是"富二代"的李卫：
靠什么成为雍正的心腹？

2001年，一部由徐峥、陈好、唐国强领衔主演的古装喜剧《李卫当官》播出，掀起了收视热潮，至今仍是很多观众心中的经典之作。在剧中，李卫是个出身卑微的穷小子，甚至一度沦落到在扬州城里要饭。后来，他靠着各种阴错阳差的机缘当上了大官，成为雍正皇帝的心腹。而在真实历史中，李卫的确是雍正皇帝的心腹，却并非出身穷苦人家，反而是个出身富贵人家的阔少爷。那么，这个阔少爷是如何成为雍正皇帝的心腹的呢？

一个捐官的上升之路

真实的李卫，是江南铜山人，也就是今天的江苏徐州丰县人。李卫的家境比较富裕，其父母对他的教育貌似比较宽松，没有要求他努力读书以后参加科举考试。李卫本人也不喜欢读书学习，而是好习武。10岁那年，李卫父母双亡，他成了孤儿。虽然10岁而孤，但他继承的家财十分丰厚，足够他吃喝玩乐一辈子。就这样，李卫一直游手好闲，"混"到了快30岁，除了有钱，一无所成。

29岁那年，李卫不知出于什么原因，捐资入仕，做了兵部员外郎。虽说捐官捐出来的一般都是些闲散小官或者空头虚职，但李卫这个职位却有一定的含金量。清代六部的职官设置依次是尚书、侍郎、郎中、员外郎、主事、笔帖式等职位。六部尚书是从一品，侍郎是正二品，中间不设置三品、四品官，郎中是正五品，员外郎是从五品，郎中和员外郎又被称为"司官"。别看员外郎只是个从五品，要知道在中国古代的官僚政治传统中，一直有一种品级虽小却权力极大的设定，员外郎看似官阶低但其实际权力并不小。

而且，李卫是立即走马上任的，没有排队等候。要知道，清朝的政府官员都有固定编制，只有一个职员去世或退休了才能新进一个人，很多科举出身的人都要等几年甚至十几年时间才能上任。李卫一手交钱，清政府就立即给了他一个实缺，还不需要排队。由此可猜测，李卫当时可能花了巨资。

在清朝，中央各重要部门实行的是满汉双轨制，一般一个部门中分设满、汉郎中各一人，满、汉员外郎各一人。在清王朝，满郎中负责掌印，汉郎中负责实际办事。员外郎是侍郎的属下，也就是负责实际办事的人员。

可能是因为工作表现不错，两年后李卫被调到户部任郎中。李卫在户部郎中的位置上干了不到4年，康熙皇帝就去世了。雍正一登基，就任命李卫担任直隶驿传道，负责直隶一省驿站的公务。李卫还在上任的路上，雍正又改任其为云南盐驿道。自汉代实行盐铁官营以来，盐就是朝廷最重要的财源之一。清朝也不例外，朝廷一直致力于垄断盐业。作为产盐大省，云南的私盐生意非常盛行，以至于高价的官盐根本卖不出去。所以，雍正将李卫派去云南担任盐驿道。盐驿道是兼管盐务的非专职盐务官，一般为正四品。虽然这个职位并非什么大官，但它意味着李卫的官职从正五品升到正四品，足见雍正对他的欣赏。

为何雍正会欣赏他？李卫在当户部郎中时，有位亲王的属下在收缴白银的过程中，每 1000 两要额外加收 10 两作为库平银。李卫将银柜抬到廊下，写上这是某亲王的"赢余"。亲王为防止事情闹大，便停止多收库平银。正是这件事让李卫得到了雍正的赏识。雍正将其派到云南去整顿盐务，也是因为私盐贩售在当地已经形成庞大的利益链，官商勾结，盘根错节，而李卫这种不畏强权的性格恰好适合去解决这类问题。

李卫上任后，马上揭发了下属 10 多名文官和数名武官的不轨行为，在整顿盐务上取得了不错的成绩。一年后，他便升任云南布政使，主管全省财政税赋，并兼管盐务工作。雍正五年（公元 1727 年），李卫升任浙江总督，兼巡抚事，正式进入由各行省级官僚组成的"精英圈"。孔飞力在《叫魂》中说："进入这个圈子意味着得到皇帝的特别宠信并能与其直接对话。督抚官僚与在北京六部官员一样，可以被要求同皇帝直接并秘密地联络。"

雍正七年（公元 1729 年），李卫被加封为兵部尚书。此后，他又被任命为署理刑部尚书、直隶总督等职，堪称雍正跟前的大红人。

飞黄腾达的奥秘

李卫从任职于一个买来的户部员外郎职位，到升任至浙江总督这个职位，只用了不到 10 年时间，这种升迁速度在清朝历史上可谓罕见。

李卫飞黄腾达的第一个原因，恰恰是他那被士大夫阶层看不起的出身——捐官。按照常理，我们认为只有科举出身的官员才会得到赏识，捐官并非正道。然而，雍正从一开始就对科举出身的官员抱有高度警惕心理。雍正认为，科举考试中的考官与考生中的及第者因考试结为老师与弟子，参加同期考试的及第者们成为同年级同学（即"同年"），并因此建立了密切联系。久而久之，这些人在官场上为图行事相互方便，很容易结成"朋党"。朋党成员大多时候会为了自己或集团的利益，置国家利益于不顾，将朝政搅得乌烟瘴气。东汉有"党锢之祸"，唐朝有"牛李党争"，北宋有"新旧党争"，明朝有"朋党之争"，这些惨痛的历史教训于统治者而言似历历在目。康熙晚年"九子夺嫡"之时，朝廷中就有很多官员与诸皇子结党，不但危及了皇权，还不利于社会稳定。因此，雍正本人一登基，就撰写了一篇《御制朋党论》，痛斥朋党的危害。

李卫作为非科举出身的官员，雍正不用担心他与其他科举出身的官员结成朋党。毕竟花钱买官，这一向被科举出身的人视为旁门左道中最低贱的一种。李卫即使想加入朋党，恐怕也没有哪个愿意搭理他。雍正将其派往云南整顿盐务，一是因为先前见过李卫的工作作风，二是因为他的背景比较干净，在官场上没有错综复杂的人际关系，皇帝不用担心他会被利益关系影响。

李卫本人也很清楚，他的权力来源于皇帝一个人，他只有完全忠于皇帝，才能安身立命、前程似锦。李卫赴任云南盐驿道前，与康熙的第十三子走得稍近。此人在李卫出发前说了一番话，并且赏赐了他200两白银。而李卫转身就把十三皇子说的话告诉了雍正。他用实际行动向雍正表明，自己绝对不会和皇子结党营私。

李卫在官场飞黄腾达的第二个原因，是他有较强的实务处理能力，有利于雍正加强中央集权。很多科举出身的官员，若不是天纵奇才，基本上将一生中最旺盛的精力消耗在四书五经上。他们虽然饱读诗书，但对法律、钱粮等实务，对地方势力格局茫然无知。这种问题历朝历代都存在。这也是为什么自北宋以来，很多科举出身被派遣到地方任职的官员，都高度依赖胥吏的原因。所谓"胥吏"，就是为官府办事，但没有正式编制的人员。胥吏具备专业素养，熟悉办事程序，又与地方势力关系深厚。可以说，没有他们，整个帝国的基层组织就无法正常运转。也因此，胥吏往往会成为地方政务的实际操控者，历朝历代中不乏胥吏架空地方官的情况出现。晚清思想家冯桂芬谈胥吏之权势时说："州县曰可，吏曰不可，斯不可矣，犹其小者也。卿贰督抚曰可，吏曰不可，斯不可矣，犹其小者也。天子曰可，吏曰不可，其不可者亦半焉，于是乎其权遂出于宰相大臣之上，其贵也又如此。"总之，地方官的迂阔无能，胥吏的势力扩张，令此时帝国的独裁者——雍正皇帝非常不安。

李卫与其他地方官不同，他虽不识几个字，但头脑非常聪明，实际办事能力很强，在政务处置上完全不受制于地方上的胥吏。雍正将他派往云南整顿盐务，就是对他的一次政治考察。云南的地方官员与私盐贩子勾结，其实质是地方势力与中央政府争夺财源，这令雍正难以忍受。李卫果断抓住这次机会，表现得非常优异，于是得到了雍正皇帝的信任，为他以后平步青云奠定了坚实的基础，而他在成为行省级官僚后，办事也屡屡让雍正感到满意和赞许。

李卫出任浙江总督前，浙江省自然灾害不断，农业收成不好，百姓面有菜色。雍正需要有个能办事的人去解决这个问题，李卫正是不二人选。李卫也不负皇帝的期望，赴任后立即让商人在长江上游地区收购大量稻米运到浙江，解除了浙江的民生危机。而在李卫赴任后，浙江省连年丰收，这令雍正帝对他更加满意。

李卫在浙江总督任上，整顿了当地盐务，满足了雍正加强中央集权的需求。浙江省的沿海地区出产食盐，政府的食盐专卖价格却至少是原价的30倍，令百姓难以承担。因此，浙江省私盐泛滥也就在情理之中。朝廷曾动用军队来取缔私盐，但收效甚微。李卫为打击私盐，与江苏官员密切配合，抓捕到走私商的一大头目——沈氏。沈氏虽是女流，但掌握了几百人的贩私盐集团，其势力覆盖苏州平原的河流地带，并多次击败江浙两省的政府军，让官员们颜面扫地。沈氏被逮捕处死后，当地的私盐受到重大打击。

李卫抓捕大盐枭沈氏，是趁着沈氏解散部下、独自躲在藏身之处时才突然出现将其拿下。由此可见，李卫是个有勇有谋之人。他从小习武，武艺精湛、作风彪悍，敢于硬碰硬。但他又不会逞匹夫之勇，而是善用计谋。

雍正七年（公元1729年），李卫侦知江宁存在一个以张云如为首的反清复明组织，并即将作乱。张云如的组织中有不少江湖豪侠，其中有一个叫甘凤池的大侠最为厉害，被人推为"兵马大元帅"，但甘凤池可能并不知道张云如真实的算盘是要造反。李卫派线人跟甘凤池取得联系，请他来当自己儿子的武术老师。甘凤池以为自己得到了浙江总督大人的青睐，就要飞黄腾达，便不假思索、毫无防备地来到李卫府中。结果，他被几个武艺高强的捕快合力拿下。李卫通过他之口，获得了张云如组织的关键情报。最后，张云如等人被李卫一网打尽。

清史学者胡忠良指出，李卫巧妙地将一个反清团体消灭，是"对江南前明遗民情结的雪上加霜的一击"，同时也重创了在江南经营已久的江湖势力。

同年，李卫被雍正提拔为兵部尚书，足见雍正对他的赏识。

李卫凭借着自己不结交朋党的原则，以及雷厉风行的办事能力，得到雍正的高度信任，成为其心腹。乾隆三年（公元1738年），李卫因病逝世，乾隆特命朝廷以总督规格赐予祭葬，追谥号"敏达"。而像李卫这样能够寿终正寝的重臣，在雍正一朝并不多见。

（作者：徐飞）

第二章

得其所利，虑其所害

皇帝：
我太难了，皇家亲戚不能不用，又不能重用！

自从"家天下"的古代王朝统治出现，作为君主近亲的宗室力量就开始活跃在政治舞台上。对于高高在上的君王，宗室成员可谓是把颇为棘手的双刃剑：一方面，所谓"上阵父子兵"，政治舞台虽然是个不需要亲情的修罗场，但自家亲戚总比外人可信一点儿，然而宗室权力太大，又很容易埋下内讧乃至内战的种子；另一方面，如果君王采取打压宗室的政策，虽然可以避免很多来自家族内部的权力挑战，但在君权受到威胁时，失去了亲族的辅弼，很容易沦为孤家寡人，被权臣架空乃至推翻。

晋国衰亡：宗室问题的预演

春秋时代的晋国，把强宗室和弱宗室这两种模式的优劣都体验了一把。春秋初年，位于曲沃的晋国小宗公族在经历了三代人的斗争后，在曲沃武公时代最终成功攻入当时的晋都翼城，打败了占据正统地位的晋侯大宗。曲沃武公通过贿赂周王等方式成为新的晋国君主晋武公，完成了篡夺大业，这就是史书上的"曲沃代翼"，堪称宗室过强而威胁君权的早期经典案例。

晋室正统大宗作为斗争失败者被清理出历史舞台，然而晋国宗室的斗争并没有就此结束。在晋武公之子晋献公时代，又清理掉了所谓的"桓、庄之族"。桓、庄分别是晋武公祖父和父亲的谥号，由于"曲沃代翼"是一个历经三代人的漫长过程，桓、庄两位先君的后代在其中出力甚多，此时也颇有再上演一次"曲沃代翼"大戏的雄心。晋献公先下手为强，在这些同宗亲戚强大前先发制人，杀死其中的大部分人，迫使剩余成员流亡。

就这样，晋国在春秋初年连续经历了两次大规模宗室火并，原本的大宗被曲沃一系小宗取代，晋献公随后又几乎杀掉或逼走了所有小宗的公族。这个过程也意味着晋国的宗室力量遭到了毁灭性的削弱。

晋献公时代"并国十七，服国三十八"，晋国的疆域和人口都得到了飞跃式的扩张。然而，由于晋国公族刚遭到两轮毁灭性的打击，晋献公不得不采用多种统治手段结合的方式，来实现对广袤新占领区的控制。晋献公一方面通过郡县化增加了部分直辖区域，另一方面让太子申生和重耳、夷吾两位公子分别坐镇一方要地，同时还把许多新占领区分封给自己的亲信。

但"曲沃代翼"与公族相残的阴影始终萦绕在晋献公头上。太子申生是齐桓公的外孙，曾多次领兵在外作战，又拥有曲沃作为封地，势力日益强大。晋献公最终逼死了太子。重耳、夷吾两位公子随后选择跑回自己的封地，以武力对抗晋献公，夷吾还一度击败了晋献公派来的部队，但最终仍未避免逃亡的命运。

晋献公成功打压了实力过于强大的三个儿子，但也意味着本已孱弱不堪的晋国公族遭到了进一步的削弱。晋献公随后立骊姬所生的幼子为继承人，并且在临死前托孤给重臣荀息。晋国公室一系列内耗的恶果显现，卿大夫们此时并不希望托孤重臣荀息借着摄政名义控制朝局，推举里克出头连续杀死了晋献公分别与骊姬姐妹所生的两个未成年君主，荀息也被迫自杀。夷吾与重耳两系先后被推举为君主，其中的重耳就是大名鼎鼎的晋文公。

晋献公晚年和死后的继承危机，在后世被命名为"骊姬之乱"，仿佛晋献公年老昏庸、贪恋女色、废长立幼，导致了这场事件的发生。当然，这更多是"红颜祸水"史观下的解释。这场继承权危机，恰恰是晋国宗室经历一系列内耗后被严重削弱的恶果。

新即位的晋文公南破强楚成为一代霸主，却无力扭转晋国公族日益衰弱的趋势。晋献公时设置二军，到其子晋文公时变成三军六卿，晋景公时进一步发展为六军十二卿，后来晋厉公时降到四军八卿，晋悼公时又下降为三军六卿，但有一点是贯彻始终的：由于"曲沃代翼"、晋献公清洗"桓、庄之族"的近支亲戚以及晋献公晚年和死后的一系列变故，晋国国君缺乏宗室羽翼，不得不依赖外姓、外氏之卿家，并将军政大权分别授予他们。缺乏宗族力量支持的晋国君主，面对六卿时更像一个仲裁者，而不是高高在上的主君。

在这种情况下，晋国君主如果足够强势而英明，还能对内平衡驾驭卿大夫，对外称霸；一旦君主弱势或缺乏政治谋略，就很容易被强势的卿大夫推翻甚至弑杀，然后被扣上一系列莫须有的罪名。在晋悼公之前，晋国国君整体素质还算不错，通常能驾驭这种复杂的内部政治局面，但也不乏晋灵公、晋厉公这样"翻车"的，不但身死，还在后世留下骂名。更无奈的是，晋悼公死后，晋平公、晋昭公以下的历代晋国君主越来越玩不转这种平衡游戏，衰弱的公族在政治博弈中逐渐落败，军政大权也逐渐被智、范、中行、韩、赵、魏六卿垄断。到这时，晋国君主的地位逐渐岌岌可危。

早在晋文公之子晋襄公时代，赵氏就隐隐有成为晋国第一家族的趋势。晋襄公死后，晋灵公即位，而晋国的实际执政者也从赵衰传到了赵盾。这实在是匪夷所思的事情——执政之位竟在同一个卿大夫家族内部实现了父子相传。随后的扈地之盟中，晋灵公未参加会盟，而晋国执政的赵盾竟以臣子身份主持了诸侯会盟，并且与其他诸侯国的君主并列。这种事情对少年的晋灵公而言可谓奇耻大辱。晋灵公不甘心这样的处境，试图用政治手腕削弱卿大夫的权力，结局却是他本人被赵盾的族人赵穿弑杀，身后还背负了千古骂名，成为少年昏君的代表。不过在赵盾死后，赵氏家族发生了几轮大规模内讧，最终爆发内战。中行氏与范氏支持赵午，但智、魏、韩三家支持赵鞅，晋国主要的卿大夫和齐国等周边诸侯国都相继卷入内战。双方拉锯多年，最终赵鞅一系获胜，中行氏与范氏逃奔齐国。

淘汰赛到了最后环节。中行氏与范氏出逃后的土地被剩余四家瓜分，执政的正卿智伯荀瑶主持完瓜分后，晋君忍无可忍，试图借齐、鲁之兵打击肆无忌惮的四卿，但以失败告终。这位晋君运气比晋灵公、晋厉公两个身死还得恶谥的先君好些，他就是晋出公。智伯随后仗着实力更强开始霸凌另外三位卿大夫，并裹挟魏、韩围攻赵氏，但在晋阳之战中因为魏、韩临阵倒戈而兵败，最强大的智氏被灭族。随后便是著名的三家分晋环节——赵、魏、韩分别独立建诸侯国，并将晋公室的少量残余领地吞并瓜分。

晋国的衰亡史，可以说是分别预演了后世宗室过强和过弱的后果。前期，宗室力量强大的晋国经历了多次内战和内部权力斗争，严重削弱了公族地位。后期，宗室衰微、公族力量薄弱的晋国君权开始被外姓权臣架空。最终，晋国在名义上领土不断扩张的情况下，惨遭国内各大权臣家族瓜分。

秦始皇的惨痛教训

秦朝是我国历史上第一个中央集权的大一统王朝。公元前221年，秦国完成吞并六国、一统华夏的大业，咸阳城的秦朝宫廷随即上演了一番大辩论——关于分封制和郡县制的讨论。

丞相王绾首先表示，秦国刚刚吞并关东六国诸侯，燕、齐、楚三国的核心地盘距离秦朝关中腹地太远，如果秦始皇不在那边分封皇族、镇抚一方的话，恐怕很难填补当地王室被击灭后的政治真空地带。他希望皇帝可以把皇子们分封到这些地方去。

廷尉李斯则认为，周王朝分封了许多同姓子弟，但随着时间的流逝，他们的血缘联系越来越疏远，最后更是如仇敌一样互相攻伐，其他异姓诸侯也跟着互相混战，周天子不但逐渐管不动他们，自己也要仰人鼻息。现在天下一统，最近占领的关东六国领地已经被划分为新的郡县，推行郡县制，让天下人除了皇帝之外没有能效忠的君主，才是长治久安之道。对于诸皇子和功臣，只需要厚厚的物质赏赐就可以，分封诸侯属于给自己添麻烦。

秦始皇在最后作了总结性发言。他认为，几百年来各国连年征战，天下因此痛苦不已，正是因为王侯太多的缘故。他同意李斯的意见，指出天下初定之后又重新分封诸侯国，是在为未来的内战埋下隐患。

这次辩论还有续集：秦国吞并六国、一统华夏8年后的始皇九年（公元前213年），在一次酒宴上，博士、齐国人淳于越向秦始皇进言道，商、周两朝之所以维持近千年，是因为他们分封了子弟功臣作为枝辅的缘故。现在陛下一统天下，而皇子宗亲们虽然身份尊贵却没有任何实权，如果下面的臣子有专权乃至夺位之心，想重演晋国六卿瓜分王权、齐国田常篡夺吕氏的往事，到时候没有宗室来匡扶皇权，又指望谁来解救这局面呢？

秦始皇颇受触动，下令群臣就这个议题再次展开讨论。8 年前的廷尉李斯此时已经成为左丞相，他反驳说：时代一直在变化，皇帝创下的万世基业又哪里是淳于越这样的愚昧腐儒能懂的？李斯进一步劝秦始皇加强钳制、焚烧六国史书，让人民以吏为师，这便是历史上著名的焚书事件。秦始皇在一番摇摆后同意了李斯的观点，继续限制宗室的权力。

当我们把视线集中到王绾和淳于越的担忧本身时会发现，这两个人的担忧更像是一种预言，在不到一代人的时间内就全部变成现实：在秦国吞并六国、统一天下后 14 年的时间内，不但新兴的秦朝很快灰飞烟灭，连在关中维持了几百年、强盛了一百多年的秦王国本土都第一次被关东诸国完全攻占。整个秦国彻底成为历史名词，正如一代人之后的贾谊所描绘的那样："一夫作难而七庙隳，身死人手，为天下笑者。"

王绾认为，新占领的燕、齐、楚三国故地距离秦朝关中腹地实在太远，不分封宗室到地方上进行直接统治的话，难以对新占领区的基层进行有效管控。他说错了吗？没有。在原东方六国的大部分地区，秦中央政府派遣过来的地方官，必须和当地的各种势力合作才能实现有效治理。如楚将项燕是秦国统一过程中的最大阻碍之一，而他的儿子项梁在秦始皇时代却活得逍遥自在，杀人之后还能疏通秦国关中腹地的官吏，逃过了法律的追究。脱罪后的项梁又来去自由地回到楚国故地，到后来更是成为会稽郡守不得不依赖的郡中头号实权人物。

淳于越所预言的图景更为可怕：秦朝奉行强干弱枝，绝大部分宗室没有实权和封地。这种情况下，一旦掌握中枢的臣子有了专权乃至夺位之心，三家分晋、田氏代齐这样的往事随时可能重现。此时如果没有分封一方的宗室出来拱卫皇权，局面就会不可挽回。这一预言同样也很快变成了事实。李斯、赵高等拥有权力的朝臣一旦勾结起来，就能扶立起一位少年皇帝胡亥，随后肆无忌惮地杀光了秦始皇其他所有子嗣，包括手握重兵但受到颇多制衡的长子扶苏。如果不是关东局势巨变导致了秦朝灭亡，无论赵高和李斯在清理完皇族之后的政治斗争谁胜谁负，秦皇权的旁落都是必然的。

秦始皇限制宗室，很可能是因为他的生长环境令他很难对宗室有什么好印象。统一后的秦王朝对宗室采取以限制为主的政策，也是可以理解的。但从秦统一后限制宗室的实际效果来看，这一政策可以说是彻头彻尾失败的。

关东遥远的新占领区没有宗室坐镇，咸阳朝廷难以管控这么庞大的新领土，最终六国纷纷复辟并联合西进关中；宗室势力在朝廷中枢的弱势，更使得李斯、赵高这样的权臣架空了皇权，王绾和淳于越的两大担忧，恰恰是秦朝盛极而衰、迅速灭亡的直接原因。从这个角度看，谁敢说他们的担忧是错的？关键是，在两次辩论中主张限制宗室的李斯，后来正是带头对皇族大开杀戒、随后与赵高等人瓜分权力的权臣，也就是淳于越建议秦始皇分封时要预防出现的那类人。

如果秦始皇知道自己死后三年内发生的事情，他还会站在李斯这边，反对王绾和淳于越的意见吗？

同姓靠不住，外姓就可靠？

在大一统王朝刚刚出现的秦汉之际，对于王朝中央高高在上的君主来说，无论重用宗室还是压制、限制宗室，无论分封制还是郡县制，都只是统治者在巩固自己最高权力的过程中进行的不同尝试而已，本身并无优劣可言。秦始皇在狂风骤雨般吞并了东方六国后，试图强行直辖庞大的新占领区，可以说已经远远超出了能力范围，立国数百年的秦也因此遭到反噬。

刘邦称帝后，要面对的内外局面甚至比秦始皇两次朝堂大辩论时更加复杂。刘邦战胜项羽、建立汉朝的过程中，分封了一大批异姓诸侯王。无论是从头到尾自成门户的英布、彭越、张耳等与刘邦合作的势力，还是从汉国体系中分化出来成为独立诸侯的韩信、卢绾（以及实际控制代地但未封王的陈豨）等刘邦昔日臣下，在分封后都有着独立的地盘和财政，还有着自己的军队和行政体系，这是刘邦称帝后面临的最大挑战。

刘邦显然重点吸取了秦朝灭亡的教训。他一方面软硬兼施，逐步让自己子侄辈的同姓诸侯王取代主要的异姓诸侯王，另一方面又在战国时齐、楚、赵旧地实力较强的同姓王国境内分置侯邑。所谓侯邑，是指汉王朝建立中受封为功侯者所拥有的侯国封邑，可以视为比"王"规格低一级的诸侯。高祖至吕后时期，列侯从未就封，全部居住于长安。即便列侯不在朝中任职，也不能前往封国"就封"。列侯大多数人都在中央任职，遥控自己的封邑。列侯拥有封地官员任免权，且以封地为号，但封地依然是皇帝赏赐的食邑，仍在汉朝地方行政体系内。就这样，列侯在关东的侯邑与同姓子弟的王国、残余异姓诸侯王国之间构成了互相制衡。吕后时代也基本沿袭了刘邦的思路。

刘邦分封宗室的安排帮助汉王朝平稳度过了瓶颈期。吕后执政时代，虽然废立、打压了不少刘氏诸侯王，还一度分封了几个吕姓诸侯王，但终究不敢与以刘章为代表的刘氏少壮派翻脸，很大程度便是忌惮刘氏诸侯的联手反抗。更为关键的是，在周勃、陈平等人诛灭吕氏后，他们在朝廷中枢可谓一家独大。如果没有关东手握重兵的刘氏诸侯王们制衡，周勃、陈平要学习李斯、赵高，清洗皇室、架空皇帝，刘邦子孙们的命运也不会比秦始皇的子孙好到哪里去。有着吕后血统的汉惠帝子嗣们被宣布"不是汉惠帝亲生"，然后遭到斩尽杀绝的悲惨经历，大概就是一个例证。刘邦分封宗室的安排，在这时对中枢政变后权力的平稳交接起了关键作用。

到汉文帝以代王的旁系入主长安朝廷时，他面临的权力格局和主要挑战已经完全不同于刘邦称帝时，汉朝廷中枢受到最直接的威胁发生了变化。异姓诸侯王已经被翦除殆尽，幸存的长沙国构不成任何威胁。以齐王一系为代表的同姓诸侯虽有一定威胁，但其体量比起掌握了关中、河南、河内与河东的朝廷相差甚远。对朝廷构成最直接威胁的，恰恰是军功受益集团前排的大臣们。尤其是周勃这样参加过灭秦和楚汉战争，资历远超汉文帝的老臣。他们都在长安集中居住，大部分把持了高位，从诸吕之变和汉惠帝一系被斩尽杀绝来看，他们在关东诸侯的制衡下虽然难以改朝换代，却有着颠覆中央的能力。

汉文帝继承了其父刘邦的政治才能，分两步基本瓦解了沛县军功集团的抱团。他先利用陈平病死的机会，用把列侯食邑升格为侯国的方式，将盘踞在长安的军功集团子弟都以"列侯各之国"的方式分散到各自的封地。这就意味着沛县军功集团的抱团悄然发生了瓦解。随后，汉文帝在列侯就国的第二个月重新任命被罢免的军功受益集团的头号人物周勃，又让他担任丞相，并在第二年将他再度解职，请他做出表率去自己的侯国就国。此时大部分列侯应该已经就国，所以势单力孤的周勃也难以找借口继续推脱。就这样，汉文帝分两步成功地把列侯们赶到地方，消除了肘腋之患，有效防止"诛吕之变"再度出现。到了关东后，有许多侯国在郡县而不在王国中，地方政府反而可以把这些侯国看管起来。

刘邦、吕后、文帝三任统治者完美吸取了西周分封失败的教训，有条不紊地强干弱枝。在他们执政期间，长安朝廷战胜了异姓王国，分化瓦解了在长安抱团的军功受益集团，对关东的同姓王国也进行了多次再分割，如把齐国分封给多位宗室。到这个时候，大汉朝廷对关东诸侯王们的优势已经颇为明显。

随后的汉景帝时代，长安朝廷对宗室的政策大幅转向，开始打压、限制这些血统上越来越远的宗室诸侯王。汉景帝对主要的诸侯王国步步进逼，逐步削除这些王国的领土。当时较为强大的诸侯国吴国拥有三个郡，汉景帝一口气下令削夺其中的会稽、豫章两郡，最终将吴王刘濞逼反，关东另外六个诸侯王也参加了这次叛乱。然而这些诸侯国基本属于临时起兵，其军队多为临时拼凑的乌合之众，甚至在支持汉朝的诸侯军队面前都毫无优势。随着周亚夫等人的汉朝中央军主力加入战团，反抗的诸侯很快被扫平。为汉景帝战胜叛乱的两位主要功臣同样都没能善终：挡住诸侯联军的汉景帝亲弟、梁王刘武受猜忌郁郁而终，周亚夫更是被汉景帝以莫须有的罪名逼死。

刘濞等诸侯反抗的失败，意味着朝廷从此拥有了随意削除诸侯王国的能力。在汉景帝后期和汉武帝时代，削藩的过程仍然在推进，在"推恩令"等手段之下，诸侯国的领地规模持续衰减，齐、赵、燕等主要大国更是被汉武帝重新封给了自己的儿子们。汉武帝后期，残存的诸侯王国也基本丧失了自治权，事实上已经与郡县无异。除对以淮南王为代表的宗室诸侯王严厉打击外，汉武帝还对更小一级的侯国进行了打击，如元鼎五年（公元前112年）九月，"列侯坐献黄金酎祭宗庙不如法夺爵者百六人"，汉武帝一次就废掉了106个侯国。

从文帝到武帝，西汉三代君主的一系列措施有效削弱了关东诸侯王和侯国的实力，但这种削弱也意味着朝廷对关东基层控制力的下降。以秦汉时代的生产力、交通和运输能力，再强势的君主能直接统治的地盘也是有限的。从汉武帝中后期开始，关东地区"群盗""盗贼"的相关记载陡增，汉武帝颁布《沉命法》，铁腕镇压、疯狂连坐也无济于事，即使在随后颇有中兴气象的宣帝、成帝时代仍然遍地盗贼横行。利用西汉末年的一系列社会危机，外戚王莽趁机崛起并最终篡夺了王位。汉朝宗室的力量早已虚弱不堪，在这一轮权力的游戏中基本沦为旁观者。

在当时的生产力和技术条件下，想既削弱宗室又压制地方豪强本就是一个无解的局，再优秀的统治者也最多能在其中寻找到暂时的平衡。随着远支宗室刘秀建立东汉王朝，他面临的权力格局已经大大不同，新王朝对宗室的政策自然也将随之改变。

（作者：黑色君）

刘邦如何巧妙解决数十万将士的复员问题？

公元前202年，项羽在垓下战败自杀。至此，持续了近7年的秦末战乱总算告一段落。

这场战争，无论是波及范围还是持续时间，在当时都是前所未有的，并且战争所动员的军事人员数量也无比庞大。对此，历史学家李开元先生曾做过评估，他认为在楚汉战争结束时，军事人员总数高达60万。

我们可以简单地估算一下：楚汉战争双方存在河北、河南、淮北等多条战线，汉军一线部队的人数再怎么保守估计也在15万人左右。

楚汉时期，绝大部分军人不是职业军人。他们在当时被称为"更卒"，就是轮班制服兵役的士兵。那时的士兵一边服兵役，一边务农。作为更卒，"三更"（也就是三班倒）已是极限。三更模式是这样的：士兵打一个月仗，来回路上差不多一个月，回家干一个月活，再启程赶赴战场。

这么算，汉军有40万至50万的军事人员，这个数据已经算是保守的估计结果，我们不要忘了还有牺牲的战士。秦末战争到楚汉战争持续时间长、激烈战役多，汉军总阵亡人数极有可能超过 10 万。

当时，汉军对战亡士兵家庭的补偿、子侄的奖赏等事项的力度应该不会比在籍士兵的少。不然，还有谁会愿意为汉军打仗？因此，战争告一段落后，汉军里需要解决待遇问题的军人经保守估计也有 60 万。

汉初封赏有多疯狂？

人们估算汉初人口在 1500 万到 1800 万之间，因此要处理 60 万复员军人的待遇问题需要很大的智慧。

《汉书》为我们保留了汉高祖刘邦处理相关问题的原始诏文："军吏卒会赦，其亡罪而亡爵及不满大夫者，皆赐爵为大夫。故大夫以上，赐爵各一级。"这是楚汉战争结束 5 个月后汉高祖刘邦颁布的诏书原文，意思是所有军中将士只要没有犯罪，一律升为大夫爵，如果已经有大夫爵，就升爵一级。

这样封爵，如果是在秦朝实行，可谓是一件"石破天惊"的大事。秦爵一共 20 级，但大等级上还是遵照西周的贵族等级制度。简单来说，1 级到 4 级代表"士"，5 级到 9 级代表"大夫"，10 级到 18 级代表"卿"，19 级到 20 级代表"侯"。因此，汉高祖的诏令意味着约 60 万将士都被封了第 5 级的爵位。

这是什么概念？秦朝一个县也没几个大夫，21 世纪初出土的《里耶秦简》记载某个迁陵县县丞就是第 5 级"大夫"爵，某屯长（最基层的军吏，通常管理 50 名士兵）才是第 3 级"士"。在秦的爵级体制下，普通人斩一首得 1 级，最多只能升到第 4 级，要想跨进"大夫"门槛必须得做到军吏的职位，然后走团队奖励的路子才有可能。也就是说，在秦军制度下，通常 50 个人里才有 1 个"候补大夫"。现在汉军却突然宣布所有军中将士只要没有犯罪的都是"大夫",可见其奖励力度之大。

再举个例子,21世纪张家山汉墓出土了一本《奏谳书》。我们可以把它理解为汉朝中央政府给地方司法机构下发的《标准案例大全》。其中有这样一个案件:淮阳下属一个县发生了一起谋杀案,受害者是被县令私属领了几个人杀的,县令私属被当地的两个乡镇级别的小军官(亭校长、发弩)查获后包庇脱罪,事情败露后,这几个人连同其他凶手一同被捕。

案件本身并不复杂,关键在于县令和他的私属,以及两个包庇罪犯的小军官居然全部是"关内侯"——第19级的爵位,以至于地方官吏无权过问,必须得上报中央,由中央负责后续审问和处理。小小的一个县里居然出现了4个侯,而且这里乡镇级别的军官的爵位都是侯。

这是什么概念?20年前秦始皇一统天下后巡游泰山,留下了著名的琅琊刻石,在上面留名的一共11个人,其中有两个是第20级的列侯,3个是第19级的伦侯(对应汉初关内侯),11个人里居然还有2个是大夫,而当时已名动天下,身居廷尉高官的李斯也只是个卿。也就是说,20年后,西汉一个县的侯的数量就比秦始皇一统天下的班子成员还要多。

我们可以得出结论:汉高祖刘邦对军功将士们的爵位奖励力度是秦始皇的几十倍甚至上百倍。

然而,秦的爵位可不只是个荣誉称号,而是和身份、地位及财富息息相关乃至牢牢绑定的。举个最简单的例子,无论是《商君书》还是张家山汉墓出土的《二年律令》都明确规定,政府根据爵位授田,一个第5级的大夫决定授田5顷。这在今天可是500亩田地啊!所以,汉高祖刘邦一股脑儿授爵约60万人,与之相应的是他需要封赏出去的田地高达3亿亩!这些财富封赏会严格执行吗?

有多少财富够 60 万人分？

很多专家学者都认为，西汉肯定严格执行了与爵位相匹配的财产分配。他们的理由是西汉末年，土地总计 8.27 亿亩，汉初总计 6 亿~7 亿亩地，需要封赏的 3 亿亩土地不到西汉总土地的一半，拿出来封赏军功将士绰绰有余。

但是，令人存疑的是，西汉爵位封赏力度至少是秦的几十倍，如果封赏都能满足，秦为什么要对爵位封赏那么谨慎？有学者估算出，当时平均每户的土地拥有量不止 100 亩。那么秦时的民众有必要冒巨大的生命危险斩首敌方的一个士兵去得到一级爵位、100 亩地吗？老百姓哪来的动力去冒死战斗？

根据《里耶秦简》记载，在地广人稀的迁陵县（位于今湘西一带）平均每户土地拥有量不过 35 亩。根据出土的汉景帝时期的《凤凰山汉墓竹简》显示，在人口相对稠密的湖北江陵一带有个"郑里"，25 户只有 617 亩田，平均每户土地拥有量不到 25 亩。这些数据能让我们理解，斩首升爵为什么会对秦国百姓有那么大的吸引力。如果以平均每户有 40 亩地来估算，秦时期人口数在 2000 万到 4000 万之间。如果以葛剑雄先生估计的结果来看，即秦朝人口最多约为 800 万户、4000 万人，那么秦时土地总量有 3 亿~4 亿亩，汉初时的土地只会更少。

很多学者之所以会认为汉初有六七亿亩地，其观点的主要依据来自史书。有史书明确记载，汉末土地总数是 8.27 亿亩，但是这个数字是值得怀疑的。古时的土地数字多来自地方上报，很少有全国范围的实地丈量数据，所以历朝的土地数据并不吻合。直到明末万历年间，张居正耗时数年主持了一次非常严格的全国范围内的土地丈量行动，丈量出全国土地总量大约为 7.6 亿亩。即便我们假定其丈量范围有所遗漏，也可以估算出明末土地总量在 8 亿亩左右。即使我们忽视汉朝到明朝 1600 年的技术进步，也必须认识到明朝时期江南和西南的开发程度也远非汉朝可比。秦汉时 1 亩地是 6 步宽、240 步长，其面积和现代 1 亩差距很小，可想而知，汉末土地总量恐怕很难超过 6 亿亩。

西汉初期土地数量更是远少于汉末，因为西汉中叶有一个巨大的农业进步——铁犁技术逐渐成熟。当时，铁犁技术对农业种植的重要性怎么高估也不为过。没有铁犁就无法深耕，田地只能被平整出非常浅的一层，不利于农业种植的发展。因此，汉初已耕种田地总数也就三四亿亩，这和前面我们根据秦朝巅峰时人口和户均田亩估算的土地总数最大值相近，这也就意味着汉初这几十万"爵位大派送"附带的土地奖励是无法执行的。

平衡与稳定是总方针

《汉书》为我们保留了与奖励爵位诏书几乎同时颁布的另一份重要诏书的原文：

> 七大夫、公乘以上，皆高爵也。诸侯子及从军归者，甚多高爵，吾数诏吏先与田宅，及所当求于吏者，亟与。爵或人君，上所尊礼，久立吏前，曾不为决，其亡谓也。异日秦民爵公大夫以上，令丞与亢礼。今吾于爵非轻也，吏独安取此！且法以有功劳行田宅，今小吏未尝从军者多满，而有功者顾不得，背公立私，守尉长吏教训甚不善。其令诸吏善遇高爵，称吾意。且廉问，有不如吾诏者，以重论之。

这份诏书说得非常明白，复员军人有非常多的高爵。为此，高祖刘邦曾多次下诏书要求地方小吏优先对其授予田宅，但实际情况却是，他们应得的待遇一直没有着落。在过去，县令见了第 7 级、第 8 级（即七大夫和公乘）以上爵位获得者，都要行大礼。而现在他们是虎落平阳被犬欺，只能每天对县令低声下气的，然后排队求待遇。刘邦进一步指出，现在出了一个怪现象，有功的将士迟迟得不到应得的田地，没有参军的地方小吏赚得盆满钵满。皇帝命令地方小吏必须善待复员将士，出了问题的要重重处理。

通过刘邦的诏书，我们可以看出，持续多年的战争导致大量青壮年劳力外出征战或者死亡，地方上土地的实际产权拥有者发生了改变。兵荒马乱的年代常常会出现大量无主的土地，这些土地被地方官吏与豪杰士族夺取也是自然而然的事。现在，新帝国一纸诏书就想让他们把土地让出来，执行的难度恐怕很大。而且，他们觉得诏书要求让出的土地也实在太多了一点。根据前面计算，要封赏的田地约 3 亿亩，全国已开发的土地最多也就三四亿亩，况且参战军人的地域分布本就非常不均匀，特别是关中、江淮等地，很多地方就算把全县所有土地都拿出来，也不够足额封赏本地有军功的将士们。

刘邦的诏书内容有耐人寻味的地方。诏书有这样一句——"其令诸吏善遇高爵"：诸吏是主体；高爵（也就是有军功的将士）是被管理的客体；关键要求是"善遇"，"善"是一个模糊的概念，因为封赏没有定量。此后，西汉兴起了很多并没有军功封赏却能富甲一方的地方豪强。他们还得到了一个特别的形容——素封，意指他们不是封君，其财富却胜似封君。

其实，我们从西汉朝廷的角度很容易理解，建国之初战事频繁，需要动员更多人参军并且让将士安心作战，自然得不断加大激励力度。然而，数量庞大的复员军人里有不少的骄兵悍将，实际上他们也成了影响中央皇权的巨大的不安定因素。过去的秩序被战乱彻底打破，地方上经过几年缓冲也已经有了自己的秩序，强行打乱基层的权力结构和财产分配只会制造大乱子，动摇统治基础；让军功将士握有太多的权力与财富，则会威胁到中央的统治。

因地制宜，适当照顾，给予预期

面对现实的利益格局，汉高祖刘邦和汉初的统治集团是乐意看到地方小吏与军功将士在基层形成互相制衡的局面的，他们也相信业已成形的小吏才是国家恢复生产与建设的主力军。我们或许会有疑问，将士们虽然得到了爵位，但与之对应的待遇却只能实现有限的一小部分，那爵位岂不成了个荣誉称号？

与秦相比，西汉的爵位确实有荣誉称号的意味，但仍然有着很大的作用：首先，爵位附带减免税收与徭役。尤其重要的是，爵位可以抵罪抵罚。那个时候，税收、徭役很重，平民遇到灾荒很容易产生负债，也很容易在徭役中犯事受到处罚，甚至可能会因交不起罚金而沦为债务奴隶；拥有爵位的人在徭役过程中往往会受到优待，一旦出事还可以用爵位抵罪抵罚，为生计赢得不小的保障。其次，侯以下的爵位可以降一级传给儿子，这就意味着不出大的意外，他们的爵级可以保家族后辈三四代的平安。并且，只要有爵位，他们的后代子孙也还是当年军功圈子里的一员。地方小吏的任命主要由郡县长官决定，有爵位的这些人的后代将来当小吏走仕途的机会也比普通百姓多。可以想象，有军功的后代通过一定的努力可以进入地方治理体系中，并得到升迁机会。

总结下来,汉高祖对于开国战争中征召的数十万将士的复员安排大致遵循以下思路:给予极高的荣誉、非常好的福利待遇和后代未来可能上升的空间;允许地方官吏在实际财产分配时灵活处理,维持现有的底层权力结构与财产分配秩序,"以吏治兵"。

正因刘邦和他的团队在处理复员将士问题上能采取灵活的手段有效平衡各方利益,尽可能保证兵、民两方面的权益,才维持了社会秩序的平稳运转,为西汉的国祚打下了坚实的基础。

(作者:扁舟听雨)

他手拿"董卓+曹操"的剧本，结果被挟持的天子反杀了

北魏末年，伴随着北方边境的六镇大起义，天下陷入大乱，北魏最后分裂为东魏和西魏，并演化成北齐和北周两个国家。之后，北周在近半个世纪的征战后灭掉北齐，重新统一了北方，随后又被隋、唐两个同样起于关陇集团的王朝所取代。

北周、北齐的知名度远远不如隋、唐。然而，两国的实际开创者宇文泰和高欢，比起他们的老上司、北魏末年一度平定了北方所有乱局的尔朱荣，却幸运得多。他们在子孙称帝后被追封为帝，在历史上有着相当高的知名度，但尔朱荣却死于自己扶植的傀儡皇帝元子攸之手，其后代没能建立王朝，如今恐怕只有少量历史爱好者对他的事迹有所了解。

用今天的话来说，尔朱荣明明拿了"董卓+曹操"的剧本，却死在了拿了汉献帝剧本的孝庄帝之手。尔朱荣恐怕至死都没有想到自己会是那样的结局。

董卓再世，杀尽朝臣

尔朱荣的先祖尔朱羽健是"杂胡"。他们的先人在石勒建立后赵政权后归属于羯人，羯人和杂胡的名声坏掉后，尔朱氏更愿意用"契胡"来称呼自己。

北魏建国时，尔朱羽健跟随道武帝拓跋珪南征北战，得到了当时北魏首都平城附近的北秀容川作为封地。尔朱家族为北魏皇室提供战马，并且和北魏皇室拓跋家族关系不错。传到尔朱荣的爷爷尔朱代勤这一代，还实现了同皇家的联姻。太武帝拓跋焘的皇后，便是尔朱代勤的侄女。

尔朱荣的父亲尔朱新兴深受孝文帝元宏（北魏迁都洛阳后，拓跋氏改姓为元氏）的赏识。尔朱新兴每年夏天会在部落里，冬天则入朝参政。尔朱新兴在洛阳期间擅长交际，他挑选自己部族所养马匹中最珍稀名贵的去送礼拉关系，结交了大批高门贵族。朝中有人好办事，尔朱家族的牧场越来越兴旺，部族实力也得以进一步扩大。

等到尔朱家族的酋长之位传到尔朱荣时，天下已逐步陷入纷乱之中。北魏迁都洛阳之后，其经略重心放到南方淮河一线对南朝的国境上，原先在北方边境戍边的军人的地位一落千丈，无论经济上还是政治上都受到一系列的歧视，军人不满的情绪逐渐积郁，最终导致了轰轰烈烈的六镇大起义。

最初，北魏中央执政的胡太后向蒙古高原上的柔然可汗阿那瑰借兵，勉强镇压了第一波起义。但这样的方式治标不治本，几十万边境变民很快卷土重来，形成多股势力互相攻杀，其中一位叫葛荣的变民领袖逐渐在博弈中成为各路变民的领袖，重组势力。

尔朱荣利用混乱网罗了大批辗转流离的六镇军人，实力大为膨胀。此时加入他阵营的名人有：北方边境名将贺拔岳三兄弟，奠基了北周王朝的宇文泰，北齐王朝的实际奠基人高欢，把江南搞得天翻地覆的侯景，以及名将慕容绍宗、李虎（李渊的爷爷）、李弼（隋末枭雄李密和唐中期名臣李泌的先祖）等。可以说，北齐、北周，甚至隋唐第一代主要文武班子的大部分成员，都聚在了尔朱荣的麾下。尔朱荣也成了北魏朝野上下镇压变民的最后指望。

武泰元年（公元528年）初，北魏孝明帝元诩因权力斗争被生母胡太后毒杀。这让蛰伏已久的尔朱荣看到机会，他打着为孝明帝报仇、匡扶帝室的旗号带兵南下攻打首都洛阳。进兵洛阳之前，尔朱荣已派人秘密联系彭城王元勰之子、颇有声望的长乐王元子攸，与他合作对付胡太后，并许诺事成后拥元子攸为帝。

尔朱荣所部到达黄河边上的河阳，元子攸在尔朱荣亲信的配合下从洛阳溜出来，在河阳继位为北魏孝庄帝。胡太后的军队在强大攻势之下很快溃散。进入洛阳后，尔朱荣将胡太后和她所立的幼儿傀儡一起沉入黄河。

本来故事就此结束了。新继位的孝庄帝元子攸，既不是任人拿捏的未成年人，也不是软弱的无能之辈。作为皇室近支，他曾担任孝明帝元诩的伴读，与渤海高氏的高乾、高昂兄弟交好，并与河北当地的大家族及其拥有的坞堡武装关系密切，高氏兄弟都是元子攸的铁杆支持者。胡太后集团人心尽失，元子攸无论是血统、经历、人望，都堪称最有资格继位的宗室成员之一。然而，尔朱荣的下一步动作震惊了所有人。

把胡太后及其所立幼儿沉入黄河后，尔朱荣以孝庄帝的名义告知朝臣，新君继位需要祭天，非必要不能请假。等百官聚集，尔朱荣斥责群臣，当今天下的乱局是他们只拿钱不好好干活造成的。斥责后，预先埋伏的大批骑兵冲杀出来，将在场所有文武百官围住之后全部屠杀，现场血流成河。死者包括丞相高阳王元雍、司空元钦、义阳王元略及以下近两千名官员，包括孝庄帝的兄弟元劭在内，几乎无一幸免。这就是历史上著名的"河阴之变"。

尔朱荣没有直接篡位的底气。所以，在洛阳局势初步安定之后，他选择回到了自己的基地晋阳。

曹操附体，扫灭群雄

孝庄帝继位并没有终结天下乱局，尔朱荣对北魏朝廷的摧毁性屠杀，更让皇权遭到巨大削弱，北魏上下乱成了一锅粥。

北方剩下割据河北的葛荣和割据山东的邢杲，他们已是能建立政权、号称拥兵十万以上的强大势力。

关中地区的萧宝夤是南朝齐国流亡的皇族，他负责剿灭当地各路变民，双方各有胜负。萧宝夤暗杀了朝廷派来监管他的郦道元，在关中地区自立为帝，国号仍然是齐，割据一方。

在南方，"河阴之变"后有许多边境上的亲王和地方实力派投靠了南梁，其中的北海王元颢论名声、血统和孝庄帝不相上下。梁武帝试图扶植他夺得帝位，派出心腹将领陈庆之率兵七千护送他回洛阳。

局势至此，在晋阳的尔朱荣既是孝庄帝元子攸平定天下最大的希望，也是北魏皇权最大的威胁。在强敌环绕之下，尔朱荣展现出了惊人的军事能力。

他要对付的首要目标是割据河北的葛荣。葛荣拥有大批精锐边军力量，受"河阴之变"影响，河北许多士族都接受了葛荣统战。葛荣的部队虽号称有百万之众,但实际能控制的力量只有三十多万。葛荣带领六镇大批人员南下,攻占邺城之后,试图进一步蚕食北魏控制区,但由于队伍过于庞大,进入河北腹地后,葛荣反而需要向他统战过来的河北士族征粮。即便如此,粮食供应仍然经常短缺。

面对这种情况,尔朱荣看到了机会,他派出同样是六镇军人出身的部下拉拢葛荣军中不少人马,单高欢一人就劝降了万余名有怀朔镇背景的葛荣军队士兵。孝庄帝则派出使臣带着谕旨安抚,争取河北士族,最终高乾、高敖曹等人相继回到朝廷阵营。在这种情况下,兵力只有七万人的尔朱荣,直接以侯景为先锋,带领身边七千精锐骑兵东出滏口关,直扑邺城。

葛荣部众的战力虽然不低,却是由不同军镇和地方上的军队临时拼凑起来的,管理和编制相当混乱,而且缺乏足够的粮食安定军心。

尔朱荣针对这一特点制定了斩首战术:组织精锐骑兵以密集队形对葛荣所在的位置强行突破,只对葛荣中军本部进行集中攻击,对其他军队的进攻则只求冲散阵型。尔朱荣战前甚至严令禁止斩首抢功。

葛荣在强力的突击下被擒,其麾下的三十万之众难以处理。尔朱荣先假意原地遣散他们,等这些人一哄而散后,尔朱荣后面的主力部队也已经跟上,此时他也有能力分头把他们予以遣散安置。不久后,尔朱荣的合作伙伴元天穆等人又讨伐灭了在山东割据的邢杲,关中地区的魏军也击败了萧宝夤的齐军,迫使萧宝夤反过来投靠了关中其他变民集团。也就是说,萧宝夤投靠了他昔日的剿灭对象。

正当尔朱荣扫灭各地变民和叛军时,一个意想不到的强敌出现了。当初,北海王元颢投奔南梁,梁武帝派陈庆之带兵七千帮助他争夺皇位。由于当时坐镇洛阳的孝庄帝元子攸和附近的元天穆还有十万军队,大家都没有把元颢当回事。让人惊讶的是，陈庆之表现出了可怕的战斗力，他以他的七千嫡系部队一路挺进，相继攻克睢阳、考城、荥阳、虎牢等地，最终占领了洛阳，这也是南北朝时期南朝唯一一次攻占北朝首都。孝庄帝元子攸仓皇逃到黄河以北。

"河阴之变"让许多人对元子攸的继位不认可，许多宗室和河南地区的实力派采取了骑墙态度，因此元颢以陈庆之的七千精锐为核心，一路似滚雪球般发展壮大，到达洛阳时，这支军队"洛下南人不出一万，羌夷十倍"，也就是说，元颢麾下已经收编了大约十万人。

尔朱荣得知洛阳被占领的消息，立刻率领主力南下，陈庆之则选择渡过黄河迎战，尔朱荣虽然有着优势兵力，却遇上了硬碴儿，在连续激战中都未能攻占陈庆之坚守的北中城，反而损失惨重。元颢和梁军的矛盾注定无法调和，毕竟元颢的目的是继承北魏皇位，而不是给南梁当附庸。于是，尔朱荣改而从别处偷渡黄河，攻击元颢所部。元颢虽然有十万之众，但收编的基本是墙头草，加上梁军在洛阳时纪律败坏，民心尽丧。所以很快被击败，元颢本人也被俘杀。陈庆之所部只好徐徐撤军，最终在尔朱荣的追击下基本覆灭。

两年后，当尔朱荣再次进入洛阳时，他已经从一个强大的地方军阀变成了北魏各地的实际控制者。眼看尔朱荣把"董卓的剧本"换成了"曹操的剧本"，拿到汉献帝剧本的孝庄帝当何以自处？

"宁为高贵乡公死，不为常道乡公生"

最初，孝庄帝元子攸还堪称尔朱荣的合作伙伴，但尔朱荣东征西战平定天下后，他的实力已经占据了压倒性优势。一个严峻的问题摆在孝庄帝面前：自己手里的筹码比起尔朱荣的已经完全不在一个层面，再拖下去，自己只有乖乖禅让这一个剧本了。

尔朱荣敢大摇大摆进京，是因为他相信元子攸不敢对他动手。成功杀掉对手并不代表你能吞并对方的势力，掌控大局。元子攸清楚记得，王允杀掉董卓之后却无法控制凉州军阀，最后输个精光。几年后的关中，也出现过一个更极端的案例，侯莫陈悦在宴会上暗杀贺拔岳，结果没有能力吞并后者的军队，贺拔岳的军队反而拥戴一个比贺拔岳强许多的宇文泰出来，侯莫陈悦很快就被宇文泰灭掉了。可见，杀掉一个政敌或者潜在敌人是一回事，但杀掉他后若无法控制局势，只会给自己惹祸，甚至便宜了第三方势力。正因如此，尔朱荣仗着身后的强大实力，并不担心元子攸对他发难。

元子攸仔细估算了手头的力量：洛阳百官中现存的许多人只是因故逃过"河阴之变"，不会认可尔朱荣；洛阳周边的军队几年内相继投降过三次，两次是对尔朱荣，一次是对元颢和陈庆之，这些部队没有多少战斗力；河北的高乾、高昂等士族是自己可以依靠的力量，战斗力也可以保证。

元子攸的难点是，尔朱荣死后如何摆平尔朱家族的成员。元子攸的想法是，当初王允诛杀董卓后不愿大赦，还杀了和董卓并不算亲密、"只叹息了一声"的名士蔡邕，最终逼反了董卓所部凉州军。因此，他要吸取王允的教训，在尔朱荣死后下达大赦尔朱氏集团的诏书。元子攸深知，北魏国土上尽是尔朱荣亲戚们的军队，自己就算尽力一搏也很难扭转乾坤。但不愿意让社稷断送在自己手中的元子攸说出一句名言："宁为高贵乡公死，不为常道乡公生。"

高贵乡公指的是说出"司马昭之心，路人皆知"、带领几百宫廷人员攻打司马昭的曹魏皇帝曹髦。二十岁的曹髦在失败后血溅当场。常道乡公则是完成了禅让仪式的曹魏末代君主曹奂，禅让后的他在晋朝又生活了近四十年，得以善终。

元子攸宁愿像曹髦一样死去，也不想像曹奂那般苟活。

事实上，从刘裕开始，禅让也不一定有好下场。晋恭帝司马德文在抄写禅让书时说："桓玄篡位时，晋室已经失去天下，幸亏刘裕延长了国祚。今日禅让之事，我是心甘情愿的。"但是，司马德文在禅让一年后，仍然被刘裕杀害。从此之后，南朝晋、宋、齐三朝的禅位君主及其近支都死于非命。把南朝嘲笑为"岛夷"的北魏"索虏"君主们对禅位君主的可怕境况必然颇为了解，这也大大坚定了元子攸的决心。

永安三年（公元530年）九月，孝庄帝埋伏好士兵，随后派人告诉尔朱荣，他的女儿尔朱皇后生下了太子。尔朱荣从来不认为孝庄帝敢杀他，因此大大咧咧地进宫祝贺。等他见到孝庄帝时，伏兵很快就出现了。虽然尔朱荣反应也很快，试图劫持孝庄帝，然而孝庄帝早有准备，拿出早已准备好的刀直接捅进尔朱荣腹腔，一代枭雄当场殒命。

比起几十年后北周武帝宇文邕拖泥带水、最后还得依靠旁人完成对权臣宇文护的诛杀，孝庄帝这次手刃权臣，可谓干净利落。尔朱集团二号人物、尔朱荣曾试图拥立的铁杆亲信、皇族远支元天穆也当场被杀。同行的包括尔朱荣嫡子尔朱菩提在内的三十几人也全部被杀。同时，元子攸充分吸取了王允的教训，立刻发了个大赦尔朱氏集团的诏书，又让高乾、高昂兄弟回河北募兵，还降伏了尔朱氏集团的贺拔胜等人。他甚至不惜自降身价，招安了在尔朱家族晋阳老巢附近的山贼集团，以他们之势威胁尔朱氏。

正如东汉末年西凉军有贾诩，尔朱家族的谋主司马子如也是个眼光毒辣之人。在他的劝说下，身在洛阳没有入宫的尔朱世隆强行杀出洛阳城，带很少人马突袭攻占了北中城。这是从河北入侵洛阳的门户，不久前，尔朱荣的大军曾在这里败于陈庆之的守军。北中城的沦陷意味着元子攸不可能组织起洛阳的防务。当诸位尔朱氏将领纷纷斩杀宣读大赦文书的使节合兵南下时，元子攸很快被俘，最终被勒死。尔朱兆等人大开杀戒，大批宗室和人臣被杀，孝庄帝和尔朱皇后所生皇子也一同被杀。

北魏彻底走向分裂，尔朱氏集团势力和六镇变民势力经过一系列重组，最终形成了东西分裂的两方势力。其中于西边的西魏——北周王朝的关陇集团，后来相继建立了隋、唐两个大一统王朝。

遗憾的是，尔朱家族不久后被高欢消灭，尔朱荣逐渐被遗忘在历史的角落。

孝庄帝元子攸也以生命为代价，实现了那句掷地有声的名言，"宁为高贵乡公死，不为常道乡公生"。

（作者：黑色君）

"三分天下"VS"五代十国"：汉唐两朝灭亡后的割据局面有何不同？

《三国演义》开篇有云："天下大势，分久必合，合久必分。"这也成为中国古代史上颠扑不破的真理。

汉、唐分别号称盛世，是当时东亚乃至世界范围内的强大帝国，最终也难以避免走向灭亡的命运。但仔细来看，它们分裂的方式有明显的不同：东汉之后魏、蜀、吴三分天下，唐亡之后却有五代十国诸多政权的并立和更迭。（五代十国是指从唐朝灭亡到宋朝统一期间存在的诸多政权。具体来说，"五代"特指在中原立国的后梁、后唐、后晋、后汉、后周5个王朝，"十国"特指吴、南唐、前蜀、后蜀、吴越、闽、南汉、北汉、楚、荆南10个割据政权）

五代十国的政权虽多，但是存在的时间都不长，最短的后汉只存在了4年。政权的频繁更迭成为乱世的主流，割据政权的林立给人们留下了碎片化的历史印象。那么，相对于汉末的三国鼎立，为何唐末会呈现这样的局面呢？

世家大族的天下

东汉末年政治腐败，朝中外戚和宦官专权，清流士人遭遇党锢之祸；地方民不聊生，黄巾起义风起云涌；各州郡屯驻重兵，形成军阀割据的局面。经过董卓之乱和军阀混战，东汉政权早已摇摇欲坠，但当时却少见割据一方自立为帝者，各路诸侯仍在大汉的旗帜之下争斗。

"挟天子以令诸侯"的曹操将这种现象归功于自己。他曾经说过：我作为宰相，已经做到了人臣的极致，这早就超过了我的期望。如果国家没有我，不知道有多少人称帝，多少人称王（"设使国家无有孤，不知当几人称帝，几人称王"）。他还将自己比作春秋时期的霸主齐桓公和晋文公，认为他自己像他们一样兵势广大，却仍然能够尊奉天子。

虽然曹操到死都没有称帝，但他并不是没有称帝的想法，没能践行只是因为当时的环境不允许。曹操在建安十八年（公元213年）晋爵魏公，想要行"九锡"大典，效仿前朝王莽代汉的经验，为禅让做准备，但最后因士族的反对才作罢。曹操的重要谋臣，被他视为"吾之子房"的荀彧，也因反对他称帝而被迫"饮药而死"。

汉末，世家大族聚族而居。他们占有大量土地和人口，发展庄园经济。他们依靠宗族和宾客，形成自己的军事力量，在汉末的地方动乱中通过武力自保。更为重要的是，他们还垄断了当时最重要的知识——经学。

两汉时期，由于独尊儒术政策的施行，通经可以入仕做官，刺激了大批士人的学习热情。当时，太学成为学术文化的中心，游学风气昌盛，私家教授也十分盛行，形成了浓厚的家学传统。在汉末的政治动乱中，太学逐渐荒废，家学却得以保存并逐渐兴盛起来。

家学之所以成为世家大族的专利，除了深厚的历史传承外，与当时书写的材料有直接的关系。东汉时期虽然已经出现了造纸技术，但尚不成熟，最主要的书写材料仍然是布帛和简牍。这让书籍成为一种奢侈品，制作和保存都极为不易。

南北朝时，北周军队攻破江陵，大藏书家梁元帝进入东阁竹殿，令舍人高善宝焚烧所藏图书14万卷，感叹说："文武之道，今夜穷矣！"普通百姓则难以获得图书、学习知识，当然也就无法入仕为官了。

作为当时国家统治最重要的基础，世家大族受到儒家学说的影响，仍然保持着较为浓厚的正统思想和大一统观念。若某方势力得不到他们的支持，称帝只会变成众矢之的。袁术在建安二年（公元197年）获得了秦汉的传国玉玺，随后利用"代汉者，当涂高也"的谶言公开称帝，很快就遭到了吕布、孙策等人的讨伐，最终宣告失败。

因此，作为傀儡的汉献帝一直到建安二十五年（公元220年）曹操死后，才禅位给根基稳固的曹丕。随后，刘备和孙权纷纷称帝，三国时代正式开启。

唐代士族的衰落

虽然经过南北朝时期的战乱，门阀士族逐渐走向了衰落，但他们在唐朝仍然有着相当大的影响力。唐代士族以五姓七家为贵，即太原王氏、陇西李氏、赵郡李氏、清河崔氏、博陵崔氏、范阳卢氏、荥阳郑氏。他们人才层出不穷，且门第颇高，当朝的高官勋贵都以与五姓联姻为荣。

贞观时，唐太宗李世民命吏部尚书高士廉等人刊定姓氏，撰写天下士族谱牒为《氏族志》。高士廉以博陵崔氏的崔民干为天下第一等，引起了唐太宗的极大不满。他要求高士廉以当时官爵的高低来排定姓氏次序，于是将皇室的李姓列为第一等。

五姓七家自矜门阀，不与普通士族通婚。唐太宗还下令陇西李宝、太原王琼、荥阳郑温等七家子孙，不得互相通婚，时人称之为"禁婚家"。但这种做法没能改变当时社会的风气，族望仍然为时人所尚，五姓七家里甚至有女儿终老不嫁，也不与非五姓七家的家族通婚。唐初的名臣良将，如魏徵、房玄龄、李勣等家族都积极与其通婚，"禁婚家"甚至成为一种荣耀。李唐虽然贵为皇族，却也自卑于门第，还曾试图攀附河北赵郡李氏。唐太宗将唐代的祖陵——宣皇帝李熙的建初陵和光皇帝李天赐的启运陵修建在赵州昭庆县（今天的河北隆尧），表明李唐出自此地。

士族虽然在社会上依然保留着很高的地位，但他们对知识和仕途的垄断逐渐被打破了。

一方面，造纸技术在唐朝已经相当发达，纸张的品种增多，著名的"薛涛笺"就出现在此时。而且，随着造纸原料品种的增多，造纸成本也进一步降低。纸张成为社会上的主要书写材料，为书籍的大规模传播和教育的平民化奠定了基础。

另一方面，政府大力推广经学的普及。唐初孔颖达校定五经不久后，唐朝发布了《五经正义》。它也成为被普遍使用的教科书，并在官私学校中被士人奉为圭臬。南北朝时期，门阀士族依赖家学传承成为学术中心的现象已不复存在。与此同时，唐朝还建立了科举制度，普通百姓可以通过参加考试进入朝廷做官，这也进一步削弱了士族在政治上的特权。

尤其重要的是，在唐末的政治和军事动乱中，士族遭到了不小的打击。

宋朝人王明清说："唐朝崔、卢、李、郑及城南韦、杜二家，蝉联珪组，世为显著。至本朝绝无闻人。"崔、卢、李、郑位列五姓七家，而韦、杜是长安城南头号高门。当时，俗语云"城南韦杜，去天尺五"，可见其地位之高。但从汉末开始，绵延数百年时间，历经无数王朝兴替的庞大家族，在唐末走向了衰亡。

黄巢的叛军攻陷长安，他在写下"待到秋来九月八，我花开后百花杀"的著名诗句后，大肆屠杀忠于李唐的士族精英；唐末朱温挟持哀帝前往洛阳，愤恨士族自视清流，在黄河边上将包括宰相在内的30余名朝臣杀害，并将死尸投入黄河，朝班为之一空，史称"白马之祸"。

经过这些动乱和屠杀，门阀士族的根基被摧毁，对皇位的继承和王朝的迭代不再产生决定性影响。五代的士族不仅再无忠君观念，其本身也成为皇权的附庸。五代的名臣冯道，号为"长乐老"，他历仕后唐、后晋、后汉、后周四朝，担任宰相20多年，先后辅佐后唐庄宗、明宗、闵帝、末帝，后晋高祖、出帝，后汉高祖、隐帝，后周太祖、世宗10位皇帝，成为这一时期士人的典型。

军人集团的崛起

五代前后只有短短53年（公元907年~960年），却历五朝八姓十四君，立国时间最长的后梁只有17年，最短的后汉只有4年，"短命"可以说是五代王朝的共同特点。在这一时期，士族逐渐衰落，地方上的军人集团崛起，并成为决定皇位归属的唯一因素。

军人集团的兴起，始于唐朝的募兵制改革。唐前期，实行兵农合一的府兵制，后来由于吐蕃、契丹等边疆政权的威胁，唐朝开始在边疆设置大量的军队驻守，临时征发的军队难以满足需要，逐渐为职业化的军人所取代。为了应对地方叛乱，唐朝在内地设置了大量的藩镇，保持了规模庞大的常备军。藩镇的军队多招募本地人充任，由朝廷负担士兵及家人的衣粮开销。这期间，士兵父死子继，不事产业，单纯依赖军饷为生，在当地形成盘根错节的势力，后逐步发展成为"地方军人集团"。

这些士兵视入伍为谋生计，只在乎自身的经济利益，忠君意识淡薄，常常为了赏赐、军饷等发动兵变，动辄杀逐主帅，抢夺府库。在和平时期，唐中央任命的藩镇长官尚能以朝廷权威和丰厚的赏赐来控制地方军人，保持藩镇的稳定。但黄巢起义爆发后，朝廷权威丧失，对藩镇军队的控制力大大降低，各藩镇的军人集团驱逐主帅，抢夺军权，以至于地方上出现了许多割据的藩镇，而这成为五代十国形成的基础。

五代十国的政权都是依赖军队建立起来的，因此掌握军权和稳定军心成为维系政权的必要条件。这不仅让帝位"君权神授"的神圣性彻底丧失，也让人们对于君主的出身变得毫无要求。比如建立后梁的朱温，他尚未及冠时父亲就去世了，母亲王氏携其兄弟三人寄养于萧县刘崇之家，史书称其"既壮，不事生业，以雄勇自负，里人多厌之"，是典型的乡里无赖之徒。他后来加入黄巢叛军，降唐后升任宣武军节度使，通过不断的征伐建立后梁，终结了唐朝近300年的国祚。

吴越国王钱镠，年轻时也"少拳勇，喜任侠，以解仇报怨为事"，有点儿像乡里的绿林好汉，后来跟随镇将董昌担任军校，一步步升迁为镇海军节度使，建立了吴越国。

这种现象在五代时期颇为盛行，成德军节度使安重荣直言："天子宁有种邪？兵强马壮者为之尔！"

帝位的神圣性丧失，军事力量成为决定帝位归属的唯一因素，这导致五代政权更迭频繁发生。想要称帝的将帅常常通过加强与士卒的联系来增强自己的权势，为改朝换代做准备。后晋时期，禁军长官李守贞在与契丹作战时，积极优待士卒，出征时赐予钱财（称为"挂甲钱"），班师时又加赏劳（称为"卸甲钱"）。后来他认为禁军士卒曾在他麾下获得过赏赐，一定会支持他，于是发动叛乱。然而，新的禁军长官郭威在出征时又大加赏赐，士卒转而开始支持郭威，郭威也因此获得了代汉建周的资本。

除了军将为称帝笼络士卒，五代时期还有许多骄兵悍将为了邀功请赏而扶策天子。赵匡胤"黄袍加身"的故事，我们已经耳熟能详了，但这种做法在五代时期并不是孤例，建立后周的郭威也有过类似举动。后汉时隐帝听信谗言，派遣使者携密诏诛杀镇守邺都的郭威。郭威随后亲率三军南征汴京，入京后请李太后临朝听政。忽报辽兵来犯，李太后令郭威出征。郭威率军至澶州，将士哗变，将撕裂的黄旗披在郭威身上，拥郭威回京。李太后只得令郭威监国，随后在百官劝进下，授郭威符玺。最后，郭威即皇帝位，建立后周。

三国和五代十国虽然同属分裂时期，但在整个中国历史上却属于不同的时段。尽管秦末陈胜、吴广已经高喊"王侯将相宁有种乎"，但门第观念依然存在了相当长的时间。在"王与马，共天下"的三国魏晋南北朝时期，门阀士族是支撑皇权稳固最重要的力量。唐代以来，随着造纸术的进步和印刷术的出现，书籍传播的成本逐渐降低，士族在知识上的优势逐渐丧失，而科举制的兴起让平民有了更多步入仕途的机会。士族的衰微让武人政治成为五代的主流，呈现了与三国截然不同的形态，使中国真正进入了一个平民的时代。

（作者：元微之）

唐高宗迎来"中年危机"：
一边着急立太孙，一边放权武则天

在中国2000多年的皇权社会里，像册封皇太孙这样，隔代安排继承人的现象并不多见，而皇帝、皇太子、皇太孙同时都活着的情况则更为少见。

明成祖朱棣算其中一个，他在朱瞻基13岁时封其为皇太孙。朱棣此举，一来是因为太子朱高炽身体不好，自己对他也不太满意；二来是因为13岁的朱瞻基表现出来的品行和才能让他十分欣赏。

相较于明成祖，几百年前的唐高宗李治将年仅1岁的李重照立为皇太孙的行为就很令人费解了。

究竟发生了什么事，让李治这么早就隔代指定继承人呢？

"水逆"的太子

唐代自开国以来，太子的命运就一直比较坎坷。

首位太子李建成被弟弟李世民给杀了。唐太宗在位时，他的儿子也不让人省心，李承乾与四子李泰两派争斗，让李治渔人得利。等李治自己当了皇帝，太子问题同样令他焦头烂额。

细数下来，高宗朝总共立过4位太子。

第一个是李忠，李治的长子，宫人刘氏所生。当时的王皇后没有生育子嗣，她听了舅父柳奭的建议，向皇帝提出立李忠为太子。她以为这样做，李忠就会感激她，将来她自己也能有个依靠。公元652年，在王皇后及长孙无忌、柳奭、褚遂良等人的努力下，李忠被推上太子宝座。

不过，随着武则天在皇后争夺战中取得胜利，李忠也被殃及。对武后来说，于私，她自然希望自己的儿子当太子；于公，李忠背后的势力是王皇后以及长孙无忌等人，李忠将来一旦即位，必然对己不利。

李忠此时虽未成年，但也知道，王皇后被废，自己的太子地位已然难保，于是主动让出太子之位。公元656年，高宗正式下诏，将太子李忠降为梁王、梁州刺史，另立武则天之子、年仅4岁的李弘为太子。被贬梁州的李忠板凳还没焐热，又被贬到更偏远的房州。不久，还是被定了个罪名，被赐死，终年22岁。

第二个太子李弘，为人宽厚，性格温顺。高宗称赞他"弘仁孝，宾礼大臣，未尝有过"。《旧唐书》说这位太子"沉瘵婴身"，即天生体弱。他于公元675年病死，年仅24岁。

李弘死后，他的亲弟弟、22岁的李贤被立为太子。李贤不仅"容止端重"，而且非常聪颖，读书过目不忘，长大后也颇具才干，组织了一群知识分子注释《后汉书》。高宗外出时，他留守监国，把朝廷政务处理得井井有条，可谓是一个理想的皇帝苗子。可惜，他这个太子也没当多久。公元679年，一个叫明崇俨的"神棍"被杀，李贤被卷入此案，不仅太子之位被废，还被流放巴州，后被逼自尽。

李贤之后，他的弟弟李显（又名李哲）登上太子之位。

至此，短短20余年里，高宗朝的皇储3次易人。这在一定程度上给天下人造成国本动荡、皇权不稳的负面印象。作为皇帝，高宗无疑负有一定责任。同时，他迫切需要一个异乎寻常的举动来向天下宣告李唐江山的稳定。

这个举动，就是册立皇太孙。

永淳元年（公元682年），他立李显刚满1岁的儿子李重照为皇太孙。此举，一则为了稳定皇位继承，避免再有反复；二则也是借此巩固李显的太子之位，毕竟大唐的太子之位似乎再也经不起折腾了。

矛盾的举措

不过，高宗立皇太孙的想法刚一提出，就遭到了群臣反对。

吏部郎中王方庆认为："皇太子在而立太孙，未有前例。"高宗道："自我作古，可乎？"

能让性格温和的高宗皇帝说出这样的话，可见其态度之坚决。

皇帝都这样表态了，大臣们只能集体表示"可"，并证明皇帝行为的合理性和合法性，还根据高宗"详求典故，官属员品"的要求，就太孙府的组织架构及人员组成进行设计。

不过，根据《新唐书》和《资治通鉴》记载，高宗在表态后不久就对当初设立太孙府的决定表示怀疑，最终并没有设立太孙府。而从成书更早的《旧唐书》和当代学者的研究成果看，有一种观点认为，高宗朝是立了太孙府的，只是后来皇太孙的父亲唐中宗被废黜后随之被废。

无论是否设置太孙府，仅从高宗立皇太孙的态度上就可以看出，高宗想延续李唐江山的愿望是真切无疑的。鉴于当时武后在朝廷的影响力很大，有人认为，高宗立皇太孙之举，除了是给李唐王朝的延续上个"双保险"外，还有遏制武后干政、提防其篡夺李唐江山的想法。

坦率地说，这种观点有由果推因的嫌疑，即根据历史上武则天称帝的结果，推断其早有夺取李唐江山的预谋，并将高宗早期的政治行为以及其当政时的一系列政治剧变也归因于此。事实上，武后干政，是在高宗的默许和授意下进行的，并且武后不是干政，而是参政。

作为一代君王，李治在位34年，虽然给人的政治印象不像父亲太宗和妻子武后那样深刻，但也算一个合格的继承者。

然而，一切在他患病后发生了变化。

显庆五年（公元660年）十月，高宗突发风眩头重之疾后，身体每况愈下，朝廷政务开始交由武后决断，武后由此名正言顺地参与朝政，此举引发朝中不少大臣的非议。当时有个道士叫郭行真，经常出入宫中，行厌胜之术。宦官王伏胜将此事偷偷报告给高宗，高宗大怒，密召中书侍郎上官仪商议。上官仪早就对武后不满，趁机进言："皇后专恣，海内所不与，请废之。"高宗也赞同，于是命其立即起草废后诏书。

武后得知消息，急忙赶到高宗所在地。此时，诏书已经拟好，结果"上羞缩不忍，复待之如初"。高宗还把这一切甩锅给上官仪，"我初无此心，皆上官仪教我"。

可以看出，高宗一方面对武后有所不满；另一方面，又对武后有着严重的依赖。这起事件后，高宗每次坐朝，武则天则垂帘于后，政无大小，皆与闻之，由此"天下大权，悉归中宫，黜陟、生杀，决于其口，天子拱手而已，中外谓之二圣"。

事实上，高宗一直十分认可武后的能力："后性明敏，涉猎文史，处事皆称旨。由是始委以政事，权与人主侔矣。"此后，随着高宗病情加重，到了上元二年（公元675年），他甚至提议让武后"摄国政"。此事虽被谏止，但并未影响高宗将武后推向政治权力中心的决心。

弘道元年（公元683年），高宗在去世前夕颁布了最后一次改元诏令。其中，他大大称赞武后的政治能力，"比天后事条，深有益于为政，言近而意远，事少而功多，务令崇用，式遵无怠"，继而，在随后的遗诏中，他要求"军国大事有不决者，兼取天后进止"。

对于这一要求，皇帝、大臣、武后都有不同的理解方式。在高宗看来，这不过是之前朝政处理方式的延续：武后拿主意，皇帝点头施政；在大臣看来，这是一道指示模糊的诏书，他们不知道以后是听新皇帝的还是听皇太后的；对武后来说，她参政20多年，虽然一直都是以"臣"自居，但长期大权在握，为此她的内心不可能不发生微妙的心理变化。

一边着急立婴儿当皇太孙，另一边又赋予武则天大权，高宗为何要在如此重大的问题上做出这样的安排呢？

这与他的性格有关。

柔弱的皇帝

李治从小在母亲长孙皇后身边长大，是皇后最小的儿子，自小深受宠爱。长孙皇后除了母仪天下，还积极参政，给李世民提了很多建议。

最经典的故事就是这个了。李世民有次回宫后发牢骚，认为魏徵老让他下不来台，想哪天找个机会杀了他。长孙皇后听说后，马上换朝服向太宗祝贺："妾闻主明臣直，今魏徵直，是陛下之明故也，妾敢不贺！"直到长孙皇后临终前，她还叮嘱太宗，要善待此前已被贬职的房玄龄："玄龄事陛下久，小心缜密，奇谋秘计，未尝宣泄，苟无大故，愿勿弃之。"

长孙皇后在参政议政方面的出色能力，给李治留下了深刻印象。李治8岁时，长孙皇后去世，他从此缺失了母爱。这对他的性格造成了一定影响。

一是性格柔弱，表现为爱哭。贞观十九年（公元645年），太宗亲征高句丽，"太子悲泣数日"，把李世民都惹怒了。这种性格让唐太宗对他将来做好皇帝表示怀疑。他对长孙无忌说："公劝我立雉奴（李治小名），雉奴懦，恐不能守社稷，奈何！"并在临终前反复叮嘱长孙无忌、褚遂良等人："太子仁孝，公辈所知，善辅导之。"

二是有"恋母"情结。李治初见武则天时，她还是唐太宗的才人，"上之为太子也，入侍太宗，见才人武氏而悦之"。此时，李治已经与王皇后结婚，且王皇后"姿色美丽"。武后比李治大4岁，她能吸引李治，或许除了青春美貌以外，更重要的是其成熟、丰盈和稳健的气质。这点与长孙皇后颇为相似也未可知。

李治对武则天的喜爱越多，对她的心理依赖程度也就越深。这样就能解释得通，为什么太宗去世后，刚刚继位的高宗就迫不及待地把她从感业寺里召入宫中，并破格将她从正五品的才人升为正二品的昭仪；为什么在长达20多年的时间里，他对武后一直宽容和迁就。

当然，高宗与武后并非没有直接的矛盾。比如武则天的姐姐韩国夫人及其女儿魏国夫人都很漂亮，又因是武则天的亲戚，她们经常出入宫廷，也因此得到高宗宠爱。传说，这让武后非常嫉妒，她还因此设计毒杀了韩国夫人与魏国夫人母女。但这种冲突并未影响高宗对武后的倚重，也未从根本上动摇其对武后的信任。

高宗的性格令他低估了武后的政治野心，导致他本想延续李唐江山的政治举措，最终在武后的强权面前不堪一击。

诡谲的朝政

弘道元年（公元683年）年底，唐高宗死于洛阳贞观殿。他是在前一年夏天与武后东幸洛阳的。他临走前，令太子李显留守长安，并安排了薛元超、刘仁轨和裴炎辅佐之。我们来看一下这三个人的政治表现。

薛元超是前朝老臣，此人在李贤当太子时，即被高宗指定辅佐太子，是高宗最为信赖的大臣之一。李贤案发时，他作为主审官之一，在给太子定罪时表现积极，后因审案有功，没有被追责，可见其政治品德不怎样。留守长安辅佐李显时，他一方面称赞武后临走前诫谕太子的赐书"殷勤至切，网罗今古罕得名言"，一方面偷偷给高宗打太子的小报告，说太子的坏话。从其言行看，薛元超已经倒向武后一边。

再看裴炎。李显即位后，曾大肆提拔岳父一家。裴炎受高宗之命辅佐中宗，认为此举不妥，出言劝阻。唐中宗李显怒曰："我以天下与韦玄贞（李显岳父）何不可！而惜侍中邪！"裴炎不再言语，退而找武后，建议把皇帝废掉。虽说新皇帝这话说得实在没水平，但裴炎作为辅臣，被拧一次就想着把主子换掉，或许也暴露出他很可能早就是武后的人了。

最后一个是刘仁轨。高宗离世前，曾先后把太子和薛元超、裴炎召到洛阳，独留刘仁轨在长安城内。刘仁轨是唐代三朝老臣，城府极深，能文能武,曾率军击退百济军队,保证了朝鲜半岛的稳定。面对武后在洛阳的废中宗立睿宗、临朝称制等重大政治举动,他在长安保持沉默,保证了当地局势的稳定,算是支持武后对其他方向的平叛行动。裴炎因徐敬业叛乱而被牵连入狱后,郎将姜嗣宗到长安出差,刘仁轨向他打听东都的事情,姜嗣宗曰:"嗣宗觉裴炎有异于常久矣。"结果,刘仁轨马上给武后上表,把姜嗣宗出卖了,"嗣宗知裴炎反而不言"。武后看到奏表后,将嗣宗"绞于都亭"。仅此一事,即可看出刘仁轨的政治立场。

从高宗去世到武后称帝的公元690年,长安和洛阳总体上保持了稳定,李唐宗室起兵叛乱主要发生在外围,这从侧面反映了武后对朝廷官员的掌控有多到位。

公元684年,李显继承皇位,史称"唐中宗"。中宗在皇帝位置上仅仅坐了一个多月,就被武后下令废黜,贬为庐陵王,并且昔日的皇太孙也一同被废去了封号。

由此,高宗在世时的安排看似完美——以武后辅佐来弥补新帝经验和能力的不足,确立皇太孙以确保国祚延续,但是,新帝与武后力量的严重失衡导致他预想的局面没能实现。

高宗到了人生暮年、准备交接班,突然发现自己中意的接班人早已烟消云散时,对国祚延续的焦虑令他急切地需要确保皇位的继承路径。同时,病痛所带来的折磨进一步加剧了他心理的脆弱,对强势的武后产生了更强烈的依赖。

病痛、焦虑以及武后带来的压迫感,成了他册立皇太孙的主要背景板。在这个背景板的映衬下,高宗的册立行为既显得仓促,也带有一点儿垂死挣扎的悲壮色彩。

(作者:番茄汁)

前期作战没有折损的梁山好汉，为何在征讨方腊时迅速减员？

《水浒传》中，梁山好汉在奉旨征讨方腊之前，除损失掉托塔天王晁盖一人外，其余一百单八将全在世。在对抗朝廷的历次战事中，他们两胜童贯、三胜高俅以及天下八方十位节度使，官府的很多武将甚至直接被梁山泊拉来入伙。之后，梁山泊接受朝廷招安，先征辽国、田虎，后征王庆，其间一百单八将都毫发无伤。

然而，当梁山泊征讨方腊时，却迎来了损兵折将的噩梦：59人阵亡、10人病逝、1人坐化，最终死亡70人。可以说，梁山泊虽然最终战胜了方腊，但也元气大伤，以至于威势不再，达到了朝廷想要利用方腊来削弱梁山势力的目的。

那么，之前全身而退的梁山好汉为何会在征讨方腊的过程中迅速减员呢？

为何梁山平田虎、王庆未有伤亡

《水浒传》是根据北宋宋江起义的故事加工编成，其情节内容以虚构为主。《水浒传》的版本有很多，大致可以分为简本和繁本两个系统，简本文字简略，细节描写较少；繁本情节描绘细致生动，文学性较强，流传最广。繁本主要分为百回本、百二十回本和七十回本三种。在百回本中，梁山大聚义后只有平辽和平方腊故事，没有平田虎、王庆的故事。直到明朝万历末年，一个叫杨定的人才将平田虎、王庆的故事插入百回本，合成百二十回本。傅承洲先生甚至考证出，在《水浒传》中加入征田虎、王庆情节的人是明末文人冯梦龙。加入平田虎、王庆的版本，在当时也广为流传，有的版本叫作《京本全像插兼增田虎、王庆忠义水浒全传》。

既然平田虎、王庆属于插增，那就不能破坏原百回本的结构和逻辑，否则无法自圆其说。百回本中，梁山好汉在征讨方腊前都在，那么，前面梁山征讨田虎、王庆时就不能损失一个将领。

而且，这两处插增的内容，故事干巴乏味，且无关大旨，纯属凑数。所以，现在国内出版发行的《水浒传》中多有招安和征方腊情节，直接删掉了征讨田虎和王庆的部分。

在史书上，没有记载梁山好汉征讨田虎、王庆的一言半语，但记载了宋江集团征讨方腊的事迹。

史书上的宋江集团，"以三十六人横行河朔，转掠十郡，官军莫敢撄其锋。知亳州侯蒙上书，言江才必有大过人者，不若赦之，使讨方腊以自赎"。宋江集团只有36人，没有一百单八将。他们横行的地域虽然广大，但也不是因为实力强悍，而是当地的官府太怂。一旦遇上真正武力充沛的朝廷将领，宋江集团恐怕不堪一击。

史书中说："帝命蒙知东平府，未赴而卒。又命张叔夜知海州。江将至海州，叔夜使间者觇所向。江径趋海滨，劫巨舟十余，载卤获。叔夜募死士得千人，设伏近城，而出轻兵，距海诱之战，先匿壮卒海旁，伺兵合，举火焚其舟。贼闻之，皆无斗志。伏兵乘之，擒其副贼，江乃降。"

张叔夜只用了1000余人，就彻底打垮了宋江集团。宋江集团走投无路，才投降朝廷，为朝廷效力。

明朝怪才金圣叹就说："十郡之长官，各有其妻子，各有其货重，各有其禄位，各有其性命，而转顾既多，大计不决，贼骤乘之，措手莫及也。张叔夜不过无妻子可恋，无货重可忧，无禄位可求，无性命可惜。所谓为与不为，维臣之责；济与不济，皆君之灵，不过如是。"这话就差明着讽刺宋江集团不过是只会拣软柿子捏的团伙罢了。

淮西王庆也好，河北田虎也罢，他们都是小说中杜撰出来的人物，他们与宋江、方腊合称"四大寇"。既然这些人物都是小说杜撰出来的，那么作者想让宋江在征讨时全胜而归，无一伤亡，就不会有任何创作上的顾虑。作者给小说起名叫《忠义水浒传》，点明了宋江集团的主角光环。既然他们都是主角，又怎会轻易就损兵折将了呢？

为何梁山征讨方腊伤亡巨大

然而，作者在写梁山征讨历史上真实存在过的大寇江南方腊时，就不得不有所顾虑了。综合多种史料分析，宋江在投降张叔夜后，极有可能真的在宣和年间随同童贯一起征讨过方腊。

方腊起义打下八州二十五县，基本上完全占领了整个江浙地区，威震东南半壁，从根本上动摇了北宋王朝的统治。方腊的实力远非当时的宋江集团所能比。在小说中，宋江和方腊的实力确实存在差距：宋江不过占据了梁山泊及周边地区而已，方腊可是占据了八州二十五县。宋江的麾下虽然逐渐扩充到一百单八将，但绝大多数是充数的，真正能打的并不多；方腊的手下虽然不多，但个个都是精英，无一不是以一当百、骁勇善战之士，需要梁山派很多人去对战，才能将其击败。

例如方腊的侄子方杰，手持一支方天画戟，有万夫不当之勇。梁山的顶级战力霹雳火秦明都不是其对手并为其所杀。后来，梁山一口气出动4位将领去"围殴"他，才将其杀掉。这4位将领包括关胜、花荣、朱仝、李应。关胜是梁山马军五虎将之首，花荣是梁山马军八骠骑之首，朱仝是梁山马军八骠骑之六，李应虽然是梁山上掌管钱粮的头领，但其战斗力与五虎将不相上下。梁山这边还使了计策，让柴进和燕青去方腊处假意投降，骗取方杰的信任。方杰在与梁山四将缠斗、招架不住而后撤时，被卧底的柴进截住退路。方杰下马逃命，被柴进一枪戳中，背后的燕青又给了一刀，于是方杰被杀。梁山以这样的阵容，加上计策的帮助才勉强干掉方杰，由此可见方腊麾下将领的实力。

再例如，方腊手下的一位号称"小养由基"的庞万春，以一人之力射杀梁山史进、石秀、陈达、杨春、李忠、薛永、欧鹏7位将领。最后，还是梁山用了神机军师朱武的计策，才擒拿了庞万春。

为什么作者要将方腊手下的将领写得如此强悍？因为方腊集团的实力在历史上确实非常强大。这就使得作者只有让方腊手下的将领战力值高，才能解释得通为什么方腊能够横扫东南，成为朝廷心腹大患，梁山在征讨方腊时为什么会损兵折将伤亡惨重。只有这样，才能让故事情节符合逻辑和情理，让读者不至于觉得这本小说是在胡诌。

那为什么梁山在征讨辽国时没有损兵折将？首先，历史上并没有宋江征讨辽国的记录。在童贯征讨辽国时，随其出征的人中有一个叫杨志的，曾被称呼为"招安巨寇"。这个杨志是否就是宋江麾下36人中的那个杨志，我们不得而知。《水浒传》的作者认定这个"招安巨寇"杨志就是宋江麾下的杨志，并在此基础上创作出梁山好汉出征辽国的故事。由于历史上梁山好汉并未真的出征过辽国，所以作者可以毫无顾忌地为他们戴上主角光环，让他们从头至尾未有一人阵亡。

在历史上，童贯的这次出征辽国，可谓虎头蛇尾，未尝有功。那么，《水浒传》为何要虚构宋军出征辽国并大获全胜呢？明朝李贽在其《忠义水浒传序》中写道："施、罗（施耐庵、罗贯中）二公身在元（朝），心在宋；虽生元日，实愤（悲愤）宋事。是故愤二帝之北狩（皇帝被掳到北方去的婉辞），则称大破辽以泄真愤。"也就是说，施耐庵、罗贯中要虚构一场对辽作战的胜利，来发泄自己心中国破家亡的痛楚。于是，梁山好汉被他们安排上了征讨辽国的战场，大获全胜，且无人阵亡。

没有史实的束缚，加上作者个人创作的自由，就使得小说中的梁山好汉在征讨辽国后可以全身而退。

征方腊伤亡惨重的其他原因

从《水浒传》故事内容本身看，梁山好汉在征方腊后迅速减员，还有几点原因。

一是梁山好汉失去了主场优势。梁山地处山东，宋江集团绝大部分的人都是生活在中原地区的北方人，南方人寥寥无几。之前，梁山无论是对抗朝廷，还是征讨辽国、平田虎、王庆，主战场都在北方。尤其是朝廷几次征讨梁山泊，都因为不熟悉梁山泊的地理环境而惨败。虽说北方也是辽国和田虎、王庆的主场，但是他们没有主角光环，在作者笔下无一例外都得败在梁山好汉的脚下。

而梁山好汉在征讨方腊时，主场优势则完全在方腊一边。方腊集团的活动范围主要是在江浙这样的江南地区，北方人初来乍到，很难适应当地的气候条件，甚至会出现水土不服的现象。在征战中，病关索杨雄得了背疮、豹子头林冲患上了风瘫、鼓上蚤时迁得了绞肠痧，先后失去战斗力。而且，双方在厮杀之后，现场往往尸横遍野，有时来不及处理战场尸体，尸体就会在南方湿热的环境下迅速腐烂，瘟疫也会随之而来。青面兽杨志、船火儿张横、没遮拦穆弘、毛头星孔明、旱地忽律朱贵、白日鼠白胜等好汉就是感染瘟疫而死的。笑面虎朱富留下来照顾感染瘟疫的病人，结果也染上了瘟疫，最终不治而亡。

二是梁山好汉的两位关键人物——入云龙公孙胜和神医安道全离队了，使得梁山丧失了法术加持的优势和伤员活命的保障。梁山在出征前，就已经有好几位能工巧匠被朝廷借调走。在攻打杭州时，皇帝派来劳军的使者，又传来皇命："为上皇乍感小疾，索取神医安道全回京，驾前委用，降下圣旨，就令来取。"公孙胜则是对宋江心灰意冷，辞别了众人："今日兄长功成名遂，贫道亦难久处。就今拜别仁兄，辞了众位，即今日便归山中从师学道，侍养老母，以终天年。"宋江虽然不舍，但也没有挽留的办法，只能放他离去。

小说里，公孙胜在战场上可以呼风唤雨，扰乱敌人阵形，干扰敌军视线，帮助梁山军破敌制胜。他一走，梁山就只有混世魔王樊瑞了。樊瑞跟着公孙胜学过法术，也有一定的本事。睦州之战中，樊瑞与方腊的南军国师包道乙斗法。他在关胜头顶变出一尊乌龙天将，包道乙则在己方将领郑彪头顶变出一尊金甲神人。最终，乌龙天将战胜金甲神人，郑彪也被关胜一刀斩于马下。

樊瑞的法术水平跟他的师父不是一个等级，而且他的法术不是时时都灵的。梁山征方腊的战场有很多，法师却只有樊瑞一个，明显不够用。樊瑞无法救场时，梁山就会损失惨重。例如，在宋江与包道乙的对战中，包道乙就以"玄天混元剑"飞剑斩断武松的左臂。在宋江与郑彪的对战中，曾跟着包道乙学过法术的郑彪就利用法术杀死了矮脚虎王英和一丈青扈三娘。武松、扈三娘都是梁山的主要战力，却都被方腊军的法术弄得非死即伤。

神医安道全的离去对宋江集团来说更是致命。金枪手徐宁在战场上被流矢毒箭射中项部，带箭飞马而走，幸被关胜救回。他七窍流血，当夜昏迷数次。由于梁山已经没有神医，宋江只得将徐宁送到秀州养病。宋江仰天叹道："神医安道全已被取回京师，此间又无良医可救，必损吾股肱也！"果然，半个月后徐宁金疮不痊而死，成为梁山战死的第一位正将。

还有中箭虎丁得孙，他在江南被毒蛇咬中，如果安道全在的话，解这区区蛇毒应该不成问题。但是安道全不在，丁得孙最终毒发身亡。还有，身受重伤的李立、汤隆、蔡福，也因为没有神医的救治而撒手人寰。

三是梁山好汉们的年龄大了。梁山好汉的主要战力在上梁山时就已经是中年人了，像林冲、关胜、秦明等都是如此。在经过征讨辽国，平田虎、王庆之后，已经过了很多年，到了征讨方腊时，他们大多是"半个老人"了。他们的体能和反应能力已经远远不如年轻时的状态，在战场上自然会力不从心。

四是梁山的作战方针有问题。梁山两大统帅宋江、卢俊义，前者是搞政治游戏的一把好手，但却不是一个优秀的军事统帅；后者是梁山战力天花板，但也不是一个优秀的战场指挥官。两人在作战部署上漏洞百出，常被敌人发现破绽。例如卢俊义曾派史进、石秀、李忠、杨春、陈达、薛永6人骑马带领3000步军前去巡哨，结果中了方腊军的埋伏，6名好汉都惨死在箭下，3000步军只剩下百余名士兵逃了回来。卢俊义和军师朱武都犯了一个巨大错误：为什么派人巡哨要如此兴师动众？巡哨的话不是应该派速度更快的马军吗？

梁山以惨烈无比的代价赢得胜利，那么这种代价是值得还是不值得？梁山的结局是悲剧还是圆满？

一代又一代的读者为此争议不断。

（作者：徐飞）

明知道金被灭，下一个就是自己，南宋为何还要与蒙古结盟？

这是一个纵横捭阖的时代，仿佛战国历史的再现。

历史定律

金政权是女真人建立的，女真人出自东北；蒙古政权是蒙古人建立的，蒙古人来自蒙古高原。

女真人不堪忍受统治草原的契丹人所建立的辽政权的压迫，也因为辽政权在圣宗和道宗两朝将军事力量大量放于蒙古高原，最终女真人起兵反辽，并于北宋政和五年（公元1115年）建立政权，国号为金。其国号大意有金胜铁之意。

金政权与南方的北宋政权在宣和二年（公元1120年）达成协议，结成同盟，联兵灭辽。虽然这一过程有点坎坷，但是双方在宣和七年（公元1125

年）灭辽成功。

而此后的历史，大家也比较清晰，金人在灭辽不久后便两路伐宋，继而在北宋靖康元年（公元1126年）冬攻入宋都开封，靖康二年（公元1127年）春掳掠开封皇室、臣僚、军民约20万人北上，史称"靖康之变"。此后，宋金之间持续交锋，南宋高宗绍兴十一年（公元1141年）双方停战后，宋金之间才维持了相对长期的和平。

金政权立国之初，以及刚入主中原之时，其政治中心在黄龙府。其核心利益大抵在吉林、辽宁一带。这一地区是金人龙兴之地，金人长期在此经营，根基雄厚。

从金帝谱系来说，金太祖、金太宗、金熙宗、海陵王的统治中心都在东北。

只是，海陵王完颜亮是一个特例，根据《金史》卷一百二十九《高怀贞传》记载，海陵王的人生有三大志向："国家大事皆自我出，一也；帅师伐国，执其君长，问罪于前，二也；得天下绝色而妻之，三也。"

不得不说，海陵王是一个真性情的汉子，从即位之初便有混一天下之志。

海陵王正隆四年（公元1159年），他命画师混在出使南宋的使团中，回国后将南宋临安的景色绘制于屏风之上，并将自己的形象绘制在临安的山头。

根据《大金国志》卷十四《海陵炀王》记载，海陵王还在屏风上题诗曰：

自古车书一混同，南人何事费车工。
提师百万临江上，立马吴山第一峰。

这首诗为岳飞的孙子岳珂所记，只不过诗文的内容略有变化，岳珂在《桯史·卷八》中记载说：

万里车书尽混同，江南岂有别疆封。
提兵百万西湖上，立马吴山第一峰。

内容略不同，但主旨思想大同小异，都是要"立马吴山第一峰"。

正因为海陵王有混一天下的想法，故而在他即位后，欲将统治重心从东北迁移至更适合的中原。

所以，根据相关的史料，我们不难看到，海陵王时代金人迁都燕京（今北京），也可以看到海陵王时代，金人营建、恢复开封的旧城、宫室……

这些记载，虽然都是因海陵王伐宋而有，但也反映了金人逐渐将政治中心迁入中原的意愿。

实际上，纵观国史，我们不难发现这样一条规律——塞外民族若要入主中原，其关外政治中心必定迁徙至中原地带。金人之前的拓跋鲜卑便是典型例子——其从代地迁都至洛阳，全面开启汉化过程。

迁都的有利之处在于，可以更有效地对中原进行管控；而迁都的弊端也非常明显，那就是政治中心的南迁，对北方草原力量的管控力度必然会下降，继而造成北方草原力量的崛起。

拓跋鲜卑居代北时，北方草原时刻处于管控之下；孝文帝迁都洛阳后，柔然崛起，时而寇边。加之六镇地位的下降，自北魏迁都洛阳开始，北魏一朝北方边患、北方兵变战乱就没停止过。这种情况一直持续到北朝，直至隋文帝时代才有所好转。

历史就是这么有规律，发生在拓跋鲜卑身上的事，也在完颜女真身上重演。

金人立国于东北，这可以形成对蒙古高原的侧翼包抄，可以对草原进行有效管控。或者退一步说，金人起码可以实现有效防御。但迁都燕京后，金人对草原的管控力度明显下降。

金人自然也意识到了这个问题，但他们也无可奈何。这并不全是政治中心南迁所带来的问题。实际上，即便是辽国时代，辽国以草原政权居于草原，其对于西北和蒙古高原上的各种游牧部族，也无法进行完全有效管控。前文提到的辽圣宗和辽道宗两朝，正是辽国对北方乌古、敌烈等游牧部族进行长期征战，最终导致国力衰落，金人崛起。

以草原民族特性，中央政权若以直接的军事占领，实施如中原一般的郡县管控，其成本过高，且难以实现；若仅以羁縻方式进行管辖，则必然会出现政局不稳，甚至出现时顺时叛的尴尬局面。

金人无力直接管控草原，于是便利用蒙古各部之间的矛盾，从中挑拨，以行分化瓦解、羁縻管控之意。

这套法子辽国当年也对金人用过。挑拨各部关系的结果，貌似很完美地削弱了对手，但一旦各部觉醒，大家就会发现，真正的矛盾并不在各部之间。

金人的这个战略可以取得暂时的成功，却无法长久实施。并且，在实施过程中导致的血海深仇，必然会有现世报的那一天。成吉思汗的父亲便是在部族仇杀中身亡的，他难道会忍气吞声一辈子而不反抗金人吗？

当北方游牧民族团结起来，貌似强大的金人因为丧失了对草原的控制权,只有依靠燕山幽云一线的长城来进行防御。这种防御非常被动,并且无效果。

后来的明代土木之变是个典型的例子。明代貌似建立了完善的对北卫所防御体系,实际上蒙古军队却可以在各城防要塞、卫所之间来回机动。整个明代的北方边防像个大筛子,到处漏水,到处透风。

因此,我们可以将蒙古灭金看成金灭辽的历史翻版。这种历史的再现,甚至连双方在盟友选择上都有极强的相似性。

邻居的态度

这是个纵横捭阖的大时代。

辽金对峙时代,东亚大陆上有辽、金、北宋、西夏四大政权。

金蒙战争时代,东亚大陆有金、蒙、南宋、西夏四大政权。

在金蒙战争开始之初,蒙古以弱小一方攻击强大的金国,他们需要盟友的支持。而在当时的政治地理中,蒙古能够选择的盟友,无非就是南宋和西夏。

南宋嘉定七年(公元1214年),蒙古骑兵3人渡淮河至濠州,递交成吉思汗国书,希望与南宋合作,联合灭金。但南宋自觉事态重大,又曾有北宋末年联金灭辽的惨痛教训,于是将之拒绝。后这3人还为金人所获。

就在这一时期,金宣宗抵抗不住蒙古的打击,从燕京迁都汴京(今河南开封),进一步退缩。

根据现有史料来看,宋廷对于是否联蒙灭金的态度相当谨慎。联金灭辽的惨剧,宋人时刻不敢忘。

因此，在金蒙开战后，宋人虽然已经敏锐察觉到金人政权在蒙古的打击下风雨飘摇的事实，但前门送狼、后门迎虎的教训还烙印在他们心里。宋人有积极地收复失地、灭亡金人的冲动，但在是否与蒙古联合的决策上，一直举棋不定。

最终促使宋人全面倒向蒙古的因素大抵上有两个：

其一，金国人自己搞不好与南宋的关系。（"金在暮年，每与蒙古交战不利，辄欲南侵伐宋，欲取偿于宋。"）

此外，金人还盲目自大，觉得自己总比南宋强。

《金史》卷一百十九《完颜娄室传》就记载了金哀宗这么一段话："北兵所以常取全胜者，恃北方之马力，就中国之技巧耳。我实难与之敌。至于宋人，何足道哉！朕得甲士三千，纵横江淮间有余力矣！"

金哀宗在被蒙古军队压迫得从汴京逃到蔡州时，还幻想着金将武仙、武天锡集结数万军队，"征兵上会于饶风关，欲出宋不意，以取兴元"，意欲入川，徐图再取。

因此，从金人定都燕京开始，但凡蒙古南侵，金人不利，金人便发兵南侵，想从宋人这里捞到便宜、补偿自己。

而南宋又哪里是个软柿子？

金宣宗时代，蒙古人下幽云，金人不敌。蒙古撤军后，金人南侵，但其结果在《金史》里写得再明白不过：

"宣宗南伐，士马折耗十不一存。"

"国家精锐几近丧。"

"枢府武骑尽于南伐。"

上述3句记载，写得明明白白。这种情况便是中国人常说的"偷鸡不成蚀把米"。对南宋占不到便宜，对蒙又打不过，如此这般折腾，金的国力只能越来越弱。

而南宋在金人如此折腾之下，最终当了蒙古的盟友。

其二，金人丢弃河北、山东之后，蒙古迅速攻击到黄河一线。而金人收缩防线，以潼关—黄河为线进行防御。金人在这里集结重兵，蒙古人很难突破。

成吉思汗从多年对金战争的经验中感觉到，要灭掉金国，难度远比灭亡西夏要大。根据《元史》记载，成吉思汗临终前，曾嘱咐身边人说："金精兵在潼关，南据连山，北限大河，难以遽破。若假道于宋，宋、金世仇，必能许我，则下兵唐、邓，直捣大梁。金急，必征兵潼关，然以数万之众，千里赴援，人马疲敝，虽至，弗能战，破之必矣。"

这是一个"假道于宋"的战略谋划。只不过，当时的宋人尚未准备与蒙古联合，对于蒙古假道的建议均予以拒绝。因此，假道战略难以实施。若无宋人支持，则蒙古难以灭金。

南宋宝庆二年（公元1227年），蒙军强行假道于宋时，因为四川制置使郑损的无能，导致宋人"三关五州"防御体系崩溃。直到成吉思汗去世，蒙军主动撤退，这一尴尬局面才结束。这一事件被宋史称之为"丁亥之变"。

绍定四年（公元1231年），蒙军再次假道，并派使臣出使南宋提出借路，但被南宋守将杀死。拖雷以此为借口，以4万蒙军再次攻入四川。四川制置使桂如渊无能，望风而逃。后又向蒙古提供粮草和向导，致使蒙军顺利经由四川，从金人西南地区攻入唐州、邓州地区，在距离汴京不远的三峰山附近重创金国15万大军。这一事件被称为"辛卯之变"。

蒙古对宋的军事打击在一定程度上让宋金走得更近。但经由这两次事变，蒙军强行假道，金人被迫放弃关河防线和汴京，南迁蔡州；宋人则意识到，以金人目前的国力，完全不具备抵抗蒙古的实力。

在金蒙战争中，宋人必须在金亡前居于主动，对蒙展现实力，扩大战略纵深，震慑蒙古，为接下来的宋蒙战争做准备。因此，对金动武，联蒙灭金势在必行。

联蒙灭金的执行者、南宋后期名将孟珙在京湖制置使史嵩之问及是否联蒙灭金时，就明确表示："倘国家事力有余，则兵粮可勿与。其次当权以济事。不然，金灭，无厌，将及我矣。"

孟珙的话非常理智，也很客观。这两点原因，致使宋人全面倒向蒙古。

除了南宋这个邻居，金人旁边还有西夏。西夏于公元1227年为蒙古所灭。

蒙古崛起后，为了实现灭金的战略目标，蒙古人南下伐夏，意欲打击金人侧翼。

夏人遭到蒙古攻击后，联络金人请求支持，共同抗击蒙古。但执政的金章宗完颜璟，以及在完颜璟之后即位的卫绍王，对西夏为蒙古所攻均持幸灾乐祸的态度。金人非但幸灾乐祸，甚至借机向西北扩张，以期在蒙古的压迫之下，取偿于夏。

金人如此不懂唇亡齿寒的道理，致使西夏人顺从蒙古而攻金。后在金人南下攻宋的时代，西夏又与南宋联合而攻金。

这种情况直到金哀宗时代才有所好转。金哀宗叮嘱使臣完颜阿虎出使南宋时转达他的意思，《金史》卷十八本纪《哀宗下》记载："大元灭国四十，以及西夏，夏亡及于我，我亡必及于宋。唇亡齿寒，自然之理。"

只是，这时候醒悟已经迟了。从本质上说，金哀宗并没有打算真的跟南宋联合，他这段话不过是权宜之计。在他心中，南宋依旧是软弱可欺的。

由此可见，金哀宗不过是想取偿于宋，继续金人先前的战略罢了。

综上所述，金人的三个邻居，蒙古跟他直接开战；南宋和西夏则被他得罪透，被迫彻底倒向蒙古一方。

亡于蔡州

根据《宋季三朝政要》的记载，蒙古人攻金于汴京时，宋人已经出兵支持。但其说辞语焉不详，又缺乏其他史料旁证。

从南宋绍定六年（公元1233年）九月开始，蒙军在塔察儿的指挥下，兵围蔡州。十月，史嵩之任命江陵府副都统制孟珙、襄阳府守将江海，率师2万，携粮草30万石，配合蒙军兵出蔡州。十一月，宋军兵至蔡州，屯兵城南，蒙军屯兵城北、东、西。此时蔡州城内已经开始缺粮，金人每况愈下。《宋史·孟珙传》记载说："金兵万人自东门出战，珙遮其归路，掩入汝河，擒其偏裨八十有七人。得蔡降人，言城中饥。"

在这种情况下，十二月初七，孟珙指挥宋军攻克城南柴潭，"俘金人百有二，斩首三百余级……俘其将士五百三十有七人"（《宋史·孟珙传》），逼近蔡州南城墙。但是，柴潭与汝河相连，金军在此地构筑了非常严密的防御工事。金军开南城门逆袭，与宋军鏖战。宋军进攻受挫。

蒙军同日于城西攻击金军。两日后，蒙军攻破蔡州外城。宋蒙联军与金军陷入对峙。双方僵持到端平元年（公元1234年）正月。金人被围困了3个月，蔡州城中粮食供应早已断绝。《宋史·孟珙传》记载："端平元年正月辛丑，黑气压城上，日无光，降者言：'城中绝粮已三月，鞍靴败鼓皆糜煮，且听以老弱互食，诸军日以人畜骨和芹泥食之，又往往斩败军全队，拘其肉以食，故欲降者众。'"

蔡州城中物资匮乏到这种地步，可见金人已经无力守城。孟珙得知情报后，决意强攻蔡州。虽然蒙军三面围困蔡州，孟珙麾下的宋军只攻击蔡州城南，但孟珙指挥下的宋军作战勇敢，率先登城。

孟珙命令士兵嘴衔枚，悄悄将攻城云梯运至蔡州城下。一切准备妥当之后，孟珙亲率宋军攻击南门，因为事先准备充分，宋军一通鼓便将南门攻下。"马义先登。赵荣继之，万众竞登，大战城上"，金丞相乌古论栲栳投降，阵斩金军元帅兀林达及裨将200人，顺利攻入城内。

此后，孟珙命人打开蔡州西门，将蒙军塔察儿部放入城中。至此，金人再无回天之力。

反观金人这边，正月初九，金哀宗内禅帝位予在蔡州东城墙进行防御的完颜承麟，命他突围，延续金人国祚。正月初十，完颜承麟即位，百官朝贺刚结束，宋军便攻入城中。不久，蒙军也进入城中。

在走投无路的情况下，金哀宗自杀。面对为难形势，哀宗曾非常无奈地跟近臣说："我为金紫十年，太子十年，人主十年，自知无大过恶，死无恨矣。所恨者，祖宗传祚百年，至我而绝，与自古荒淫暴乱之君等为亡国，独此为介介耳。"

应该说，金人走到今天这一步，从金章宗完颜璟到卫绍王完颜永济，再到金宣宗完颜珣都要承担责任。正是他们一步一步地执行对周边"邻居"的国策，才导致金人国祚终结于蔡州的悲哀。

金哀宗难道就不承担责任了吗？前文提及的，哀宗对宋、夏的态度，至多只是有所好转，却不可能有本质变化。金亡于哀宗，哀宗确实有那么点儿冤枉，但责任还是需要承担的。

哀宗早就有以死殉国的意思，《金史·哀宗本纪下》记载："古无不亡之国，亡国之君往往为人囚絷，或为俘献，或辱于阶庭，闭之空谷。朕必不至于此。卿等观之，朕志决矣。"

哀宗大约不想为金承受亡国之辱，但历史毕竟还是会把亡国之辱记到他头上。只不过，这些对他来说，都是身后事了。

宋蒙联军与金人巷战结束，金军放弃抵抗。是役，金哀宗自杀，完颜承麟为乱兵所杀，金参政张天纲为襄阳府守将江海所俘。此时，宋人还不知道金哀宗自杀的情况，孟珙审问张天纲，欲知金哀宗下落。张天纲说："城危时即取宝玉置小室，环以草，号泣自经，曰'死便火我'，烟焰未绝。"

金哀宗为了防止尸首被宋蒙获得，命令手下在他死后将他的尸体焚烧。但哀宗遗愿并未实现。在金哀宗死后，他的手下还没焚烧完其尸体，宋将孟珙和蒙古将领塔察儿就赶到了并争抢其尸体。孟珙与塔察儿分别拿到金哀宗部分遗骸以及其他财物战利品，之后，孟珙回襄阳，江海回信阳，塔察儿则率部北还。

一句话评价

如何看待宋人联蒙灭金的问题？这是在宋史研究中时常被人提到的问题。

一如宋人当时就是否联蒙灭金的问题展开的争论，今人对于宋联蒙灭金的问题，也多持两种看法：

其一，认为联蒙灭金，消灭了宿敌，扩大了领土，有利于宋人；

其二，认为唇亡齿寒，前门送狼，后门迎虎。灭金之后，宋人失去屏障，直接对抗蒙古，必然要灭亡。

那么，联蒙灭金是否就如联金灭辽一般，是宋人外交上的败笔呢？

实际上，今天的学界普遍认为，宋人联蒙灭金是明智之举。在蒙古崛起，金人政权风雨飘摇的形势下，宋人此举是经过深思熟虑的，也是基于国家利益而采取的有效手段。

正如前文孟珙所言，宋人联蒙灭金扩大了宋蒙之间的战略缓冲地带，有利于宋人在蒙军南下时与之周旋；宋人攻蔡州时作战勇猛，指挥得当，孟珙给蒙将塔察儿留下了深刻的印象。这又在战术层面上对将来的对手形成了有效的威慑——既然我这么能打，那你在对我动手前，得三思而后行。

此后的南宋史，便是对孟珙这一战略思想的清晰佐证：

联蒙灭金后，孟珙坐镇襄阳地区，后又入川任四川宣抚使兼知夔州，节制归、峡、鼎、澧州军马，兼京湖安抚制置使，全面协调指挥四川、京西、荆湖地区的军事工作，除了使得蒙军南下受挫，不能轻易南侵之外，孟珙甚至还组织军队深入敌后，发起了几次小规模的北伐。从嘉熙二年（公元1238年）十月开始，至淳祐六年（公元1246年）九月孟珙逝世，蒙军在这一地区无能为也。

至于金人，其国力下滑到已经不可能抵抗蒙古，宋人又何必花大力气去救一个行将就木的政权呢？

至于蒙古，其战略中心不在金宋，而需西向。灭亡金人，自然是其起兵之初的目标，灭金不过是早晚的事情，即便南宋不与自己结盟，蒙古人依旧可以灭亡金人。所以，成吉思汗时代，蒙古人着力西征，而将经营中原交给了木华黎。而这个时代，金人依旧与蒙古对峙于关河之间。此时金人仍有相当的实力，蒙古却可以视之不顾而全力西征，足以说明成吉思汗对于灭金问题重要性的思考。

那么，既然蒙古的战略重心不在金，宋人又那么能打，蒙古帝国又需要花精力经营西北和中亚的新土地……诸多因素之下，宋人在联蒙灭金战争中表现出的强硬军事实力，无疑对蒙古人南侵是一种有效迟滞。至于此后，宋人利用蒙古人撤退之后，收复失地，甚至在端平元年进入中原收复洛阳。这些应当都是宋人联蒙灭金所带来的好处。

（作者：吴启雷）

在大清和大顺之间，
吴三桂为什么选择打开山海关降清？

　　崇祯十七年（公元1644年）三月二十二日，对于刚刚晋升为平西伯的吴三桂来说，无疑是特别煎熬的一天。

　　三月初，吴三桂接到圣旨。崇祯皇帝命他撤守宁远驻军，火速率兵入卫京师。早在年初，朝廷已在议论撤宁远、守关门，吴三桂与蓟辽总督王永吉、辽抚黎玉田等联名上疏，谓："辽东前后卫复失，宁远势孤难守，宜撤宁远兵民入守关门，即京师猝有寇警，关门之援，旦夕可至。"就明朝当时的大局而言，弃守宁远，集中力量防御山海关，兼顾京师，本来是一个非常现实的建议。因为随着锦州等地的失守，彼时的宁远已经孤悬关外，守之毫无意义。并且对于装备大量红衣大炮的清军来说，攻取宁远似乎并不是太难的事情。

　　然而，前方将领的合理建议，却被后方的朝臣们轻易否决了，他们给出的理由是"无故弃三百里，臣等不敢任其咎"。这样一个政治正确的理由，没有人能够挑得出毛病。直到关内的局势已近火烧眉毛，崇祯皇帝已经顾及不了面子，才不得不亲自拍板，决定加封吴三桂为平西伯，撤守宁远，率兵勤王。而撤守宁远，首先要迁徙宁远的数十万百姓入关，所以，吴三桂行动缓慢。他于三月十六日率军西进京师，二十二日刚刚抵达河北丰润一带，才突然得知京师失陷、崇祯皇帝自缢身亡的消息。

后世评家大都以为，吴三桂是畏惧李自成势大，消极避战，所以以转移宁远百姓入关为借口，故意迁延时日，才最终错过了入卫京师的最佳时机。然而，吴三桂接到撤兵入卫的圣旨已经是三月上旬，并且迁徙宁远数十万百姓入关，的确耗时费力，又岂是短时间内能够做到的。更为关键的是，包括陈圆圆在内，吴三桂本人所有的家眷都在京师，揆诸人情，他又怎么可能会置他们于危殆之地而不顾呢？

但京师陷落得如此之快，让吴三桂始料未及。吴三桂自然不明白，大明帝国的人心涣散已经到了不可收拾的地步。正像计六奇在《明季北略》中所描述的那样，时人有"只图今日不过明日之意，贫富贵贱各自为心"，大顺军尚未攻城，京师一带"已成崩解之势"。吴三桂只是百思不得其解，有着重兵把守的京师为什么如此不禁打，短短两天的时间，居然就被大顺军轻易地攻破了。

所以，吴三桂后来在给父亲吴襄的书信上，这样写道："属边微方急，宁远为国门户，为金沦陷几尽，桂方力图恢复，以为李贼猖獗，便当扑灭，诚恐往返道路，两失事机，故暂羁时日。不意我国无人，望风而靡。吾父督理御营，势非小弱，巍巍万雉，何至一二日便尔失坠，使桂卷甲赴阙，事已后期，悲愤何极。"京师告急，但宁远同样是国之重地，所以吴三桂唯恐"往返道路，两失事机"。他的解释还是符合情理的。

吴三桂的本钱够吗？

京师失陷，朝廷覆亡，家国两失的吴三桂一下陷入了四顾苍茫的境地，夹在清军与李自成的两大势力之间。山海关本来就是清军和李自成的必争之地——对于前者来说，得到山海关无异于打开了逐鹿中原的大门；对于后者来说，得到山海关才真正意味着政权的稳固。

那么，吴三桂的下一步究竟何去何从呢？是与清合作攻打李自成，还是与李自成合作抗清？这成为吴三桂不得不面对的选择。

首先，我们来看吴三桂有没有对抗清军的实力。从兵力上讲，清军能够调动的机动兵力一般保持在10余万人的规模。比如：在著名的松锦大战中，清军几乎倾巢而出，也不过出动了十几万人而已，与当时明军参战的13万人大致相当。根据计六奇记载，吴三桂的部队则"有精兵四万，辽民七八万，皆耐搏战。而彝丁突骑数千，尤为雄悍"。由此可知，吴三桂的基本部队有4万人左右，其他的是七八万辽民，多属亦兵亦民。这些人不仅战力可疑，而且无法算在正规军的编制之内。两相比较，在兵力方面，吴军显然已落下风。

更加关键的因素在于，清军不仅在人数上占有绝对优势，在武器装备方面也足以碾压吴军。事实上，早在努尔哈赤时期，清军就已经开始仿造红衣大炮，只是当时的技术尚不过关，清军仿造的红衣大炮相当简陋。转折点出现在皇太极时期。崇祯四年（公元1631年），明朝发生"登莱兵变"，次年孔有德降清，不仅为皇太极带去了数千名精兵强将，同时还带去数百门各式西洋火炮，以及多名铸炮师和操炮手。孔有德的降清使清军掌握了铸造红衣大炮的核心技术，在铸炮上完成了质的飞跃，明朝自此失去了原有的火器优势。由此，佟养性在给皇太极的奏疏中明言："我国火器既备，是我夺其长技。"

其后不久，孔有德即带领降军大展神威，在朝鲜、旅顺、皮岛等地取得了一系列针对明军的决定性胜利，其中红衣大炮可谓居功甚伟——如果我们再把视线向后移，会发现吴三桂联手清军击败大顺军之后，大顺军一路溃败，分别在娘子关、潼关等地据险固守，却时时处于被清军吊打的状态，根本无法组织起有效的防御，这恰恰是因为大顺军缺少重型火器。清军后来进攻南明时也是如此，野战不说，单靠独具优势的火器攻城略地，就能做到无坚不摧。所谓"凭坚城，用大炮"，原本是袁崇焕取得宁远大捷之后，明军守城的基本理念。随着清军火器部队的崛起，清军攻城的力量大增，经过了松锦之战等一系列战事，明军大量的优质火炮转而为清军所有，成为清军攻破坚城的有力帮手。可见在火器方面，吴军也并非清军的对手。

那么，吴三桂的关宁军与李自成的大顺军相比又如何呢？据《明史》记载，李自成东征山海关时所带的兵马为20万，《明季北略》认为是40万，《吴三桂纪略》认为是10万，号称30万，《甲申传信录》则认为是10余万。可见，大顺军的兵力都远远高于关宁军。即便大顺军的单兵素质与关宁军有些差距，但单是人数上的劣势，也让吴三桂难以与李自成抗衡。

总之，通过对比，我们完全可以得出这样的结论：如果说在北京失陷之前，吴三桂背后尚有明廷人力和物力上的支持，或许有可能守住山海关；北京失陷之后，吴三桂的部队已成孤军，不仅兵力有限，而且粮草无继，不管是对抗清军，还是对抗李自成，据关固守均无可能。

选大清还是大顺？

分析了北京沦陷之后，清、大顺军和关宁军三方的情况，我们再来看吴三桂的选择。

作为一名前程远大的青年将军，吴三桂在辽东占尽了天时、地利与人和，渴望建功立业，渴望出将入相。吴三桂将所有的光荣与梦想系于明朝，是毫无疑问的。从情感上讲，吴三桂从来没有对清产生过好感，尽管他的很多亲友已经降清，他本人亦与清有着千丝万缕的联系，但他依然多次拒绝了清朝的招降。毕竟双方打了那么多年的仗，彼此的手上都沾满了对方的鲜血。更何况，清朝还是吴三桂眼中的"鞑虏"呢？

对于李自成，吴三桂虽然没有直接交过手，但同样没有什么好印象。不过，李自成毕竟是汉人，这对于深受"非我族类，其心必异"影响的吴三桂来说，李自成显然也是他的选择之一。而且，吴三桂的家人还在李自成手上。没能救下皇帝、保住国家，吴三桂已有不忠之嫌。如果再保不住家人，他还会被加上不孝之名。所以，于情于理，吴三桂起先倾向于归顺李自成，并不是值得奇怪的事情。

吴三桂的父亲吴襄受命于李自成，在给吴三桂去的招降信里，的确说中吴三桂的软肋：

> 事机已去，天命难回。吾君已逝，尔父须臾。呜呼！识时务者，亦可以知变计矣。昔徐元直弃汉归魏，不为不忠。子胥违楚适吴，不为不孝。然以二者揆之，为子胥难，为元直易，我为尔计，

不若反手衔璧，负锧舆棺，及今早降，不失通侯之赏，而犹全孝子之名。万一徒恃愤骄，全无节制，客主之势既殊，众寡之形不敌，顿甲坚城，一朝歼尽，使尔父无辜受戮，身名俱丧，臣子均失，不亦大可痛哉！

可以想象，如果不是李自成的部队很快暴露出其"流贼"的本性，那么，吴三桂归顺李自成就是顺理成章的事情，历史或许就会因此而改写了。彼时的吴三桂的确已经有意投降李自成，但正当他"报使于自成"，并准备"捲甲入朝"时，京师又传来一个令他震惊的消息：他的父亲吴襄已被李自成逮捕逼饷，且"拷掠甚酷"，而他的爱妾陈圆圆亦已被李自成的手下重将刘宗敏掳去。

至此，吴三桂已然明白，李自成并非他要归附的"真命天子"，与"流贼"合作绝无前途。于是，吴三桂打消了与李自成合作的念头，并在回复父亲吴襄招降的书信中，决绝地表达了自己誓与李自成不共戴天的决心：

侧闻圣主晏驾、臣民僇辱，不胜眦裂。犹忆吾父素负忠义，大势虽去，犹当夺椎一击，誓不俱生。不则刎颈阙下，以殉国难；使儿缟素号恸，仗甲复仇。不济则以死继之，岂非忠孝媲羊乎？何乃隐忍偷生，甘心非义；既无孝宽御寇之才，复愧平原骂贼之勇。夫元直荐莘，为母罪人；王陵、赵苞二公，并著英烈。我父噜啫宿将、矫矫王臣，反愧巾帼女子。父既不能为忠臣，儿亦安能为孝子乎？儿与父诀，请自今日。

走向身败名裂的深渊

与李自成的决裂已成事实，但面对李自成兵临城下的征讨大军，吴三桂同时也陷入了"腹背受敌，势不能全"的困境。他如今只剩下一个选项，就是与清朝合作。与清朝合作，不仅能够迅速击败大顺军，而且他还极有可能成为复兴明朝的功臣。关于吴三桂降清，后人大多只看到了他降清的事实，却忽略其背后的细节。事实上，吴三桂虽是职业军人，一切以战场的胜负作为出发点，但他并不想背上卖国求荣的黑锅，又何尝不明白，降清会让他落下千古骂名呢？

所以，吴三桂与多尔衮交涉伊始，即再三强调他只是借兵为崇祯皇帝复仇，且承诺"将裂地以酬"。出于稳妥考虑，吴三桂甚至没有允许多尔衮的军队进入山海关，而是让他们绕过关城，直接进入他与大顺军决战的一片石战场。

对于吴三桂的困境，多尔衮看得分明，而对于吴三桂请求"借兵"，多尔衮既不会助人为乐，更不可能轻易放过这次收降吴三桂的契机。所以，多尔衮一边许诺吴三桂："伯若率众来归，必封以故土，晋为藩王，一则国仇得报，一则身家可保，世世子孙长享富贵，如河山之永也。"一边却又按兵不动，静观事态的发展。

因为双方实力悬殊，吴三桂在与李自成的决战中很快落入下风。关键时刻，吴三桂已经顾不了太多，不得不答应多尔衮开出的条件。于是，在吴军与大顺军两败俱伤之际，多尔衮得以率领清兵直入山海关，以突然袭击的方式，配合吴三桂的残军，彻底击败了李自成的大顺军。入关之后，当吴三桂发榜安民、沿途遍张告示时，他已经以大清王朝平西王的身份出现了。

清兵入关之初，多尔衮的态度还是相当谨慎的。与总是走背运的大明王朝相比，轻易得到北京的多尔衮根本没有想到，从努尔哈赤起兵之日起，他们几代人梦寐以求的目标，居然那么容易就实现了！但他此时并未奢望更多，他期望的不过是"但得寸则寸，得尺则尺耳"。令多尔衮同样没有想到的是，降清后的吴三桂居然如此卖力，而大明王朝残存的势力居然如此不堪一击。如今，一统天下的机会就在他的眼前，只要他稍作努力，即可大功告成。

历史有时就是那么吊诡，身在局中的人很难看清全局，后人回望也不一定能拨开迷雾。崇祯十七年（公元1644年）的局势就是如此：清军本来没有机会入关，却终究入了；吴三桂本来不想降清，却终究降了。

对此，时人杨士聪这样评价道："三桂西不能制顺，东不能抗清，姑静俟焉以待顺、清相遇，徐观鹬蚌之持，亦未为大失也。乃束身归清，予以复仇之名，使得阑入，顺虽西遁，而京师为清有矣。东宫、定王祸不旋踵，吴襄被戮，殃及全家，揆之忠孝，有何当焉？"杨士聪不仅批评吴三桂不应该同清联合，和大顺军对抗，甚至还要求吴三桂坐观顺、清相斗，以收渔人之利。纵观当时的战略态势，杨士聪所言无异于痴人说梦。

钱敷所谓："陈沅身价千金，皆有司敲扑万民之膏血也，遂以杀吴襄一家，不血刃而易中国之天下，其果倾城何如？以一妇人而忠孝两病矣。"钱敷此言则将吴三桂降清说成一个"冲冠一怒为红颜"的老套故事，同样也是无稽之谈。

正所谓"时也，势也"，崇祯十七年（公元1644年）的吴三桂其实没有别的选择。归顺李自成的路子被堵死之后，降清之举，可以说是吴三桂唯一能够自保的出路，这当然也注定了吴三桂在后世身败名裂的结局。

（作者：王淼）

第三章

因势而谋，应势而动

合纵与连横的对抗：
争夺韩魏何以成为秦统一的战略支点？

公元前323年，纵横家公孙衍策划了一场"相王"运动，也就是召集许多国家共同会盟，彼此承认各自国君的王号。

"称王"是战国中期兴起的风潮。此前各诸侯的称号都是某某公、某某侯，天下唯一具有合法性的王只有周天子。尽管楚、吴、越等国早就自行称王，但中原诸侯一直视他们为蛮夷，不承认他们。如今，随着各国实力的膨胀，诸侯们终于按捺不住同样的野心，纷纷迈出僭越的最后一步，周天子由此失去最后一丝颜面。

公元前344年，最强大的魏国率先称王，国君魏侯䓨正是魏惠王。此后20年里，齐、秦、韩几国的国君也相继称王，各国首任称王的国君分别被称为齐威王、秦惠文王、韩宣惠王。眼下这次"相王"则是为了承认天下最后几个大国燕、赵、中山的王号。

作为会盟的发起者，魏惠王很难不回忆起20年前的逢泽之会。当年他打着朝觐天子的名义召集天下十二诸侯，却又依天子的规格大建宫室、涂红梁柱，立起天子才能用的九斿七星之旂，还乘坐夏车，自称"夏王"，连名号都与天子平级，那是他一生中最荣耀的时刻。

光辉伴随着阴影，魏国在逢泽之会 10 年前就已显露出颓势。公元前 354 年，魏国在桂陵之战中首败于齐国；同年，通过商鞅变法走上强国之路的秦国也在元里（今陕西澄城县南）大败魏军，并夺取河西地区的重镇少梁（今陕西韩城西南）。两年后（公元前 352 年），秦军又在大良造商鞅的率领下攻入魏国河东（今山西西南），一度夺取魏旧都安邑（今山西运城市夏县）；次年又围攻固阳（今陕西延安东），迫使其归降。

逢泽之会后，更多的败战接踵而至。公元前 342 年，魏国在马陵之战再次被齐国重创，齐国"杀其太子，覆其十万之军"；公元前 341 年，齐将田盼包围魏国的平阳（今河南滑县南）；公元前 340 年，商鞅再度领军攻魏，用诈谋俘虏了魏将公子卬，并乘势击败魏军；公元前 338 年，秦军又在岸门（今山西河津市西）击败魏军，虏获魏军主将魏错……

公元前 369 年凭运气登上君位时，魏惠王从祖父文侯、父亲武侯手中继承的是一个独霸天下的强大魏国，半个世纪过去，他却凭实力葬送了这份霸业。他晚年向孟子回顾这一连串失败时叹："晋国，天下莫强焉，叟之所知也。及寡人之身，东败于齐，长子死焉；西丧地于秦七百里，南辱于楚。寡人耻之，愿比死者壹洒之，如之何则可？"

魏国之所以出现这种局面，既缘于魏惠王本人的各种决策上的失误，也与魏国的地理位置紧密相关。

天下之胸腹

作为魏国的三晋伙伴、战国中后期的难兄难弟，韩国面临着同样的问题。韩氏从山西平阳起家，三家分晋后把势力扩张到黄河以南，灭亡郑国后又将国都迁至新郑，统治中心由此南移。据《史记·苏秦列传》记载，韩国在战国中期的国土"北有巩、成皋之固，西有宜阳、商阪之塞，东有宛、穰、洧水，南有陉山，地方九百余里，带甲数十万"，大体包括今山西南部的一部分，以国都新郑为中心的豫东平原一带。

无论水路还是陆路，作为魏、韩统治核心区域的大梁、新郑都无可争议地位于当时天下的中心。众所周知，南北走向的太行山脉把当时的天下分为山东、山西两部分，连通两大地理单元主要是靠两条交通要道：

第一条是黄河南岸的豫西通道，也就是从关中平原沿渭水南岸东行，过华阴，入桃林、崤函之塞，过陕、焦、曲沃等城邑，经洛阳、成皋、荥阳至管城（今河南郑州），到达豫东平原。

第二条是黄河北岸的晋南—豫北通道，也就是由渭水北岸的临晋（今陕西大荔）东渡黄河，沿中条山北麓东行，翻越王屋山，从轵（今河南济源西北）穿过太行山南麓与黄河北岸之间的狭长走廊，进入冀南平原。

两条通道沿途的主要城邑，基本被魏、韩两国分别掌握，甚至连南北向的要道也是如此。想要从燕赵之地南下入楚，最便利的路线是先到达魏国的邺、朝歌，渡过黄河后，经韩国的管城、新郑，再抵达楚国的方城。此外，魏惠王还修建了鸿沟，用以沟通整个中原的水系。

正是因此，魏、韩两国一直享有"天下之枢""天下之胸腹"的称号。

张仪在《战国策》中描述:"地四平,诸侯四通,条达辐辏,无有名山大川之阻。从郑至梁,不过百里;从陈至梁,二百余里。马驰人趋,不待倦而至梁。"

此后,张仪对魏国的命运给出了自己的判断,这也几乎是对由盛转衰的魏惠王时代的总结:"魏之地势,故战场也……此所谓四分五裂之道也。"

失败的合纵

这次会盟并不顺利,先是齐威王看不起由白狄建立的中山国,不屑与它并列为王,还断绝了与中山国的外交关系;此后赵国又主动放弃称王,国君给出的理由是:"无其实,敢处其名乎?"他便是后人熟悉的赵武灵王,不过这个称呼其实是追封的谥号。再后来,原本的盟友楚国又插手魏国立太子一事,还翻脸攻打魏国。总之,最后是魏、韩、燕、赵、中山五国参与了相王,这次会盟也被称为"五国相王"。

随着这次会盟,一个新时代——合纵连横的时代到来了。

连遭惨败后,魏国很快因自己的地理位置而四面受敌,魏惠王再也无力像从前那样肆意出击,他和他的继任者们不得不仔细揣摩天下形势和各国之间的关系,以便结交和依托其他强国,谋求生存和发展。早在公元前334年,魏惠王就变服折节,拉上韩国一同在齐国徐州(今山东滕州市东南)朝见齐侯,尊齐侯为王,齐侯不敢独自称王,于是也承认魏惠王的王号,也就是"徐州相王"。这显然是五国相王的预演。之后的许多年里,魏国以及和它位置、地位皆相仿的韩、周两国,更是以出产纵横家而闻名。张仪、公孙衍、苏秦三兄弟和范雎、姚贾,无不出自这一地区,太史公对此有"三晋多权变之士，夫言从衡强秦者大抵皆三晋之人也"的论断。

第一轮合纵与连横的对抗主要发生在秦、魏这对老冤家之间，两位主角是公孙衍（又名犀首）、张仪。他们都是魏人，也都先后在秦、魏两国为官；无论在哪里，两人只要一碰面就少不了明争暗斗，他们各自的人生经历就好像 DNA 的双螺旋，始终缠绕在一起，直到把整个天下都拖入局中。

起初是公孙衍来到秦国担任大良造，率领秦军攻打母国魏国，夺取阴晋。很快张仪入秦，排挤公孙衍，公孙衍回到魏国，魏惠王没计较他领兵攻魏的事，依旧重用了他。在公孙衍的促使下，魏国与齐、楚初步结成合纵同盟，之后发生的就是前文提到的"五国相王"。

"五国相王"谈不上成功，但给秦国敲响了警钟。次年（公元前 322 年），秦国一边攻取魏国的曲沃（今山西闻喜东北）、平周（今山西介休西），一边派张仪出使魏国，张仪又一次排挤走了公孙衍。第二年（公元前 321 年）张仪还同时在秦、魏两国为相。不过很快他也受了挫。公元前 320 年，秦国假道魏、韩进攻齐国，却被齐将匡章击败，魏惠王马上变了脸，又把张仪赶回秦国，重新任命公孙衍为魏相。魏国再次回到合纵的老路上。

公元前 319 年，公孙衍在列国之间奔走游说，终于说服各国国君，组织起一次史无前例的大合纵，楚、魏、赵、韩、燕五国都加入了进来，公孙衍甚至还说动义渠国从后方进攻秦国。这便是人们熟悉的"六国合纵"的历史原型。其实整个战国时代，这六国从没有在同一次合纵中同时出现，一般都会少一两个国家。

无论从哪个角度来看这次合纵，魏惠王都应该是盟主的不二之选。不幸的是，他刚好在这一年去世。剩下四国的国君当中，以楚怀王威望最高，于是由他担任盟主，称为"纵约长"。在他的统领下，声势浩大的联军进逼秦国东大门函谷关；同时，义渠国也在秦国后方蠢蠢欲动。

这一战的结果大大出乎六国所料，也使他们第一次对天险函谷关的地形有了深刻体验。"函谷"这个名字来源于它的外形——一条藏在连绵山地中的狭长山谷。这条山谷，据说是两辆车都无法并行，就像在漫漫峡谷中抽出一支狭长的木函。联军难以在此施展兵力，秦军刚一出击，他们就向东败退。次年，秦军又乘胜追击，名将樗里疾反击，打到了韩国的修鱼（今河南原阳西南），俘虏韩将申差，击败赵国的公子渴、韩国的太子奂，一口气斩了 8.2 万人。第一次合纵攻秦就这样失败了。

公孙衍剩余的纵横家生涯依旧在失败中度过。为维持魏、韩、齐之间的联合，他推荐齐国的孟尝君担任魏相，自己则前往韩国任相。但秦国通过公元前 315 年、公元前 314 年的浊泽、岸门两战接连大败韩国，公孙衍只得临阵脱逃，这在《史记·秦本纪》《史记·魏世家》中都有记载："其将犀首走""走犀首岸门"。此后魏、韩两国面对秦国的强大军力，不得不再次回到连横的老路上。

不过作为合纵路线的代表人物，公孙衍依旧得到许多人的推崇。《孟子》记载了景春的评价，尽管孟子本人并不认可："公孙衍、张仪岂不诚大丈夫哉，一怒而诸侯惧，安居而天下熄。"

如何控制韩、魏？

这是魏国的第一次合纵，也几乎是它最后一次在战国时代担纲主角。此后魏国便和韩国一样，或是沦为白起等秦国名将积累战功的战场，或是成为秦、齐、楚等大国轮流争夺的对象。

在战国中期后的一连串战争中，齐、楚、秦等国谁能联合并控制魏、韩，谁就更容易取得胜利。

公元前 313 年，秦国联合魏、韩，与齐、楚、宋作战；秦国利用魏国抵挡齐、宋的攻势，并反击到濮水；韩国则助秦国攻楚。有了它们的牵制，秦得以在丹阳之战大败楚军。次年，秦楚又在蓝田交战，魏、韩袭击楚国后方，迫使楚国撤兵。

公元前 303 年至公元前 299 年，齐国联合魏、韩攻楚，在垂沙之役中大胜楚军，杀其将唐昧，攻占楚国宛、叶以北的大片领土。

公元前 298 年至公元前 296 年，齐国联合魏、韩大举攻秦，甚至攻破了函谷关，迫使秦国求和，归还之前所侵占的韩、魏之河外、封陵、武遂等地。

公元前 288 年至公元前 287 年，齐国主持五国伐秦，秦不敢应战，退地以求和，齐国趁机灭宋。

公元前 285 年至公元前 284 年，秦国联合魏、韩，出兵攻占齐国九城，更率五国联军伐齐，几乎灭齐，使之彻底退出争霸的行列。

除直接进行武力征服，秦、齐、楚还利用各种外交手段操纵魏、韩两国，最常见的手段就是置相，也就是派遣本国的重臣到魏、韩出任相邦、丞相，以影响该国的外交政策。如前所述，张仪就曾同时在秦、魏担任丞相，樗里疾代表秦国、公孙衍代表魏国、昭献代表楚国，都曾经相韩；到了战国后期，苏秦也在燕、齐先后任相。更著名的是孟尝君，他之前在齐国任相，秦国为拉拢齐国，于公元前 299 年邀请他赴秦任相，于是有了狡兔三窟、鸡鸣狗盗等故事。一年后他从秦国逃走，又在魏国任相，并组织合纵联军掉头攻破了秦国的函谷关。

这种"相"到底是什么性质，学者们一直争论不休。因为人们很难想象一个外邦人"空降"到某国后，就能立刻对该国进行有效治理，也很难想象他有足够的精力和能力来同时治理两个以上的国家，甚至这个人还有泄露该国核心机密的可能。因此有学者推测，这类"相"应该近似客卿或外交官，所处理的公务不涉及内政，只涉外交，不能决定所在国的外交策略。张仪相魏之后，"欲令魏先事秦而诸侯效之，魏王不肯听"。可见魏王并没有视他为心腹大臣。《战国策·魏策一》更明确地指出魏惠王此举的目的："魏王所以贵张子者，欲得地。"

迫使魏、韩派遣质子、扶植某位公子为储也是常见的手段。魏惠王在马陵之战失败、失去太子申之后，被迫把新太子鸣（推测为太子嗣）派到齐国为质，楚国则企图扶植公子高为魏太子，以便和齐国争夺魏国。韩国也曾把太子仓派到秦国、把公子虮虱派到楚国当人质。等到韩国原本的太子婴去世，在楚国为质的公子虮虱和公子咎争夺太子之位，楚国立即支持起公子虮虱。楚国所图自然是虮虱即位后，自己能从韩国得到好处。

当然，秦、齐、楚等国也经常以实际利益为饵，拉拢魏、韩追随自己出战，如许诺在胜利后一同瓜分土地，有时甚至会主动把占领的城邑土地归还对方。秦国是这方面的高手，公元前329年，秦国攻占魏国的汾阴、皮氏、曲沃和焦，后来又把曲沃与焦归还了魏国。公元前328年，公子华、张仪逼降魏国蒲阳。张仪随后通过游说，迫使魏惠王与秦修好，并向魏国归还了上郡、少梁。公元前308年，秦国攻克韩国的重镇宜阳（今河南宜阳西），为防止韩国倒向齐、楚，便把武遂退给韩国，3年后又重新夺了回来。

秦国东出的主要作战目标

不过，同样是争夺魏、韩，齐、楚两国远没有秦国那样热心。

魏国衰落之后，齐国看起来是最适合继承霸主之位的。齐威王、齐宣王时期，齐国国势蒸蒸日上，在齐湣王前期更是达到顶峰。齐国对秦国组织过两次成功的合纵，都发生在这一时期：一次是孟尝君统领齐、魏、韩联军，一度攻破秦国的函谷关；另一次是联合赵、魏、韩、燕再次逼近函谷关，迫使秦国慑于兵锋，主动求和。

但这两次合纵并没给齐国带来多少好处，对秦国的打击也十分有限。齐国的地理位置已决定，它对抗秦不会有多少热情。六国之中，齐国居于最东，距离秦国最远，不必像魏、韩那样终日担忧秦军的威胁；反过来，齐国即便攻占了秦国的土地城邑也无法守住，徒然为魏、韩作嫁衣。反倒是，如果把秦国削弱太多，倒容易让魏、韩这两个近邻强大起来，那样反而会对自己构成威胁。齐国真正在意的是淮北、泗上流域的土地，尤其是富庶的宋国。五国联军进逼函谷关的那次合纵，齐湣王打的算盘正是让其他四国拖住秦国，自己趁机灭宋。

楚国也打着和齐国一样的算盘。春秋战国之交，楚国相继夺取江淮间的大片领土。战国前期，楚国势力已进入泗水流域，这不可避免地与齐国产生利益冲突。

站在齐、楚当时的立场，争夺淮泗流域显得顺理成章。这一带小国林立又繁华富庶，既容易攻占又能获得巨大利益。但如果从天下局势着眼，淮泗流域对于争霸乃至统一，并不具备决定性作用。当年魏惠王召集十二诸侯举行逢泽之会，商鞅就告诉他：如今大王召集的十二诸侯，不是宋、卫，就是邹、鲁、陈、蔡这些小国，它们固然可以供魏国驱使，魏国却不足以凭这些小国而称王于天下。

然而齐、楚两国终究还是没能忍住贪婪，尤其是齐湣王。他一意孤行，连续3次攻宋，最终独吞了整个宋国，付出的代价却是几乎得罪所有大国，引来乐毅统领的五国伐齐。曾经不可一世的"东帝"只经历两次败战就滑落到灭国的边缘，最终齐湣王仓皇出逃，并死于非命。

楚国争霸的希望更加渺茫。因为楚国缺乏魏、秦那样深入彻底的变法。进入战国时代，它逐渐失去春秋时那种强悍的进取精神，变得暮气沉沉，不论是在中原面对魏、韩，还是在商洛面对秦国，基本采取守势。更重要的是，楚国对纵横局势的误判同样严重，首先就是低估了秦国的威胁。楚怀王心目中的秦国，应该还是那个从春秋时代就与其保持着良好互动的邻邦，因此未对张仪的欺诈多加提防。直到张仪自食其言，楚怀王才恼羞成怒，两次出师伐秦，却接连遭遇惨败。

另一个不太引人注目之处是，楚国同样忽视了韩国。韩国虽弱，但毗邻楚国的北部门户——方城隘口。秦楚蓝田之战、齐楚垂沙之战，魏、韩都是助秦、齐进攻宛、邓地区，导致楚国左支右绌而落败。如张仪所言："秦之所欲，莫如弱楚，而能弱楚者莫如韩。非以韩能强于楚也，其地势然也。"此后，又发生楚怀王被秦扣留、水灌鄢城、火烧夷陵等一系列堪称国耻的事件，楚国从此彻底衰败下去。

相比齐、楚的摇摆不定，秦国的战略目标始终清晰，就是要踏入中原、版图向全天下伸展扩张。这几乎是从秦穆公时代就确立的国策，只是那时秦国被强大的晋国死死堵在关中。三家分晋后，继承晋国的魏国更是把处于低谷的秦国挤压到华山以西。通过商鞅变法强大起来后，秦国先是逐步收复河西，再是全力打通东出之路，而它的主要作战目标正是魏、韩。如《战国策·魏策三》所言："夫秦强国也，而魏、韩壤梁，不出攻则已，若出攻，非于韩也必魏也。"

公元前 324 年，张仪领兵攻陷魏国的陕城（今河南三门峡市）；公元前 314 年，秦国重新占领焦、曲沃。这几座城邑都位于函谷关外，秦国从此将触角伸向中原，主攻目标也由魏国转为韩国。公元前 308 年的宜阳之战在《史记》《战国策》中只留下只言片语，但对于秦国的东出战略至关重要。历经整整 5 个月的激战，秦国终于在付出惨重代价后，从韩国手中夺过这座重镇，完全掌握了豫西通道的西段。公元前 294 年，秦国更是在伊阙大败魏、韩联军，斩首 24 万，战神白起一战成名。从那以后，魏、韩的命运再无悬念。《史记·魏世家》《史记·韩世家》唯一值得记录的内容，几乎只剩"某某年，秦国攻占我某某城，斩首某某万"而已。

公元前 257 年，信陵君盗取虎符、暗杀晋鄙，统领魏军北上，解救了被围困近 3 年的赵国，也为奄奄一息的山东六国续了一口气；10 年后（公元前 247 年），他又率领五国联军在河外击败秦国，这成为六国合纵的回光返照。很快，信陵君就因秦国的反间计而被魏安釐王解除兵权，自己也郁郁而终。公元前 241 年，五国在赵将庞煖的率领下最后一次伐秦，草草收场，五国最终逐一亡于秦国。

回首这 100 年，始终在合纵连横中保持着清晰的军事目标和灵活的外交手腕，是秦国成为最后赢家的重要因素；而无论是齐、楚的短视还是魏、韩的摇摆，也都决定了它们的失败。

（作者：张不叁）

都是作为藩王被请入京，霸陵墓主汉文帝与海昏侯刘贺，为何同运不同命？

据新华社报道，2021年12月14日上午，国家文物局在北京召开线上会议，聚焦甘肃、河南、陕西三个重要考古发现和研究成果，并公布了陕西省西安市白鹿原江村大墓即为汉文帝霸陵。

在没有确认墓主人身份之前，陕西省西安市白鹿原的这处墓葬一直被称为"江村大墓"。通过精细发掘和缜密分析，考古人员判断，这个"江村大墓"就是汉文帝的霸陵。

江村大墓位于陕西省西安市灞桥区。经国家文物局批准，考古工作者对江村大墓及其附近的窦皇后陵、薄太后南陵和相传为汉文帝霸陵的"凤凰嘴"几个地点，进行了系统的考古调查、勘探，并对陵园外藏坑进行了考古发掘。目前，基本确认江村大墓为西汉早期汉文帝刘恒的霸陵。

这次的考古发现，让人不禁联想起另一座汉墓——海昏侯墓。

说起来，汉文帝与海昏侯还真有一定的渊源，他们都是由藩王入继大宗：代王刘恒升为汉文帝，而昌邑王刘贺废为海昏侯。同样是在江山无继的情况下被权臣请入宫的藩王，他们之间的差别在哪儿呢？

机会有时也给没准备的人

先看汉文帝刘恒。

刘恒是汉太祖高皇帝刘邦的第四子，生母薄姬不得宠，所以他在刘邦心里也没什么分量，早早就被刘邦分到偏远的代地当诸侯王。不过，刘邦和他的嫡长子汉惠帝刘盈相继去世后，这种立嫡立长的铁规则受到了挑战。

尽管吕后也册立了一位名义上的惠帝之子，但所有的大权还是掌握在吕氏手里。吕后携吕氏一族把持朝政，残害多位刘氏子嗣，与刘家宗亲产生了不可调和的矛盾。而且，吕后还违反高皇帝白马之盟"非刘氏不王，非有功不侯"的约定，封了很多吕家子弟为王侯，这让那批协助刘邦开国的功臣们也很不服气。

这些矛盾，在吕后去世之后终于爆发。

吕后去世前，因怕吕氏不保，她把长安城南北两军的兵权交给子侄辈的吕产、吕禄。然而，在智囊陈平以及太尉周勃的精密谋划下，功臣集团巧夺了吕氏兵权，迅速诛灭吕氏全族。

之后，问题迎面而来了。当今的皇帝是吕后册立的，而且，这位皇帝已经立了吕禄的女儿做皇后。群臣展开商议，要从高皇帝的后代里，选出一个合适的人，拥立他为天子。

按道理来说，该轮到齐王刘襄来当皇帝了。毕竟，当初吕家把持长安城的时候，他是第一个起兵准备肃清诸吕的人。而且，他的身份也占了"立嫡立长"中的"长"字——他是刘邦长子齐王刘肥的嫡长子，也就是刘邦的长孙。不过，功臣集团对这位齐王并不看好。在刘襄出兵准备西进时，陈平等人就指使同样带兵在外的灌婴说服齐王合作，先停止向前，杜绝了他立功的可能，迅速在长安内部解决了问题。这样一来，皇位继承人的选择权，就在功臣集团手里了。

选来选去，这次的球幸运地砸中了一向低调老实、外婆家人丁凋零的代王刘恒。算下来，刘恒是刘邦活着的儿子中年纪最长的，他的身份和皇位的标准也是严丝合缝地匹配。

人在家中坐，皇位天上来。当使者千里迢迢去代地报喜，要迎代王进汉宫当皇帝时，代王是什么反应呢？

该怎么把握机会？

刘恒性格谨慎，他首先不是高兴，而是犯愁。刘恒把代国的文武大臣和亲信们都叫了过来，询问大家对这件事怎么看。群臣的意见分成了两拨。

有人说，现在汉朝的那帮大臣智商、武力值双高，之所以当臣子，是因为斗不过高皇帝和吕后，现在诸吕都灭了，说不定谁都有野心，他们派人来找代王，可能心存不轨，希望代王装病不要去；也有人说，当初群雄逐鹿争天下，现在天下早就姓刘了，相信那帮开国武将也没有那么大的野心。而且，吕后执政时期那么厉害，太尉周勃拿着符节到北军一问，士兵们还是表示自己要追随刘家，可见江山是刘氏的，这在大家心里已经成了铁律。

面对不一致的意见，刘恒还是拿不定主意，又去问薄太后。薄太后并非吕后一类的强势女性，母子俩商量半天，还是拍不了板。最后，他们只好决定用"占卜"来解决这个难题。虽然占卜的结果是大吉大利，但刘恒还是不放心，谨慎的他迈出了一步——派亲舅舅薄昭当先驱，亲自去长安见见这帮老臣。薄昭受到了周勃、陈平等一众老臣热情又亲切的招待。宴会上，周勃等人把自己邀请代王的愿望恳切地表达出来，薄昭感受到他们的真诚，连忙回到代国，把这个大好消息报告给外甥。

刘恒终于长舒一口气，带着亲信大臣赶往长安。在距离长安城很近的高陵，刘恒又不肯走了，派前面那位劝他抓紧机会的大臣宋昌再去打探，看形势有没有什么变化。宋昌一个人到了渭桥，大臣们都等在这里，见代国代表来了，丞相以下的各级官员都跑来迎接。大家对代王的使者这么恭敬，展现出十足的诚意。宋昌回来再次给刘恒壮胆，刘恒这才放心来到渭桥，与群臣打了照面，所有人集体跪拜恭迎。

过了一会儿，周勃突然神秘兮兮地跑来说："我想借一步说话。"

刘恒还没反应，宋昌率先答话了："如果说的是公事，就公开说；说的是私事，对不起，大王不接受私情。"这一婉拒，无疑给在场所有人一个下马威。

由于宋昌的拒绝，周勃想说什么话，谁也不知道了。然后，周勃就准备把天子的玉玺和符节当场交接给代王。一旦接下印玺，从此就是大汉帝国的大统领了，刘恒有没有心中一动，迅速接过呢？当然没有，他又开始闪避了，要大家到代国在长安的府邸去商量。

随后，大家进入了正常的"三劝三让"环节，群臣（其中包括但不限于丞相陈平、太尉周勃、大将军陈武、御史大夫张苍、宗正刘郢客、朱虚侯刘章、东牟侯刘兴居、典客刘揭等人）劝刘恒赶紧即位，刘恒则以各种理由推辞了几次。戏演足了，刘恒才终于登基。

在当上皇帝的当天夜里，刘恒就入驻未央宫，并紧急宣布了两项人事任免：命宋昌为卫将军，统管南北两军，拿到长安城的军事权；再任命代国来的张武为九卿之一的郎中令。郎中令的工作职责有很多，也就是俗称的"管得宽"。在这里，张武的主要工作是担任宿卫警备。城门换成了自己的人，宫门也换成了自己人，这下，刘恒可以高枕无忧地开展接下来的工作了。

从这个过程我们可以看到，刘氏宗室、开国大臣、列侯，以及朝廷里2000石以上的官员，几乎大汉的所有重臣都积极拥护代王刘恒。所以，他的即位之路走得比较顺利。

那么，海昏侯刘贺是什么情况呢？

为什么刘贺最合适？

刘贺与刘恒的情况差不多，年轻的昭帝驾崩后，没有子嗣继承皇位，以大司马、大将军霍光为首的辅政大臣决定要从汉武帝的后代里找一个合格的接班人。虽然汉武帝刘彻活得长，不过他一生只有6个儿子。大儿子戾太子刘据，早在武帝在位时就因为巫蛊之祸而死；二儿子齐王刘闳早逝；三儿子燕王刘旦在昭帝在位时曾阴谋夺位，被废黜后自杀身亡；五儿子昌邑王刘髆同样早逝；最小的儿子汉昭帝刘弗陵，也就是刚刚弃天下而去的天子。所有儿子里，就剩下老四广陵王刘胥了。

按当年刘恒即位的路数，怎么说这皇位也该是广陵王刘胥的吧？最重要的一点，刘胥是武帝现在唯一活着的儿子。

然而，刘胥其实早就失去竞争资格了。首先，他这个人很贪玩浮夸，仗着力气大，经常徒手跟野猪和熊搏斗，行动举止完全没有帝王气质。武帝在位时，从没把他考虑进皇位继承人的范围内。这样的人，霍光自然也不敢扶立他。

和刘恒的情况刚好相反，霍光决定从武帝的孙子辈里找。他最看好的是昌邑王刘髆的儿子、第二代昌邑王刘贺。为什么选他呢？一来，刘贺的奶奶李夫人当年很得武帝宠爱；二来，武帝去世前，皇后卫子夫已经被废黜，等武帝去世后，没人与他一起享受子孙的祭祀。于是，霍光推测武帝的心意，将李夫人追尊为孝武皇后，配享太庙。也就是说，武帝的子孙，都要祭祀李夫人，追认她为武帝的嫡妻。

所以，按这套名分算下来，昌邑王刘贺的身份就比广陵王刘胥高出太多了。

人选好了，霍光以皇太后的名义，连忙派人在半路上迎接刘贺入宫。这次派去的代表有：代理大鸿胪事务的少府乐成、宗正刘德、光禄大夫丙吉、中郎将利汉。这阵仗不可谓不郑重。

可以说，册立刘贺也是霍光等人深思熟虑的结果。

不过，在操作上，霍光就不如周勃等人实诚了。周勃派去代国的使者，明着说想立代王为帝。而霍光派去的旨意只说，请昌邑王刘贺来主持先帝的丧仪。或许是霍光想在主持丧仪的过程中再检验检验刘贺。不过，能主持皇帝丧仪，也意味着这人就是下一任继承人了。刘贺是明白这个规则的。

那么，收到消息的刘贺的反应是什么呢？

他就差没激动得一路蹦蹦跳跳地去了。刘贺头天晚上收到征召的书信，第二天中午就收拾妥当，准备去长安当皇帝。他中午从昌邑出发，黄昏就走到了定陶。如果不清楚这个速度有多快，我们用地图搜索一下，昌邑到定陶全程488.7公里，走高速的话也要5个多小时。也就是说，刘贺坐马车行进的速度都赶上高速汽车的速度了。不过，大概当时的路线和现在不同。史书里标了一句，刘贺仅用半天时间就到了定陶，总共走了135里路。这个速度是什么概念呢？差不多就是古代急行军一天的速度了。所以，跟着刘贺跑的随从，一路跑死了无数马匹。

比起刘恒的稳健、谦虚，刘贺这吃相，多少有点儿难看。

到长安城后，刘贺也不太愿意为自己没怎么见过面的小叔叔奉上自己的眼泪，能躲过去的地方，他几乎都不肯表现出一点儿哀伤。不过，经过昌邑国一些大臣的指点，刘贺最终通过了霍光的考验，如愿拿到了皇帝的印玺和绶带。

可接下来，刘贺就不如刘恒幸运了，他走上了完全相反的方向——仅仅在皇位上待了27天，就在皇太后上官氏的主持下，被霍光联合了36名文武人臣废黜帝位，赶回昌邑。几年以后，新上位的汉宣帝重新给了他一个带有侮辱性质的封号——海昏侯。

权力的游戏

这是怎么回事呢？

史家在记录这一段历史时，只说刘贺在位27天，干了数不清的荒唐事。其中值得一提的有：在汉昭帝的丧礼期间，他不吃素食，私下买鸡肉和猪肉吃，抢女人，不哀伤，乱听音乐和歌舞，拿朝廷的符节和证明官员身份的绶带送给自己身边的郎官，让他们在各级官府搜刮东西……种种混账事多达1127起（有人把这一段解释为在位27天，干了1127件坏事，这是错的）。

霍光得知消息后，痛斥刘贺，忧心忡忡地联合众人，再借太后的名义，亲自把自己扶立的刘贺拉了下来。

然后，再没有其他更多的资料了。

可想而知，这件宫廷事件并没有那么简单。刘贺为什么遭到驱逐，这背后一定也发生了一些权力的争斗。

刘贺和霍光之间到底有没有权力的冲突呢？

当时的霍光站在权谋之巅，掌握了废立皇帝的大权。如果刘贺想当掌权的天子，想要拿到实权，就必须从霍光手里攫取。

有一点可以证明，双方曾发生过激烈的冲突。在霍光等人于未央宫宣布废黜刘贺时，刘贺从昌邑带到长安的200多个人全部被处死，他们死前说了一句话："当断不断，反受其乱。"

"断"的是什么？可想而知，刘贺以及自己的昌邑团队大概策划过什么夺权的行动，只是昌邑王犹犹豫豫，始终没有拍板，才造成了失败。于是，这些遭受屠戮的人集体发出了这句埋怨之语。

另外，还有一点可以证明，在刘贺收到征召后，他心里就明白，将有一场权力的斗争了。在刘贺兴冲冲地赶往长安的路上时，昌邑国的中尉王吉就苦口婆心地说了一段劝诫的话。王吉长篇大论的中心思想有三条：

一、你是霍光选中的，要感恩；

二、霍光很厉害，你要尊敬他，听他的话；

三、你当皇帝，只要垂拱无为而治，其他的交给霍光就可以了。

这段劝谏背后隐藏的意思是，霍光权力太大，刘贺必须先忍让。

最后的结果我们已经知道，刘贺不是一个沉得住气的人。

那么，刘贺曾经有过一些什么举动，最终惹怒了霍光，造成了两人的分裂，史书并没有刻意着墨，但有些蛛丝马迹，还是可以供我们一窥。

在刘贺刚入主长安不久,他下达了一份人事任免,把昌邑国的国相安乐任命为长乐宫的卫尉。长乐宫是太后的寝宫,卫尉是禁军统领,也是所谓的"南军"。也就是说,刘贺上来就效仿先祖,拿到南军兵权,准备控制太后了。

因为,当时霍光虽然权倾朝野,但他的权力很大一部分都来源于身为皇太后的外孙女身上。如果控制了太后,霍光的权力自然也要大打折扣。这一招可以说十分稳、准、狠。

在施行了控制太后的第一步后,刘贺又把从昌邑带来的所有人全部破格提拔,恨不得悉数替换掉现在朝堂里的人。最后的事实证明,刘贺的人不给力,他自己也实在是操之过急。他不仅没有控制住太后,而且只亲近和信任昌邑旧臣的举动还惹了众怒。这也是后来霍光能迅速联络36个人一起废掉他的原因。

汉文帝VS海昏侯

现在,我们再来具体看看汉文帝和海昏侯的区别。

严格来说,汉文帝面临的局面并不比刘贺简单,他要面对的是一批开国功臣,他们中能文能武、智商爆表的不在少数。不过,汉文帝很成熟,他的手法有张有弛,该用雷霆手段时绝不手软,一如迅速拿到军队,控制南北军;该施雨露洒君恩时,也没小气,即位前三天,他都在疯狂地做好事,给大臣大发福利。他先是加封那些平定诸吕又有拥立之功的人,宗室里的琅琊王刘泽被封为燕王,朱虚侯刘章、东牟侯刘兴居每人收税的户口加封2000户,赐金1000斤;继续保持或提拔功臣团队的周勃、陈平、灌婴等人的官位，右丞相陈平成为左丞相，太尉周勃担任右丞相，大将军灌婴变成了太尉，还给了他们实际的好处，加封3个人的食邑各3000户，赐金2000斤。另外那些参与了拥立的人，也都得到了该有的好处。

在汉文帝这儿，做实事和分红利直接画了等号，让拥立他的人安了心。

再看刘贺，他除了想到控制军队，他的其他行为都是在跟拥立他的人争夺权力，好处没给他们一分，还想让自己身边的旧臣取代他们。

当然，文帝也不是没有照顾旧臣，培养自己的亲信势力。只不过，他做得润物细无声多了，仅把自己带来的6个人分别安排到了九卿的队伍里，而三公那边，他才不轻易去动呢。这是会做事，也是会做人的表现。从这一点来看，刘贺就输了人心。

还有一点，也是刘贺的弱势。汉武帝时期，为了加强皇帝的权力，武帝做了一项改革：用内朝官默默地取代外朝官。所谓内朝官，本来都是一些皇帝的近臣，帮着皇帝起草诏书、传达诏令、出出主意等。武帝时期，他所有的心事，都是和这些近臣商量，外朝的以丞相为首的官僚体系，反而不能参与到他的决策中。所以，他们的权力自然就逐步内移，被内朝官员吸收走。内朝官拿到实质的权力，又只听命于皇帝，这样就实现了皇权集中到皇帝一个人手中。

反过来，等皇帝死了以后，皇权就会位移到内朝官身上。作为大司马的霍光，就是这样一个内朝官，他的权力早就在丞相和太尉之上了。所以，即使霍光并没有军功，也不如陈平聪明，但他对朝廷的指挥和控制权，远远超过了汉初的那帮老臣，更别说后代那些丞相及级别以下官员了。

看看废刘贺的前一夜，霍光是"遂召丞相、御史、将军、列侯、中二千石、大夫、博士会议未央宫"。以一个人的身份，能召所有集两千石的官员,而当霍光说出要踢刘贺出局的提议时,大家的反应是"群臣皆惊鄂(通"愕")失色,莫敢发言,但唯唯而已"。可以想见霍光的说一不二,连"百官之长"的丞相也只能"惊愕"和"唯唯"而已。

换句话说,汉文帝在夺权路上只需要一个个逐一击破瓦解宗室、功臣等分散的势力;而刘贺面临的是集大权于一身的霍光,他刚从外藩入京,又怎么能撼动在朝把持多年、有一票否决权的霍光呢?要想挑战他的权威,汉宣帝刘询才给出了正确的打开方式。

总之,刘贺不仅操之过急,也没有量力而行。尽管昌邑国有见识的旧臣也曾苦心孤诣地为他指导和出谋划策,但这个急不可耐的王爷,几乎是在以冲刺的速度演出了那句"我不给你露一手,你就不知道我失败得有多快",从而成为历史上在位时长还不如展出时长的传奇皇帝。

(作者:大梁如姬)

拿到"爽剧剧本"的开国皇帝，为何沦为"小透明"？

作为大一统王朝的开国之君，汉光武帝刘秀恐怕是存在感最低的一位。连偏安一隅的南宋皇帝宋高宗赵构，都比他更被人惦记和说道。

不服气？你能马上说出关于刘秀的3个典故，或跟他有关的3个人吗？

即使你说出来了，很多人也都一脸蒙："这谁啊？"没错，刘秀的存在感就是这么低。这连带着他身边的人，以及他的整个王朝，都这么寂寞。

其实，历史上的刘秀并非没有好成绩，发生在他身上的事，也有很多八卦和噱头，可为什么他被历史丢进休息室了呢？咱们粗浅地试论一下。

"秀儿，是我"

近几年刘秀逐渐走入大众视野，还要感谢网络名梗："秀儿，是你吗？"不过，他这个名字，可不是因为他的操作太"秀"，也不是因为他长得很秀美（身长七尺三寸，美须眉），而是他出生那年，他们县出现了祥瑞：有一棵稻谷，一根茎上就长出了九株穗。

这跟"秀"字有啥关系呢？《宋书·符瑞志》记载："嘉禾，五谷之长，王者德盛，则二苗共秀。""秀"的本意就是稻谷之类的植物抽穗开花，一茎出二穗，就已经很秀了，更何况九穗。所以，刘秀的这个秀，是说庄稼好的意思。延伸下来，庄稼收成好，可不就代表百姓丰收、天下太平吗？

可见，刘秀的人生可一点儿都不平凡，他一出生，就有祥瑞加持。

取了这么好的名字，刘秀不敢辜负。后来，他就爱上种庄稼了。而且，不知道是不是跟后稷偷学了专利技术，别人闹灾荒的时节，他的粮食却都收成不错。

问题又来了。众所周知，刘秀是正宗皇室后裔，刘家子弟。虽然时代久远，经过"推恩"沦为了庄稼汉，可他后来又逆袭成了皇帝，堪比朱元璋的1.0版本。这分明足够传奇，足够引起关注，怎么发生在他身上，就没有了这种文学效果呢？

首先，刘秀的对手不太行。

从庄稼汉到皇帝，刘秀一生中也曾醉卧沙场。可是，他遇到的对手，好像都不太出色。在他亲征的过程中，遇到的大多是一些流民草寇组织起来的军队，什么铜马、大肜、高湖、重连、铁胫、大抢、尤来、上江、青犊等。虽然这些人加起来号称有百万人，可他们大多没受过正规的军事训练。打败他们，几乎是必拿下的项目。稍有组织一点儿的陇西隗嚣、益州公孙述、琅琊张步等割据政权，也没轮到刘秀亲自动手，就被手下人一一摆平。说起来，他一生中最艰难的一战，也是唯一一次遇到正规的中央军，还是在刚刚起兵时的昆阳之战中。

当时，刘秀的大哥刘縯正在攻打宛城，为了给刘縯做好后勤补给，刘秀跟其他将军一起去打下了周边的昆阳、定陵、郾城等地。缴获的粮草辎重，他全送到了宛城。

王莽见汉军势头正盛，脑门上着火——急在眼前了，连忙点将镇压。他派了大司徒王寻、大司空王邑将兵百万扑向南阳。这支部队从长安方向来，第一个要经过的，就是刘秀他们屯驻的昆阳。有人劝王邑，昆阳这里只是汉军的小部众，此行的主要目标还是要消灭汉军主力，也就是宛城那边的刘縯的势力。按理说，这支百万雄军应该略过这里，直击宛城，王邑倒是也想这么干。可如果遇到敌人不打，遇到城池不拿下来，回头就算打了胜仗，皇帝王莽也是要找碴儿的。说着，王邑还举例自己以前出去平叛，因为没有活捉敌人，王莽还责备了他。所以，王邑根本不敢放过昆阳。

于是，百万大军就这样变成了刘秀他们需要面对的敌人。

来看看这支军队有多吓人。

首先，光从数字上看，就已经是"黑云压城城欲摧"的规模了；其次，王莽对平叛寄予了殷切希望，他派遣的军队里不仅有大将，还配备了63位精通兵法的军事理论家，坐镇军中出谋划策；另外，王莽还爱搞心理战术，他找了个身高超过姚明、腰粗十围的"巨无霸"。"巨无霸"是个高级驯兽师，专门训练了一批猛兽——老虎、豹子、犀牛、大象列阵军中，来增加军队的威势。这支队伍一路走来，加上前后的仪仗队和后勤辎重，据说绵延了千里路。可以说，这次出师规模的盛大，截至汉末，都是绝无仅有的。

刘秀那边的兵力呢？加上昆阳城里的，也就八九千。所以，昆阳城里的大伙儿都吓破了胆，纷纷嚷着要回家。只有刘秀是人间清醒，力劝大家：一根筷子好掰断，一把筷子难掰断。最终，刘秀以3000人战胜几十万人的英勇战绩，刷新了军事榜单。

而且，这支队伍不只是被赶跑，还损失惨重——主帅之一的王寻被杀，王邑和其他将领轻装溜走，留下来的粮草和武器装备，汉军几个月都搬不完。

要说刘秀在这场战役中用兵如神也不为过。兵力相差如此悬殊的情况下，刘秀不但不怯场，还主动出击，于数十万人军中斩了对方上将首级。可是，问题没那么简单。

"陪你去看流星雨"

刘秀太幸运了。古人说打仗需要天时地利人和，他不仅占了地利和人和，连天时都能"操控"。

在王莽的大军刚刚驻扎在昆阳城外，对城内疯狂施压的时候，星星们突然出场要邀请他们一起看流星雨了——"夜有流星坠营中，昼有云如坏山，当营而陨，不及地尺而散，吏士皆厌伏"。当天晚上，流星精准打击，就砸在莽军的大营里。随着流星划过大气层带来的各种冲击波，天上的云也形成了各种可怕的天象，像黑山要砸下来一样。这批中央军经过陨石坠落的冲击，又看到这种奇异的天象更是吓得瑟瑟发抖，完全丧失了战斗力。

在这种士气下，刘秀带领的队伍显得格外英武。等刘秀和莽军正式交战的时候，老天又好心"帮忙"——狂风大作，屋顶被掀翻，大雨下得把河水都灌满了。在这种极端天气之下，本来是来助威的老虎和豹子都吓呆了，两股战战，士兵们就更别提了。战场中一旦落入败势，人数越多的一方，越容易自乱阵脚。在惊慌失措的逃跑中，莽军互相践踏，尸体延绵了百里路，掉下水淹死的也数以万计。

这仗还怎么打？

也就是说，昆阳之战是刘秀面临的最艰难的一场战役。事实上，这次几乎是刘秀自己打了一小半，老天爷帮忙打了一大半。所以，今天有人笑谈刘秀是老天选定了的人。虽说根据刘秀的表现来看，他的军事素质绝对过关，可比起那些实打实地在战场上拼杀下来的人，他的军事水平还是让人觉得注了水。于是，大家说起刘秀的战场表现，并没有太多讨论的点，说得最多的，反而是他能召唤天神和风雨雷电。

关于刘秀的综合素质，五胡时期后赵的石勒曾有一句评价：如果遇到刘邦，他心甘情愿臣服，跟韩信、彭越一样做个臣子；但要是遇到光武帝刘秀，他则有信心可以跟他逐鹿中原，最终鹿死谁手，还说不定。

当代人没经历过战场，以自己的眼光审视古人的作战水平，颇有点站在一阶往上看的味道，甭管八阶还是十阶的，在我们眼里都一样高，一样遥远。而石勒作为一个军事领袖，依据他与刘秀的距离，以及他对刘秀的了解，做出的评价显然比我们要客观。

对手不行，队友呢？

俗话说，个人的力量终究是有限的，组团才能出奇效。比如齐桓公与管仲、刘邦与汉初三杰、唐太宗与贞观名臣，历史上著名的君王都有厉害的人辅佐，才能共同谱写传奇。刘秀手下还真有一批能人，也就是陪他开国的那批文臣武将。后来，他把这些人封为"云台二十八将"，性质等同于唐太宗的凌烟阁二十四功臣。可问题是"云台二十八将"组合是有了，实力却跟不上。这些人的总体水平都不如刘秀。

史书常有这样的记载，刘秀派人征讨各路割据势力，自己坐镇中央指挥。每当将领不听他的指挥，就总是喜提败仗。打了败仗，刘秀又亲自写信指点，这才又转败为胜。这就是曹植说的：论将，光武帝手下的人比不上韩信和周勃；论谋臣，他们也比不上张良和陈平。可见，这已经是共识了。刘秀已经够冷门了，手下的人比他还冷门，这还怎么组团出圈？

既然军事上没有太漂亮的成绩，不够大家为他吹嘘呐喊，那八卦上呢？众所周知，刘秀可是有些故事在身上的。

妻妾互换

刘秀年轻的时候，在新野二姐夫邓晨家见到了邓家的表亲，阴丽华。当时这小丫头才9岁，刘秀还是动心了。后来刘秀到长安求学，看到保卫京城的卫队执金吾，就许下了一句关于事业和爱情的名言："仕宦当作执金吾，娶妻当得阴丽华。"

之后，经过姐夫家的撮合，刘秀如愿和阴家结了亲。在更始政权猜忌的艰难时刻，成功迎娶了阴丽华，可以算是千载难逢了。并且，两人的故事，比戏剧话本里讲的还精彩。

当时，更始政权猜忌刘秀兄弟。刘縯已经被冤杀；刘秀大气不敢出，在更始皇帝刘玄手下蛰伏了一段时间。之后，刘秀接受了好友冯异的建议，并始交朋友，又等了一段时间他终于被派到外地发展——到河北当安抚使。就这样，新婚夫妇相聚没多久，刘秀就把阴丽华送回了老家。

皇帝刘玄虽然放过了刘秀，却没给他一兵一卒。名义上刘秀是更始汉朝的大使，实际只是光杆司令一个。刘秀勉强凭人格魅力有了几个跟随者，但刚走到河北没多久，又莫名成了通缉犯。

原来，从刘邦建立西汉以来，河北诞生了很多刘氏子弟。一位算命先生叫王郎，自称是汉成帝的儿子刘子舆，吸引了一大批河北刘家人的追捧，登基称帝，一时间河北几乎全境投诚。

刘秀是河南皇帝的使者，而河北又有了新皇帝，谁还要你招抚？于是，王朗悬赏10万户要刘秀的脑袋。好好的使者，瞬间在河北变成了过街老鼠，人人喊打。

经过高人指点，刘秀到了信阳，阴天也终于过去了。他凭借着昆阳大战的名气，令不少兵将纷纷加入他的阵营，其中就包括后来的"云台二十八将"。聚沙成塔，刘秀手下陆续有了数万人，有了和王郎博弈的基础。在双方对峙的过程中，河北有个真定王刘杨在二者间摇摆不定。为了拉拢刘杨，刘秀手下的谋士出了一个主意——让刘秀迎娶刘杨的外甥女郭圣通。

开始，刘秀是百般不乐意的。毕竟，他已经娶到自己最想娶的妻子了。经过大家轮番分析利弊，他还是把郭圣通迎进了门，并随军带着。等后来，刘秀一路势如破竹，称王称帝，定都洛阳。最让人关注的八卦难题就来了：这两个老婆，谁当皇后呢？

且不说皇后之位本就备受瞩目，光看正妻和妾室的身份差距，就没人愿意屈居妾位呀。朝廷里河南的从龙之臣和河北的功臣吵成了一锅粥，刘秀也着实左右为难。按本心，他当然属意阴丽华当皇后，可河北的势力也不小，不能让他们寒了心，外加上真定王刘杨还有大军在呢。最终，还是识大体的阴丽华辞让后位，请皇帝一定要立生下了长子的郭圣通为后。当初，阴丽华与刘秀相聚的日子少，还没能生下孩子，随军的郭圣通则近水楼台先生了刘秀的长子。

无论是刘秀的难以抉择，还是阴丽华的委曲求全，这一出皇后之争，就足够宫斗戏本写出一台大戏来了。

这还没完。

再后来，虽然郭圣通当了皇后，但刘秀心里还是更惦记发妻阴丽华，日常出征，都带着她，几乎把郭圣通抛在了脑后。郭圣通心里自然恼火和委屈，渐渐地，忍不住对下人没好气，动辄摆脸色和训斥。最终，刘秀找了个机会将她废黜，重新立自己的发妻阴丽华为后。

这已经是十几年后的事了。

结发夫妻，被迫分离，两地相思。好不容易荣归故里，却事与愿违，只能将最好的捧给旁人。十几年后，还是不忘初心，重定名分……这种曲折的爱恨情仇，比起小说情节也不显单薄。

可以说，刘秀根本不缺话题性。

那么，为什么这样一个集八卦于一身的男人，却没有多少人关注呢？

纵观文学界，并没有多少著名诗人愿意为他们写诗，歌颂这段奇缘。没有文学作品的加持，没有名句来加深人们的印象，这段本来很值得流传的故事，也就躲在角落里，少有人问津了。

当一个人的名气提升不上来，那么，他身上的八卦，大家也就不感兴趣了。

多一点儿真诚，少一点儿套路

俗话说，酒好也怕巷子深。再好的产品，如果没有机遇，没有平台，宣传跟不上，也只能默默无闻。撰写有刘秀故事的《后汉书》，就不算是个很好的平台。

现在官方认可的《后汉书》，出自刘宋时期范晔之手。范晔与刘秀，相隔了将近400年。并非在魏晋时无人关注东汉的兴亡。除了早先东汉官方修撰的《东观汉记》，魏晋时期还有不少史学家修撰了不同版本的后汉历史，如谢承、薛莹、张璠、华峤、谢沈、司马彪、张莹、袁山松等，他们的史书被后代统称为"八家后汉书"。此外，还有三国蜀汉的谯周写了本《后汉记》，晋朝袁宏写了部《后汉纪》，南朝梁萧子显也写了《后汉书》。可是，这些《后汉书》没有一部被官方认可并流传下来。

因为其他的《后汉书》都不行，所以范晔才决定自己动笔撰写这个大部头。中间缺散的时段，特别是刘秀的故事，恐怕很难成为大家心里的典范。另外，范晔的《后汉书》也遇到了发行的问题。因为范晔本人好好的书不写，跑去追随刘宋彭城郡王刘义康造反，最终招致了杀身之祸。于是，这个站错队的倒霉蛋写的《后汉书》很快因为政治敏感成了刘宋禁书。到了南齐，文坛领袖、史学大家沈约对范晔和他的作品百般打压诋毁，连累《后汉书》也默默度过了数十年不见天日的日子。这些都在很大程度上掩盖了刘秀的英姿。

南北朝之后，隋唐时期文化昌盛，这期间修了"二十四史"中的八部史书，时人也很热衷于评论古代的人物。然而，当时整个社会风气都是开边和接纳。武功上，他们"誓扫匈奴不顾身""不教胡马度阴山"；文化上，他们张开手臂拥抱世界，欢迎世界各国的人来长安学习和定居。而刘秀的气质则和他们格格不入。

刘秀十分爱惜老百姓，不爱打仗。天下差不多平定以后，他就让武将们解甲归田，归田武将纷纷当起土地主。不到万不得已，刘秀不肯轻易出兵。就连匈奴千里迢迢来求支援，甚至送太子做人质，他也只是把人家的太子送回去，婉言谢绝了对外作战。

刘秀还是个厚道人，他的开国功臣，无论文臣武将，基本都是善终的。比起刘邦和朱元璋惯用的"狡兔死，走狗烹"，对后世读者来说，刘秀的故事太平平无奇。

在治国上，刘秀也基本采取了休养生息的黄老之术，给这里免税，给那里免租。通观《光武帝纪》，他颁布得最多的诏书，就是让当初非自愿沦为奴婢的和别人小妾的人，恢复自由身份。他的治国方针照搬前代帝王，制度上也没有创新，走的完全是复制粘贴的路线。除了赞他一句守成、中兴之主，其他也没有太多值得拿出来讨论的。

他的身上没有气吞万里、开边拓土的豪迈，没有君臣猜忌的跌宕剧情可以分析，发掘不出什么惊人的帝王之术。或者，用现在的话说，他的故事缺乏戏剧冲突。这样的历史，读起来就比那些大开大合的故事乏味了许多。作为一个注重民生、低调做事的人，刘秀注定没法成为万众瞩目的对象。

不过现在，我们可以从另一个角度来看光武大帝刘秀。刘秀的整场人生都是如愿以偿的。他少年时的愿望只是"仕宦当作执金吾，娶妻当得阴丽华"。他不仅被满足了，还在此基础上收获了一个皇位。每当遇到什么渡不过的难关，总有老天"帮助"，一路扶持着他荣登大宝，开基立业。

这才是真正的锦鲤！

（作者：大梁如姬）

在帝王眼皮底下暗养死士失败率极高，司马懿是怎么做对每一步的？

我们翻阅史书时，经常可以见到一些权贵明里或暗中蓄养死士的事。所谓死士，就是愿意为蓄养他们的恩主拼死完成目标的人。那么，死士到底有什么作用？史书中这么多蓄养死士的，但真正能以此为基础发动政变控制中枢进而夺权的却只有司马懿父子一家，这又是为何呢？

门客、杀手还是私兵：死士到底有什么用？

历史上养死士的王公贵族可谓数不胜数，早在春秋战国时期养死士就蔚然成风。太史公的《史记》中专门有《刺客列传》，记载了荆轲等5位刺客的刺杀行动。他们就是标准的死士。到战国时，各国大贵族养士成风，战国四公子都蓄养了数千门客，其中必然不乏关键时刻能派上用场的死士。嫪毐叛乱时，获得了一部分秦国本土军人的支持，他所蓄养的死士也是他起兵时的一大依靠。春秋战国的死士，可以理解为门客中比较有勇有谋、能率领其他门客为蓄养他们的大贵族效力或是能牺牲自己执行暗杀任务的人。

秦汉时代，伴随着天下统一，王公贵族大规模蓄养门客的难度越来越大。至于游走在灰色地带，像郭解这样以"侠客"之名对集权构成威胁的黑恶势力，以及依附于他们的门客，更是遭到猛烈打击。毕竟，对朝廷来说，"侠以武犯禁"，王公贵族蓄养门客的行为短期内遭到了极大限制，"死士"更是养不起来。东汉王朝依旧对王公贵族蓄养门客严加打击，曾一天之内就处死了沛王刘辅的数千门客。

但随着生产力的发展，上层建筑也悄然发生了改变。西汉时代，大部分土地不再需要轮种，可以常年耕种、反复利用，可供播种的粮食和果蔬种类也越来越多。这使得土地价值得到大幅提升，土地的流通和兼并速度都开始有了飞跃。

最初，能成为大地主的主要是两类人：权贵和商人。但随着汉武帝推广盐铁专卖，集中在矿业和盐业领域的大商人纷纷破产。在西汉后期和东汉王朝，人们对土地的需求越来越旺盛，伴随着大商人阶级集体性的破产，土地的商业化流通能力反而大大下降。到这时候，土地所有权的主要转移方式就变成了权力寻租：皇族、官员、军头等大权在握的实力派，利用手里的权力对土地强取豪夺，再利用占据地租获得更多土地和财富，巩固和扩大自己的权力。豪门世族在政治和经济上都占据主导的时代开始了。

东汉时期，崔寔著有一本专业著作——《四民月令》（主要介绍大地主田庄每月例行的农事活动）。在书中，我们可以看到豪门世族的庄园生活。每个田庄就是一个相当完备的小型社会，生产规范相当细致。书中除了介绍自给自足的基本农业经济外，还提到了庄园主如何利用价格波动，进行粮食、丝绸和丝织品等品类的买卖活动。可以说，拥有庄园的豪门世族已经拥有了自己独立的经济单元。在这个基础上，东汉时代的豪强地主横行，并为之后长达500年的门阀贵族政治奠定了基础。

东汉后期大学者王符所著的《潜夫论·述赦》一书记载，东汉后期，洛阳有一个叫"会任之家"的神秘组织，里面提供的业务范围广泛，从结识高官贵族到犯法后如何疏通，都可以花钱搞定，起步价10万钱。当然，在这个"会任之家"中同样可以花钱雇到各种死士，据说他们杀人越货无所不能。

这种神秘组织在首都洛阳公开经营，说明统治者对基层秩序的管控已经逐步失效，曾是重点打击对象的民间游侠、恶少再次成为掌控基层秩序的重要组成部分。即使在东汉帝国的首都，他们也能横行无忌。士大夫阶层和外戚、宦官之间时而勾结时而斗争，都需要这群人做些见不得光的事情。

包括死士在内的游侠阶层，虽说在东汉中后期再度活跃起来，但真正帮助司马懿父子完成政变的核心的，并不是这些人，而是私兵。

司马师的三千死士是魏晋常见的私兵

豪门世族之所以有翻云覆雨的能力，核心在于他们垄断了大片土地，土地上的大量劳作者则成为被他们荫庇的部曲与田客。这些人平时耕种，作战时则会化身为私兵。他们中如果有人作战勇猛，还能得到减免家族地租的待遇，甚至会在家族内部得到升迁的机会。

在战乱频仍、商品经济凋敝的时代，一个普通人如果不依附这样的大族，不要说积累财富、获得自己的土地了，连生存都很难维持。因此，对大部分普通人来说，依附于势力足够大的豪门，不但能保证在乱世中的生存与温饱，还能通过立下军功，来获得可能的上升渠道。从东汉开始，豪门世族成为政坛上的主流力量。黄巾之乱和董卓入朝后，东汉中枢权威衰弱，又进一步扫清了豪门大规模募集私兵的政治障碍。

曹操起兵时的初始力量，就来源于家族私兵。我们在史书中可以见到大量相关记载："曹仁字子孝……后豪杰并起，仁亦阴结少年，得千余人，周旋淮、泗之间，遂从太祖为别部司马，行厉锋校尉。""曹休字文烈……以太祖举义兵，易姓名转至荆州，间行北归，见太祖。""夏侯惇字元让……太祖初起，惇常为裨将，从征伐。""夏侯渊字妙才……太祖起兵，以别部司马、骑都尉从。"

曹氏是沛国谯县数一数二的大豪族。曹操起兵时，以曹仁、曹休为代表的曹氏和以夏侯惇、夏侯渊为代表的夏侯氏，几乎在转眼之间就为曹操拉起了5000人的部队，成为他起兵的底气。李典、许褚等曹营名将，都是大豪强、大坞堡主，纷纷带着家族私兵加盟曹魏集团。

割据江东的孙吴军队更是充满了私兵色彩，像是江东大姓豪强的武装联盟。孙坚、孙策与孙权父子三人出身低微，他们能征服江东，一方面利用了袁术的政治背书，另一方面则是依靠淮泗集团的支持。但是，孙策大肆诛杀江东大姓豪强，引起了普遍敌视，最终死于刺杀。孙策死后，孙权执行的是与当地大姓豪强边斗争边妥协、共同统治的策略，来对付外部的曹魏集团和内部的山越等势力。因此，孙权阵营得以巩固和扩大的过程，也是孙吴政权本土化的过程，这个趋势越往后越明显。孙权在这个过程中不得不承认江东大姓的诸多特权，世袭领兵权就是其中的最主要部分：大约从建安末年、黄初初年起，孙吴通常会把将领指挥的军队在他们死后交由他们的儿子统领。所以，三国、两晋时期，大族家里养私兵是司空见惯的事情。

作为河内地区一等一大族的司马氏，自然也会拥有颇多私兵。司马懿发起高平陵政变时，"三千死士"中的大部分人，应该就是司马氏的私兵。

按照《晋书》记载："初，帝（司马师）阴养死士三千，散在人间，至是一朝而集，众莫知所出也。"

司马师在司马懿授意下养的三千死士，平时都散在民间，到司马懿准备发起政变时一下子突然集结。当时，作为司马懿担任太傅、退居二线的交换，司马懿最成器的儿子司马师担任了中护军。最初，按"魏初因置护军将军，主武官选，隶领军"，中护军是禁军中负责选拔下级武将的重要位置，在中领军之下。但在司马师担任中护军时，这个职位的权限得到极度扩大，成为与中领军分庭抗礼的重要职位。司马师在任上"为选用之法，举不越功，吏无私焉"，这当然不乏司马家族夺权成功后，史书对他的溢美之词，但当时与何晏、夏侯玄齐名的司马师，在中护军的位置上经营颇久，拉拢、提拔了一大批中下层军官，这是毫无疑问的事实。

因此，"三千死士"极有可能是司马师利用中护军的职权发展的亲信、死党，以及他们麾下的一小部分精兵。高平陵政变时，司马懿一方的大部分基层人员就是作为豪族的司马氏私兵，这在当时的豪族之间可谓司空见惯。当然，这些私兵肯定是以各种平民身份为掩护混进洛阳的，因此不太可能带有武器。当司马懿正式发起政变时，必须先拿下武库。而到达武库必须经过曹爽的大将军府，曹爽家族此时几乎倾巢而出到高平陵去了，但大将军府内依然有一定数量的私兵留守。曹爽的家将此时早已带领数十名弩手严阵以待，司马懿手无寸铁的政变大队愣是无法通行。不过，当时大将军府上有一位叫孙谦的将领，不知道是早已被司马懿收买，还是慑于司马懿的威望，竟劝阻了这些弩手射击，令政变大队得以顺利通过，占领了武库。司马懿父子的私兵死士这才武装了起来，真正有了控制洛阳城的能力，并在接下来的一系列行动中控制住了洛阳城。

半个世纪后的八王之乱中，淮南王司马允同样以中护军的身份在首都洛阳暗养死士，当准备篡位的赵王司马伦想除掉他时，司马允同样起兵。司马允最初起兵的兵力是："国兵及帐下七百人。"这部分人也就是他自己从封国带来的卫队和死士。

不同于司马懿政变时得先夺取武库，这些封国卫队和死士都是有武器的，而且战斗力极高："允所将兵，皆淮南奇才剑客也。与战，频败之，伦兵死者千余人。"但胜利在望之时，司马允被司马伦麾下诈降的家将刺杀，最终功败垂成。我们不难看出，洛阳城内的各路王公贵族，此时不但都蓄养私兵，而且有着精锐的武器装备，造成的局面比司马懿发动政变时更为混乱。

靠精锐死士一度战胜洛阳城内政敌的司马允，最终却没能控制住局面。而司马懿父子在政变后稳稳地控制了洛阳，随后步步为营蚕食曹魏政权，最终建立起自己的王朝，这是为何？

这么多养死士的，司马懿父子为何能成功？

从历史上看，政变成功是一回事儿，政变成功、控制中枢之后的善后又是另一回事儿。司马懿父子能通过政变控制洛阳城，除了司马家族在河内地区长期经营、树大根深，足以供养起一支私兵外，更重要的是司马懿长期掌兵的威望和经验，以及司马师在中护军位置期间的有效经营。但是，司马懿父子谋划多年后的闪电一击，归根到底也不过是控制了首都洛阳，想要夺取天下大权还为时尚早。

曹爽控制曹魏政权的正始年间，他手下的何晏、夏侯玄等官员主持进行了一系列颇有声色、褒贬不一的改革，被称为"正始改制"。其主要措施包括：加强朝廷的人才选拔权，而原本对地方士人选拔有极大权力的中正官只负责评价，不再直接插手选拔；改革地方行政管理层级，从州、郡、县3级改为州、县2级；改革官场繁文缛节，以古代礼法为标准，提倡朴素的社会风气，抵制奢侈之风。

对于这次改革的效果，史书上褒贬不一。值得注意的是，《晋书》中曾记载了作为何晏政敌的傅玄之子傅咸对这次改革的认可："正始中，（曹爽）任何晏以选举，内外之众职各得其才，粲然之美于斯可观。"这可谓评价极高。《晋书》还写道："魏太和中，遣王人四出，减天下吏员，正始中亦合郡县，此省吏也。"这也高度认可了撤郡对行政开支的缩减。

但无论如何，裁撤郡级行政单位、限制地方中正官在官员选拔中的权力，都严重侵害了世家大族的利益。更重要的是，在以庄园经济为主体、世家大族当道的时代，这些作为注定是逆时代潮流而动的。

早在司马懿发动政变前，太尉蒋济就曾利用日食的机会上书："夫为国法度，惟命世大才，乃能张其纲维以垂于后，岂中下之吏所宜改易哉？终无益于治，适足伤民，望宜使文武之臣各守其职，率以清平，则和气祥瑞可感而致也。"意思就是，曹爽任用夏侯玄、何晏等人进行的改革过于激进，弊大于利，上天都在示警了，赶紧收手吧。另一方面，曹爽为了增加自己一系的政治威望，对蜀汉发起了大规模进攻，结果在兴势之战中遭遇汉将王平的痛击，损失惨重且一无所获，反而进一步削弱了自己的威望。

因此，司马懿在洛阳发起政变前，世家大族早已对曹爽集团普遍不满。当时的太尉蒋济、司徒高柔、太仆王观等元老，在司马懿发起政变后立刻与他积极配合，高柔、王观等人利用自己的资历和威望成功地控制了留在洛阳的禁军部队。可以说，高平陵之变中，以高柔、王观、蒋济为代表的老臣不但支持司马懿，还纷纷参与了政变中的重要工作。这些老臣都是曹操时代出仕、资历和司马懿相近的大佬，门生故吏遍及朝廷。他们的选择，意味着文武百官中的人多数是支持司马懿或者保持中立的，对比之下支持曹爽的人反而成了少数派。毫无疑问，曹爽一系激进的改革和曹爽本人的跋扈弄权已经让大多数朝臣，尤其是切身利益受到极大损失的世家大族，都选择站在曹爽集团的对立面。

正因如此，司马懿发动政变并度过了最初的危险期后，便逐渐积累对曹爽一系的压倒性优势。当时，桓范从洛阳城内逃出，曹爽集团正在紧急讨论如何应对这次兵变，桓范建议调集兵力与司马懿一战，但在场的曹爽集团主要成员，都对桓范的建议报以沉默。曹爽本人性格固然软弱，但是除了桓范外，几乎所有人都不敢冒险。除了司马懿在军事上的声望，洛阳城内的元老们以及他们背后的世家大族对曹爽集团普遍敌对的态度，也是人家都不敢听从桓范的意见去冒险的重要原因。在支持司马懿的元老看来，这只是一次世家大族团结起来废黜大权独揽、侵犯他们利益的后辈曹爽的行动。司马懿派出尚书陈泰、曹爽心腹尹大目等人游说曹爽，最后是政变主要参与者之一的蒋济出来作担保，承诺曹爽在放弃兵权后可以以富贵闲人的身份度过余生。

然而，等曹爽当真放弃兵权后，司马懿却露出了自己隐藏几十年的真面目。他背信弃义，诛灭了曹爽一系主要成员的三族。何晏在曹爽执政初期颇有美誉，但因为和曹爽的心腹丁谧关系不好，后期已经和曹爽集团颇为疏离，但同样被诛杀了三族。不少当代研究者认为，这是司马师对何晏的妒忌与忌惮所致。而深度参与政变、并为曹爽等人作担保的太尉蒋济，力劝司马懿手下留情无果，随后在内疚与自责中郁郁而终。

当时，无论是蒋济、陈泰等参与政变的大部分元老，还是曹爽一党的主要成员，都认为这只是元老集团对改革过于激进、侵犯太多人利益的曹爽集团发起的一次兵不血刃的政变罢了。在汉献帝、曹奂、刘禅、孙皓这样的亡国之君都能以贵族身份得到善终的年代里，曹爽一系放弃权力的行为、主动服输来换取以贵族和富家翁的身份终老的想法，并不是不切实际的幻想，只是露出獠牙的司马懿让人意外。无论是曹爽还是蒋济都没想到，做了30年大魏纯臣、已经快要入土的司马懿，此时竟然会不顾任何脸面和规则，选择用曹爽集团全族的性命来完成自己改朝换代的野心。

司马懿、司马师父子以军队中的部分中下层军官为骨干，以家族私兵为基本力量，联合利益受损的世家大族，尤其是元老重臣，一起推翻了改革过于激进的曹爽集团。他在蛰伏的这几十年，伪装得实在太好了，以至于骗过了蒋济这样的老同事。当他选择突然翻脸、撕毁协议诛杀曹爽等人，露出觊觎最高权柄的獠牙时，所有人几乎在震惊中丧失了联合反制的能力。也正因如此，魏晋南北朝时期，暗中蓄养死士、明着养部曲私兵的豪门世族如过江之鲫，但只有司马懿以此为基础，步步为营，最终夺得了大权。

（作者：黑色君）

安禄山为什么敢铤而走险？
他的底气在哪里？

在距离安史之乱不远的时代，白居易在他的不朽诗篇《长恨歌》里，写出了"渔阳鼙鼓动地来，惊破霓裳羽衣曲。九重城阙烟尘生，千乘万骑西南行"这样的诗句，明显把安史之乱的爆发，与皇帝和杨贵妃奢华无度的宫闱生活挂钩。

但是，安禄山的叛乱背后有着深层逻辑，远非皇帝昏庸宠幸爱妃、爱屋及乌任用奸佞外戚、对野心家未曾觉察那么简单。

杨国忠与杨贵妃，谁对唐玄宗更重要？

通过政变上台的唐玄宗堪称冷酷无情，他曾在一天内处死3个儿子。作为一位雄才大略的皇帝，唐玄宗热衷于开疆拓土，热衷于拿捏满朝文武。这么一位皇帝，怎么会喜怒形于色，天天忙着和杨贵妃谈恋爱？

何况杨国忠和杨贵妃的血缘关系并不近，杨国忠是杨贵妃的从兄。说得再具体点儿，他们俩的曾祖父是同一个人，这个关系已经很疏远了。杨贵妃的父亲在四川当官，但是杨贵妃小时候在哪里长大，却有好多种说法，说在四川、陕西、甘肃、河南的都有。另外，杨贵妃的父亲去世得早，她10岁后就被寄养在洛阳的叔叔家，长大后就进京当了王妃。杨国忠的父亲在安徽当官，杨国忠的青少年时期都是在山西和安徽度过的，30岁去四川从军。可见，杨国忠只是杨贵妃的一个沾点儿边的远房亲戚。如果玄宗单凭对杨贵妃的宠爱就能让杨国忠成为当朝宰相，那杨贵妃的亲哥哥和亲弟弟是不是都得裂土封王了？实际上，史书上并没有记载杨贵妃的亲哥哥、亲弟弟们当了什么大官。

真正因为杨贵妃沾了光从而升官发财的，是杨贵妃的叔叔杨玄珪这一系。杨玄珪大约就是在洛阳抚养杨贵妃长大的叔叔，所以他和杨贵妃可谓情同父女。杨贵妃发迹后，杨玄珪当了光禄卿，杨玄珪的儿子杨铦当了鸿胪卿、杨锜当了侍御史。光禄卿和鸿胪卿虽然品级不低，却难有机会参与高层政治决策。昔日一代枭雄李密投奔李渊后被封为光禄卿，气得他直接弃官逃亡。侍御史虽然有一定的实权和前途，却只是六品官里最低的级别。

在杨贵妃一步登天之前，杨国忠已经在基层摸爬滚打多年。他从军队干起，特别是屯田工作干得非常出色，后面凭借自己的能力，在地方上干到了县尉。有着政治野心的他，被推荐到京城进贡后，拜访了杨贵妃这位远亲，勉强得到了八品官里面最低的金吾兵曹参军一职，这个职位实际负责的事务却是管理马厩。比起正九品的县尉，杨国忠进京后折腾半天，也就涨了半级而已。到这里，大概是杨贵妃看在这人好歹是亲戚的分上，帮他在京城落了个脚。

但杨国忠利用自己管理马厩的机会，展现了令人震撼的管理才能，令他的上司、当时的宰相李林甫都为之刮目，并最后成功让皇帝注意到了他。杨国忠被跨级提拔为监察御史，之后又迅速升迁，在经济领域大放异彩。之后升任度支员外郎、度支郎中、给事中、御史中丞。三四年之内，杨国忠通过自己的能力成了唐帝国经济领域的重臣。

对于杨国忠的升迁过程，史书中只记载了一些人事上的权力斗争，着重突出杨国忠怎么靠巴结领导上位。对比杨贵妃的亲兄弟、养父和养父的儿子在官场的地位，这恐怕更多源自杨国忠倒台后，后世记载时有意丑化。杨国忠之所以能够得到李林甫和皇帝的极度赏识，在于当时正值唐帝国旧的经济体系面临全面崩溃，府兵制也趋于瓦解，帝国经济领域亟须改革。在唐帝国300年历史里，能在经济领域主导改革并最终收获一定成效的，不过寥寥数人而已，毫无疑问参与其中的杨国忠是有水平的。

和李林甫一样，除了掌管经济领域之外，杨国忠另一个很重要的角色就是皇帝的打手，即整治皇帝想整治的人。包括安禄山在内的帝国的实权派，甚至是太子李亨，没有不被杨国忠整治过的。所以到后来，从安禄山到哥舒翰再到禁军，全天下张口闭口都主张为皇帝清君侧，要诛杀奸贼杨国忠。但是历史上哪次打着"清君侧"旗号的行动，真正针对的目标不是皇帝本人？

处境尴尬的安禄山

很多人认为，唐玄宗过于信任安禄山了。这种观点更像是一种事后倒推。以唐玄宗的性格，真的会信任哪个人吗？既是帝国行政长官又是打手、堪称皇帝绝对心腹的杨国忠，在皇帝眼中也不过是一个好用的工具人。杨国忠的前任李林甫在权势最盛时，他的儿子却每天过得胆战心惊的，以至于向父亲哭诉："我们现在位子实在有点儿太高了，高处不胜寒啊！朝堂所有的实权人物除了皇帝差不多都是您的敌人，今后只怕我们父子俩没法善终。"李林甫闷闷不乐地回答道："事已至此，我又能怎么样呢？"

再看安禄山和唐玄宗的关系，那可是关系到彼此身家性命，甚至关系着万千人生命的关系。两人彼此的试探都是小心翼翼的，可谓谨慎到了极点。安禄山进京的时候，玄宗有意安排宴会让安禄山见太子，结果安禄山见到太子都不敢下拜。皇帝说："这可是储君啊，等朕千秋万岁之后，他就是你新的君王。"安禄山留下了那段经典答复："我很愚钝，一向只知道有陛下一个人，从来不知道还有储君。"

有的人常以此为理由，认定安禄山在阿谀奉承唐玄宗。实际上，这未免有些儿戏了。安禄山并不是在简单地拍唐玄宗马屁，而是纳上一份巨大的政治投名状，是在做一个极度严肃的政治表态。因为这当中涉及唐玄宗心里最敏感的一个问题：继承人问题。

开元二十五年（公元 737 年），太子李瑛等 3 位皇子带人披甲入宫，说宫内有盗贼，最后被唐玄宗派兵逮捕后处死。很多人通常会把这件事情归咎于武惠妃的挑拨。这大约是和李瑛同病相怜的唐肃宗李亨在继位后定下的官方论调。对于以宫廷政变起家的唐玄宗来说，这似曾相识的路数太可怕了。当我们回顾唐玄宗之前的皇位继承情况，就不难发现唐朝的皇位继承的常态要么是由太子或者强势皇子亲自发动政变，要么是大臣利用太子或皇子的名义发动政变。

唐朝第一代皇帝李渊，在强势皇子李世民发起玄武门之变杀兄后，被逼禅让。第二代皇帝李世民执政时，太子李承乾几乎重演了一次玄武门大戏。第三代皇帝李治的前几任太子要么早死，要么被皇帝联合皇后先下手为强处死。武则天晚年也曾被朝臣打着太子的旗号逼迫退位。唐中宗继位后，其太子李重俊发动武装政变,兵败身死。唐中宗暴毙后,继位的李重茂先是沦为韦皇后的傀儡,随后又被李隆基联合太平公主推翻,并在不久后暴毙。依靠两次政变获得大权的政变专家李隆基,对他们祖上几代人继承皇位的历史自然了如指掌。太子实力太强会威胁自己,但是如果太子实力太弱,又有可能像李建成、李重俊那样被别人推翻。所以,在废杀李瑛后,李隆基既要培植太子的势力确保他能接班,又要限制他的势力防止他想提前接班。

在这种情况下,朝廷的实力派如何与太子保持合适的距离,是一门大学问。朔方、陇右、河西等西北边镇的许多镇将,因为和太子有渊源而遭到过打击。节度三镇的安禄山清楚地记得,功劳比自己更大、兵权比自己更强的四镇节度使王忠嗣,就因为和太子走得太近,前不久刚在被废黜后郁郁而终。即便这个结果,也是王忠嗣的继任者哥舒翰一再请求唐玄宗宽大处理后的结果。要知道,如果不是哥舒翰求情,玄宗是要处死王忠嗣的。另一位太子旧友皇甫惟明就没有这么好运气了,在皇帝打手李林甫打压太子的行动中,曾担任河西陇右节度使的皇甫惟明直接被赐死。

除了授意李林甫、杨国忠打压威望太高、和太子走得太近的部分西北边镇实力派大臣之外,让安禄山兼任位于帝国东北边境的范阳、平卢、河东三大军镇节度使,也是对太子势力的一种平衡和制约。当然,唐玄宗对安禄山并非毫无防备。安禄山真正能控制得住的只有范阳一个军镇,平卢、河东两个军镇仅仅受安禄山节制。等他叛变时,除了大同一地,其他地方都是忠于唐帝国的。安禄山当然也知道皇帝的用意,因此在面对皇帝当众要他表态时,便有了不拜太子的典故。

战战兢兢、如履薄冰的安禄山,在交上这份投名状时,内心一定有如万箭穿心一般难受和惶恐。因为当时的玄宗已经快70岁了,在古代的医学条件下,这是标准的"古来稀",谁也不知道他还能活多久。为了活命,安禄山在面对皇帝的试探时,只有装疯卖傻,过一刻算一刻了。

安禄山在公开场合以如此夸张的方式与太子划清界限,等几年以后太子登基,他该如何自处呢?

安禄山铤而走险的底气

关于太子继位后清算自己的担心、杨国忠在唐玄宗授意下对自己的敲打和整治、本性中的冒险精神和对更大权力的欲望和渴求,这些都让安禄山无数次在心中闪过搏一把的念头。但是有念头是一回事儿,真正铤而走险造反是另一回事儿。安禄山反复盘算自己名下的三镇,他一旦扯旗造反,真正能控制的不过范阳一镇。那么,安禄山有没有其他可以依靠的力量呢?有,而且还真不少!

由于安史之乱给百姓带来了无尽的战乱与灾难,并且结局是以失败告终,所以人们从结果倒推过程,认为这是一小撮野心家带领部分骄兵悍将,违背大部分人意愿发起的叛乱。但在安禄山起兵的河北,即使在叛乱结束后很久,安禄山、史思明等叛臣在当地百姓心里竟然都是正面形象,甚至还有人给他们立庙。仇鹿鸣教授在他对于安史之乱的论述中曾指出:"史家很早就注意到,安禄山、史思明这样唐廷眼中大逆不道的叛臣在河北地区却深孚人望,'俗谓禄山、思明为二圣',因而所谓安史之乱,断非起自青蘋之末,背后有着深厚的社会基础为其支撑。"安禄山的叛乱虽然失败,在河北竟然有不少同情者,这是为何?

从东汉开始,河北的经济体量和人口数已经反超关中。到南北朝末期,关陇贵族集团在关中崛起,依靠着有效的军政制度击败了统治河北、山东等关东地区的北齐政权。这是标准的以小搏大：隋文帝篡位的公元581年进行过人口普查，官方掌握的户口大约460万户，共2900万人。其中，经历了灭国战乱的原北齐境内户籍人口大约2000万，原北周境内包含川蜀、河东和河南部分地区在内的领土人口约900万。这就存在一个问题：关中本位之下，如何才能稳固统治远比关中人口更多的河北、山东等地？

隋文帝刻意焚毁河北重镇邺城，隋炀帝在开凿大运河和远征高句丽时不恤民力一味蛮干，都有削弱关东尤其是河北民力的意图，而唐高祖李渊延续了这种"关中本位"政策。等到和关东渊源较深的唐太宗上位，虽然逐渐把关东士族中的上层统战到自己的政权中，但关陇世家仍然在政权中占支配地位。对占河北绝大部分人口比例的寒门庶族、底层汉人或者胡人而言，这种统战对他们意义不大。换言之，他们不过就是关陇贵族集团的"韭菜"罢了。譬如，安史之乱前河北和山东为唐朝供应了2/3的绢帛，河北和河南地区的粮食储量占了全国粮食储量的一半。

开元盛世仿佛与他们无关，他们对关陇本位的总代表唐朝皇帝也不会有什么认同感。在他们看来，遥远的长安朝廷除了无休止地索求，就只有老皇帝和杨贵妃的那些风花雪月的八卦。相反，只有带领他们反抗隋朝的窦建德，让他们看到翻身希望，才算得上他们的领袖。安史之乱后的河北，除了把安禄山、史思明称作"二圣"，还广泛崇拜窦建德这位曾经的河北领袖。这种观念在安禄山的幕僚团中根深蒂固。属于安禄山心腹的两个幕僚——严庄和高尚都是河北的庶族士人，他们很早就整天在安禄山身边劝他造反，以至于安禄山后来受挫时责骂他们说："都怪你们整天叫我造反！"在安禄山尚没下定决心时，劝他造反最凶的，不是他麾下的番将，而是他幕僚团里的河北庶族。

河北的寒门庶族、底层汉人和胡人普遍对唐朝离心，已经透露出唐玄宗政权不稳。更可怕的是，安禄山除了自己管辖的范阳镇军队和部分平卢、大同士卒外，还有两个现成的优质兵员来源。

一个是以契丹、奚为代表的边境部族。内附的契丹、奚两部族族人几乎都被安禄山编进了自己的军队，尚未内附的契丹人、奚人，在初期也有大量成员加入叛军。范阳镇本来就是防范他们南下抢劫的，现在有人带头愿意领着南下造反，他们自然乐于加盟。另外，叛军骨干还有一个重要来源，却时常被忽视。安史之乱爆发前10年，蒙古高原的霸主后突厥汗国崩溃。伴随着后突厥汗国崩溃的过程，整个蒙古高原发生了一次大动乱，许多部族因此被迫迁徙，加入了安禄山阵营。后突厥汗国崩溃后，各个草原部族势力的重组中，有大量部族都是安禄山筹划叛乱时现成的兵源。加盟安禄山集团的李归仁势力，组成了最精锐骑兵"曳落河"，李归仁早早被安禄山封为"北平王"。从他显赫的身份和安禄山对他的看重推测，李归仁很可能是蒙古高原上某个大部族的领袖，影响力巨大，在后突厥汗国崩溃后带着部属迁徙寻找出路，最后加盟了安禄山集团。

总之，唐玄宗及其心腹杨国忠的整治和敲打、对太子继位后清算自己的恐惧、个人的野心，都是安禄山起兵的重要原因。安禄山身边那些心腹幕僚们，因为河北庶族出身看不到自己的前途，很早就在反复劝安禄山起兵。而契丹人和奚人的加盟，以及后突厥汗国崩溃导致的部族迁徙，大大增加了安禄山的力量，还给他带来了潜在的盟友，让安禄山下定了决心。"渔阳鼙鼓动地来，惊破霓裳羽衣曲"，一场大唐建国以来前所未有的噩梦即将笼罩华夏大地。

（作者：黑色君）

宋高宗出海避难
催生了南宋政权前所未有的海洋战略

  帝王逃难向来是中国古代历史中颇具悲壮凄凉气息的苦情戏码，颠沛流离的帝王与誓死追随的忠臣在逃亡路上荣辱与共，似乎总是暗含着中兴王朝的启示录。然而在一幕幕皇帝逃难大戏之中，宋高宗赵构却成了独树一帜的另类，他不仅在金人铁骑的凶猛追捕下一路南逃上千里（从长江边上的南京逃至杭州，随后又转至宁波、台州与温州），创造出金人"搜山检海捉赵构"的名场面，也成了中国历史上第一位长期在海船上漂流避险的帝王。正如宋人所说：

> 虽我高宗再造丕基，然航海避狄于越、于明、于台、于温，险阻艰难，莫不备尝，则盖旷古之所未有也。

  赵构为什么能逃脱金人的夺命追击？而这场海上捉皇帝的大戏又为南宋

带来了怎样的转变？

大宋海军：宋高宗的"海上行宫"

在靖康之变（公元1127年）的宋金两军大对决中，金军东路军统帅完颜宗望所率军队用时20天就从真定（今河北石家庄）一路横推南下，不过20日就渡过黄河抵达开封城下。负责守城的宋军竟然望风而逃，毫无守河之志向，直到次年一月开封城破，徽、钦二帝北巡，宋军基本上无战果可言。

在这种碾压式的步骑兵优势之下，在应天府即位的宋高宗赵构根本没有在北方坚守的把握，金人退兵之后他就向南步步退却，至建炎三年（公元1129年）时，宋高宗已经退到长江以南的建康（今江苏南京），完全放弃了在江北抗敌的决心。到了当年八月，惧怕金人的宋高宗直接致书于金太宗请求议和，其又致书于左副元帅宗翰，称：

> 愿削去旧号，自此盖知天命有归……金珠玉帛者，大金之外府也，学士大夫者，大金之陪隶也，是天地之间皆大金之国，而无有二上矣，亦何必劳师远涉然后为快哉？昔秦并天下可谓强矣，而不废卫角之祀；汉高祖成帝业可谓大矣，而不灭尉陀之国；周武帝兼南北朝可谓广矣，而许留萧察以为附庸。（《建炎以来系年要录》）

赵构的话简而言之就是完全向金国臣服，"比于藩臣"，恳求大金的君臣能够像当年汉高祖留存南越一样放他一马，而金朝回应他的则是一场更大规模的南侵。

金兀术（完颜宗弼）自当年十月二十三渡过淮河攻陷寿春后，仅用20天就兵临长江北岸的六合县，到了后来辛弃疾口中北魏太武帝的驻军之地，也就是从前北方少数民族政权南侵的极点。而此时的场景竟是"南岸无兵，金人舟不多，但无人迎敌，致使渡长江如蹈平地"，金朝军队顺利渡过长江，攻占建康府，收降统领十几万江防宋军的南宋将领杜充，逼走了浙西制置使韩世忠，在长江南岸站稳了脚跟。

而此时的宋高宗在何处呢？原来他早在八月底金军出发之前就乘"御舟"从建康城东出长江进入海上，沿杭州湾到越州（今浙江绍兴）驻跸观察战局进展。此时接到长江失守的战报，赵构便马上乘船逃往明州（今浙江宁波），随时准备出海避难，待到金军于当年十二月十五日攻破临安府时，赵构便正式开启了为期近4个月的海上漂泊之路，赵构在舟山群岛、台州与温州之间的东南沿海上来回辗转，直到金军收兵北撤。

金人攻陷明州后，金兀术手下竟然敢入海追击宋高宗，"乘胜破定海，以舟师来袭御舟"，所幸"张公裕以大舶击退之"。这位张公裕便是和州防御使、枢密院提领海船（近似于水军司令），其在宋高宗授意之下到浙东寻船，旬月之内就寻觅到了近千艘大小船舶，这让当时的高宗君臣惊叹"岂非天邪"，其中包括福建官吏林之平招募的"大舟自闽中至者二百余艘"，又有广东转运使赵亿所募之舟，为宋高宗进行海上避难提供了必要保障。张公裕将船一分为二，部分护送高宗入海，自己则率船队扈从左右保护王驾，由此形成了一个巨大的"海上行宫"。

相较于金军在长江沿岸劫掠获得的部分宋人水军小舟，宋高宗远航海上的船舶多是从东南浙、闽、粤等地收集的海上船舶，这些船舶一方面是宋朝原有的海军舰船，另一方面则是从东南港口地区临时征用的大型商船，这些船舶船体通常采用后世的福船型形制，船体结构坚固，采用水密隔舱技术，上平如衡，下侧如刃，利于破浪前行，是不同于传统河流运输的尖底船舶，在海上航行面对风浪时具有绝对优势，也就自然可以轻松击败金人的平底小船。宋朝长期以来形成的造船能力、技术水平、航海人员等综合能力，是倚重骑兵优势的金人根本无法比拟的。

钱粮海贸："海上朝廷"的强大后勤力量

对于在海上长期漂泊的宋高宗君臣而言，强大的船舶军团或许可以带来军事上的心理安慰，但是对于金人"搜山检海捉赵构"的疯狂扫荡而言，南宋"海上朝廷"必须在拥有制海权的同时，保证足够的后勤补给来支持万人以上的"海上行宫"团队，不然不出几日便会饿死在海上。

而支撑"海上朝廷"的最大保障就是来自朝廷的东南钱粮。

在宋高宗准备出海避难时，宋高宗派"户部员外郎宋辉往秀州（今浙江嘉兴与上海一带）"，让他"自海道运钱粮赴行在"。宋高宗的御舟抵达台州章安港口当日，宋辉从秀州华亭县"运米十万石，以数大舶转海访寻六飞所向，至章安镇而与御舟遇，百司正阙续食，赖此遂济"。当时以太湖平原为核心的苏、常、秀等府州县在北宋即有"苏常熟，天下足"的美誉，而金兀术的军队恰好是从南京一路直攻临安府，战火此时并未波及太湖平原一带，因而也就为宋高宗寻求东南粮饷提供了机会。

除了太湖平原丰富的粮食资源外，东南一带繁荣的海上贸易更为穷迫不已的南宋朝廷提供了前朝难以企及的财路。据记载，绍兴元年（公元1131年）前后，广、泉二州市舶司每年进口贸易量不下三五百万。闽、广两地市舶司通过抽买获得的收益相当可观,为宋高宗的"海上行宫"提供了大量除粮秣以外的丰富资财。建炎四年(公元1130年)正月,正在台州与温州一带漂泊的宋廷命令"福建市舶司悉载所储金帛、见钱,自海道赴行在",正是对宋高宗海上朝廷的重要补给。

背海建都:劫后余生的大宋新篇章

空前绝后的出海避难之旅,让南宋的国祚得以延续上百年。而狂飙海上的生死旅途则让宋高宗坚信,曾经牢固的长江天险不再可靠,只有辽阔的海洋与坚挺的海上力量才能抵御那些来自白山黑水之间的剽悍女真族人。而如此一来最安全的办法就是"背海建都"。宋高宗自海上返回越州后,因越州方便入海避敌,即有长期驻跸之意,并在明州"集海舟于岸下,是必为避敌之备",准备"万一避敌,不过如永嘉(今浙江温州一带)及闽中耳"。在越州一带徘徊了大半年后,次年正月,李光批评朝廷"驻跸会稽,首尾三载""惴惴焉日为乘桴浮海之计"。在兼顾了方便马上跑路与大运河漕运便利两个重大影响因素后,临安也就成为南宋实际都城的首选。直至30年后金海陵王再度南侵,南宋"中外震恐",宋高宗又一次"欲航海",并打算"如敌未退,散百官",再次入海,最终因虞允文采石水战获胜方才作罢。

宋人曾言"建炎南渡,始有防海之说",严峻的陆上军事形势为宋朝廷倚重海上军事力量创造了机遇。中国古代历史上真正意义的"海军"正是在南宋高宗时期创设的,真正的海防机构与海防制度也是在这一时期集中创设的。

绍兴二年(公元1132年)五月,宋廷在许浦镇设沿海制置司,"兼领福建、两浙、淮东诸路",同时在福建与广东两地设置独立的海防水军,其中福建有殿前左翼军水军和福建路安抚司巡检水军,共有水军3000人。广南路的海防水军被朝廷命名为摧锋军,至绍兴三十二年(公元1162年),广南路琼、雷、化、钦、廉等州都设置水军,总人数达2000以上。

除了设立正规水军外,南宋还充分利用长期处在中原王朝管辖的边缘地带的滨海人群,将其连人带船纳入南宋王朝的海防体系之中,建炎四年八月,宋廷将"福建、温、台、明、越、通、泰、苏、秀等州有海船民户及尝作水手之人","权行籍定,五家为保"。绍兴三十年(公元1160年),福建路一次"籍募土豪水手,漳、泉、福、兴积募到船三百六十只,水手万四千人",次年又征调"番船二百五十七只,分三番起发,尽抵平江府"。大量海上居民成为南宋王朝的机动海上军事力量,不仅能够维持宋廷在宋金战争中的兵种优势,更能消弭南宋东南沿海本身的海上寇盗隐患,着实是一石二鸟的良策。

而对于南宋朝廷更为深远的影响,则是今日为我们所熟悉的海上丝绸之路贸易。尽管自汉代开始我国中央王朝就有与海外交流贸易的记载,但是实际上直到唐朝,海外贸易的经济意义还限于对海外物品的消费性需求,中国在海上贸易的参与更多是官方的朝贡贸易与单向的外商输入,甚至对于本国居民出海贸易仍然存在封禁政策,属于典型的"开而不放"状态。直至北宋建立市舶制度后,中央政府才开始将海上贸易作为重要的财政收入来源,不仅首次确立海外贸易法定税收(市舶抽解),更在官方层面解除了对国民出海贸易的限制。

宋高宗在经历海上劫难之时,便依靠福建市舶司的财物维系。所以当南宋君臣从海上登陆回还之后,便高度赞同"国家之利,莫盛于市舶",市舶贸易是"富国裕民之本"。所以高宗一朝，宋朝廷极其重视海外贸易的经营与管理。为了强化对市舶司海外贸易的管理，宋高宗亲自下令"广南、福建、两浙三路市舶条法恐各不同，宜令逐司先次开具来上，当委官详定"，即对海外贸易进行统一的综合治理，改变了之前沿海港口各自为政的局面，将其视作国家财政的核心构成部分之一。

除了规范官方机构的法令政策之外，宋高宗还破天荒地推行了极具功利主义导向的"官阶奖励机制"。绍兴六年（公元1136年），宋廷规定"诸市舶纲首能招诱舶舟、抽解物货，累价及五万贯十万贯者，补官有差"。大食（阿拉伯）蕃客啰辛贩运乳香价值30万缗，海商蔡景芳招徕贸易，收息钱98万缗，都被授予"承信郎"。蕃商蒲延秀和蒲晋久因为招揽蕃商贸易有功，被授予"承信郎"一职，后又从承信郎"特与转五官"，最后补授"忠训郎"。这些蕃商在获得巨大经济利益的同时，又获得了来自中央朝廷认可的官僚身份，从而选择在广州与泉州一带定居生活，并一度影响了中国的政治进程，在宋元之际执掌泉州市舶司大权的蒲寿庚家族就是这一时期来华的回商后裔。

在宋廷的各项政策刺激之下，到绍兴二十九年（公元1159年）时，闽、浙、广三路市舶司"岁抽及和买，约可得二百万缗"，相当于南宋初全国两税的现钱上供正赋（即以货币形式上缴的两税），这在以农业赋税为主要税收的古代中国是罕见的，海上贸易带来的巨量财富与崭新的商业模式第一次真切地楔在了传统东方帝国君臣和百姓的面前。

海洋带给南宋王朝的，是不同于过往南方政权的特殊色彩。六朝时代的南方政权往往以江为天险，奉行守江必守淮的前置藩篱军事战略，同时以襄阳一带为肘腋，远程联动川陕，形成多层次全方位的南土守卫体系。然而在这一体系之下,一旦长江天险失守,南方政权的覆亡便是必然结果。反观南宋政权则将这一体系升级成更为立体的守卫体系,即以海洋为最后退路,即使敌军深入江南腹地也可以守"中枢于海上",在没有战略负担的基础上在钱塘江、长江与大运河之间形成全范围海上作战力量,才有了后来著名的黄天荡大捷与采石大捷,同样也为顺昌大捷后岳飞以荆襄为基础的壮烈北伐提供了战略支撑。

在这一特殊形势之下,南宋王朝的国防重心便是保卫皇帝,并在临安一旦失守的情况下随时准备转移有生力量前往海上。公元1276年,在宋高宗赵构避难海上的146年后,元军水师逼近临安,南宋朝廷主战派张世杰"请移三宫入海""奉益王入海",再次踏上海上逃亡之路。然而此时的蒙古人已经不再是金兀术式的孤狼式远征,而是同时拥有娴熟海军与强大步骑优势,可以席卷世界的军事力量,南宋的海上战略最终只得以崖山海上的巨浪悲风谢幕。

正是依靠海上力量带来的经济实力与军事优势,才让南宋这一个从立国开始就被金人越江平推的偏安政权,在风雨飘摇中维系了152年(公元1127年—1279年),这是农业文明向海洋文明趋近的一次荒诞而又影响深远的尝试。尽管南宋王朝最终消失在浪涌之中,但是以浙东和福建为代表的东南沿海地区走向海洋的脚步却向前迈进了一大步,将中国东南沿海与海外世界日益紧密地联系在一起。

(作者:王凯迪)

大顺 VS 八旗：
两个虐过大明的选手谁更能打？

在风起云涌的明末乱世中，具有决定性意义的战略决战不胜枚举。不过，在中国历史上多次扮演重要角色的要冲险隘——潼关，曾先后3次成为决定中国命运的主战场：

崇祯十一年（公元1638年），"闯王"起义军主力于潼关南原为明军合围，几乎全军覆没，李自成仅率十八骑逃入商洛山中。5年之后，吸收了中原百万饥民的"闯王"卷土重来，于汝州聚歼明军孙传庭部主力后，一口气攻破潼关，建立起定都西安的"大顺"政权。可任谁都没有想到，仅仅过了 年，李自成又回到了潼关，只是，这一次他从进攻者变成了防御者。

五营折半，大顺政权败退后的兵力底数

大顺永昌元年（公元1644年）四月二十九日，于山海关战场大败而回

的李自成，仅在北京盘桓了两天，便匆忙率部西撤。对于李自成放弃北京的这一战略决定，后世很多军事学家都表示赞同，认为大顺政权此时在全国范围内虽然还有不少兵力，但却分散驻屯于宁夏、陕西、山西、河南、湖北等地，短时间内无法调集。面对兵锋正劲的多尔衮和吴三桂联军，理应先行退避，待各地援军会集再寻机决战。

那么，大顺政权此时还有多少军队？又应在何地决战？我们盘点一下李自成此时手中的军事力量。

大顺政权的武装力量体系是在襄阳火并自称"曹操"的罗汝才之后建立起来的，并逐渐形成了"中吉、左辐（辅）、右翼、前锋、后劲"的"五营"和以权将军刘宗敏为首的所谓"二十二将"的建制。一般认为，"五营"之中，李自成亲率的"中吉营"兵力最强，有10余万众，而其他四营的兵力则都在5万人上下。也就是说，在李自成进军北京之前，大顺政权的野战部队可能达30万人之多。

然而，大顺政权建立初期恶劣的战略态势，令李自成不得不在向北京进军的同时，命"前锋营"主将贺锦率部西征甘肃、青海，"右翼营"主将袁宗第南下湖广，而"后劲营"主将李过则率部留守榆林。因此，在大顺政权扫荡山西、河北的过程中，仅有刘芳亮为主将的"左辐营"与李自成亲率的"中吉营"相配合。

值得一提的是，此时李自成麾下的"中吉营"也并非齐装满员，在出征之前，李自成特意留下了自己最为信任的"老兄弟"田见秀及3万精锐镇守西安。而在沿途攻占了太原等重镇后，大顺政权也需要分兵镇守。是以，虽然李自成抵达北京时，麾下依旧是10余万大军，但其中已经混杂了大量归降的明军。

在讨伐吴三桂的军事行动中，李自成留下 2 万兵马留守北京，仅率 8 万余众东征山海关。虽然李自成一度压制了吴三桂麾下的约 6 万关宁军，但随着多尔衮亲率的数万清军赶到战场，大顺军便呈现全线崩溃的态势。由于军中混杂了很多意志不坚的明军降卒，因此，李自成撤回北京时并未带回多少有生力量。

在放弃北京的过程中，李自成第一时间召集了驻守保定的"左辅营"部，希望能够在京畿地区再集结起一支七八万人的野战兵团，趁清军立足未稳发起反击，进而将对方赶出关外。然而，清军统帅多尔衮并不打算给李自成这一喘息的机会，在亲率少数部队接管北京的同时，清军在阿济格、多铎两人的率领下，对李自成所部穷追猛打。

在这样的情况下，赶来支援的"左辅营"不仅没有帮助李自成稳定局面，反而以"添汕战术"的姿态在庆都、真定两场鏖战中被清军大量杀伤，以至于李自成失去了迅速夺回北京的希望，在留下部分兵力驻守山西与河北的固关等要冲后，草草命明军降将姜瓖、陈永福、唐通等人守备大同、太原、德州，试图维持与清军隔太行山对峙的局面，以便自己从后方调集人马。

可惜的是，李自成高估了这些明军降将的忠诚度。面对清军开出的高官厚禄，姜瓖、唐通先后复叛。陈永福虽一度试图坚守，但面对装备有红衣大炮的清军，号称坚城的太原也仅抵抗了不足 20 天便宣告陷落。至此，李自成从西安带出的"中古营"所部几近全部折损，"左辅营"也同样伤亡惨重，再无独立作战的能力。也就是说，仅在永昌元年（公元 1644 年）上半年，大顺政权便损失了至少 10 万兵力，可谓元气大伤。

三分天下，潜在的翻盘机会和错误的怀庆反击战

尽管快速损兵折将且丢失了河北和山西的控制权，永昌元年的大顺政权也并非全无生机。毕竟，南方士大夫阶层已拥立福王朱由崧建立南明弘光政权。不过，南明政权为了避免"激怒"清廷，曾一度试图以卑辞厚礼结好多尔衮，维持偏安局面。

多尔衮深知"天无二日"的道理，只要南明政权存在一天，清廷在中原的统治便难以稳固。因此，在休整了一个夏季之后，永昌元年十月间，多尔衮决定分兵两路，同时对大顺和南明作战，具体部署是一路由英亲王阿济格、平西王吴三桂、智顺王尚可喜等统兵取道山西北部和内蒙古进攻陕北，得手后向南推进，摧毁以西安为中心的大顺政权；另一路由豫亲王多铎、恭顺王孔有德、怀顺王耿仲明等率军南下，消灭南明的弘光朝廷。

客观地说，多尔衮虽是清廷入关的最大功臣，但他此番两路用兵的战略部署显得过于托大。从后续发展来看，在明朝降将、漠南蒙古的支持下，阿济格所部可以轻易跨越草原、戈壁，出其不意地出现在陕北，但面对李自成麾下最擅长防御的李过及其麾下的"后劲营"，多铎所部却很难讨到便宜。李自成如果再率部北上加入战团，甚至有可能在陕北给予入关不久的清军以重创。

李自成似乎也计划在陕北打一个大胜仗，狠煞清军的威风。《洛川县志》记载："（李）自成遣其部伪侯刘、贺、辜、高等来援。已而，自成亲至，率伪汝侯刘宗敏踞洛浃旬。"也就是说，进入永昌元年秋季后，李自成统领西安地区的大顺军主力取道同州（今陕西大荔县）、白水，一直进到洛川，准

备随时支援延安、榆林等地。

然而，李自成过于积极的动作在关键时刻迫使清廷改变用兵方略。十月十二日，大顺军连续攻克河南济源、孟县等地，击败了清廷任命的怀庆总兵金玉和所部后，乘胜进攻怀庆府治所沁阳县，被清廷任命为卫辉总兵的明军降将祖可法连夜带领军队进入沁阳固守待援。

消息传到北京，多尔衮大为震惊。他意识到，如果让多铎按原计划统军下江南，京畿、山西、河南的防守兵力会严重不足，后果不堪设想。因此，他立即下令多铎改变进军方向，由南下转为西进，先解沁阳之围，然后进攻潼关，打开入陕门户，同阿济格部清军南北合击大顺军。

据《洛川县志》记载，李自成、刘宗敏统领大军北上，走到洛川时忽然停留了整整10天。唯一可以解释的是，他们已得到多铎部向潼关推进的消息。在北面和东面都出现强敌压境的情况下，大顺军决策层立刻陷入被动。李自成当时只好按兵不动，等待进一步的消息，决定哪里吃紧便率主力驰向哪里。这说明，大顺军发动的怀庆战役虽然取得了局部胜利，却改变了整个战略态势，把两路清军主力都吸引到自己这面来了。

讽刺的是，大顺政权缘何要在怀庆地区发动反击，后世至今也没有得出相对合理的解释。唯一值得注意的是，此时恰好是李自成命"右翼营"袁宗第所部北上支援的时期。由于初来乍到，袁宗第所部显然还不知清军的厉害，自恃兵力优势便试图夺取怀庆，以作为前进据点，结果却为大顺招来了灭顶之灾。

随着多铎大军掉头西进，围攻沁阳的"右翼营"大顺军约2万之众被迫后撤。多铎随即从孟津渡河，于十二月十五日进至陕州，又在灵宝城外击败了大顺军张有曾所部，最终在永昌元年十二月二十二日进抵潼关城外。

短兵相接，大顺军与清军的惨烈搏杀

李自成显然没有意识到袁宗第的"右翼军"会引来多铎，不得不改变自己原本准备在陕北迎击清军的战略设想，先行支援潼关。当然，李自成此时也怀着一丝侥幸。因为他得到情报说，阿济格在进军途中绕道去了土默特、鄂尔多斯部，打着"索取驼马"的名义，建立清廷的威望和统治，是以进军缓慢。李自成决定与刘宗敏先带领主力赶往潼关，希望集中"中吉营""左辅营"和"右翼营"三支主力部队的残余力量，先击破多铎，再赶往陕北，会合李过所统率的"后劲营"以及从青海赶回来的"前锋军"，与总兵力多达 8 万之众的阿济格决一死战。

永昌元年十二月二十九日，李自成率部抵达潼关。在这片他曾经跌倒又爬起来的土地，这位大顺政权的开创者决心一雪山海关后一路溃败的耻辱，命刘宗敏率军出关，据山为阵，在远道而来的清军面前抖一抖大顺军的威风。

此时，多铎所部并未悉数抵达战场，但八旗铁骑的骁勇却足以抵消兵力上的不足。多铎命前锋统领努山、鄂硕从侧后包抄，同时派护军统领图赖率骑兵从正面冲击。面对清军铁骑的冲锋，缺乏火器的大顺步卒非但没有获得地利上的助力，反而被山势隔绝了视野，最终被从侧后出现的清军骑兵击溃，一度伤亡惨重。

初战失利后，大顺军被迫依托潼关展开防御，清军也为了等待后方的步卒和炮兵而选择暂缓攻城。这种相对平静的状态并未维持多久，永昌二年（公元 1645 年）正月初四，大顺军"左辅营"主将刘芳亮突然率千余骑兵对清军营地展开突袭。

作为跟随李自成东征西讨多年的宿将,刘芳亮及其麾下的这支骑兵显然是身经百战的精锐部队,以至于清军出动了正黄、正红、镶白、镶红、镶蓝五旗各一个"牛录"(八旗编制,约300人)才勉强将其击退。刘芳亮似乎并未就此认输,很快再度率骑兵展开冲锋,这一次,清军被迫派出骁将尼堪(努尔哈赤嫡长子褚英第三子)、拜音图(努尔哈赤之侄)所部精锐,才再次将刘芳亮击败。

能够迫使清军出动数倍兵力乃至两位皇亲国戚,刘芳亮麾下的这千余兵马显然是大顺军"左辅营"最后的种子了。而正是借助他们的奋勇冲杀,大顺军重振士气,在此后的两天中,李自成指挥部队对清军营垒展开了猛烈冲杀。

然而,八旗军的军事素质还是高于大顺军的。面对多铎麾下镶黄、正蓝、正白三旗的"协力并进",大顺军最终攻势受挫,被迫转入守势。正月初九,清军等待多时的红衣大炮终于到达战场,一起到来的还有固山额真阿山、马喇希所率领的援军。

李自成看到清援军到来后,立刻命令"凿重壕,立坚壁",加强防守。这说明久经战阵的李自成对火炮并非一无所知。

但李自成还是低估了火炮的威力,正月十 ,清军对潼关发起总攻。清军火炮齐发,潼关城很快就被炸开一个缺口,清军士卒迅速从这个缺口向潼关冲击。大顺军也向清军发起反击,先以300骑兵发起冲击,但被尼堪击败。李自成又出兵攻击清军侧后,遭到清军阻击,再一次失败。照这个情况,清军已是胜券在握,但事后的奏折中却有一个细节表明了清军在这一天并没有取得胜利,而是在数日后因马世耀投降才占领潼关。由此可以推测,在正月十一的战事中,李自成的大顺军依旧稳住了防线。

顾此失彼,大顺被迫放弃潼关

真正促使李自成撤退的是北路的清军。在潼关之战打响时,阿济格已经率军入塞。由于大顺军主力聚集在潼关,北线的兵力极为有限,阿济格留下一班投降的明将围攻榆林,自己则统兵南下。永昌元年十二月十四日,清军占领米脂,惨无人道地将李自成故里李家站和李继迁寨的居民,不分老幼全部屠戮,再接着向西安推进。

李自成在两路清兵夹攻的形势下,看到陕西陷落已成定局,被迫带着主力撤回西安。正月十二,镇守潼关的大顺军将领巫山伯马世耀以所部7000余人伪降,清军占领潼关。当晚,马世耀派使者送密信给李自成,被伏路清兵截获。次日,多铎假说打猎,在潼关城西南10里的金盆坡口埋伏军队,旋又声言举行宴会,把马世耀所部军队的马匹、器械全部解除。一声号令,伏兵四起,7000多大顺军将士统统被杀。

潼关战役是大顺军保卫西北地区的一场决定性战役。大顺军经过13天激战,因力量不敌,以失败告终。李自成知道守住陕西已无望,就在撤回西安的当天(正月十三)决定放弃西安,取道蓝田、商洛地区,向河南转移。这个决策非常仓促,因为他估计潼关失守后,多铎所统大军将很快进攻西安。当时,大顺军李过、高一功部还据守榆林、延安;宁夏、甘肃、西宁的大顺军"前锋营"也正在赶回。但李自成考虑到在多铎、阿济格两路重兵压境的情况下,陕西是支撑不住的,如果向西撤退,势必被清军切断同河南、湖北大顺军的联系,且地处荒凉的西北一隅也没有多大前途,因此,向河南、湖广转移，夺取弘光朝廷控制下的南方，凭借那里雄厚的人力、物力继续斗争，便成了当时唯一的出路。

　　放弃西安时，李自成令田见秀殿后，让他把带不走的粮食等库存物资和官舍全部烧毁，以免资敌。田见秀却以"秦人饥，留此米活百姓"为由，没有执行李自成的指示，只把东门城楼和南月城楼点燃，便赶来告诉李自成说已经遵命办理。李自成远望烟焰冲天，信以为实。但田见秀的这种妇人之仁，使清军在西安得到了大量补给，士饱马腾，很快就追了上来。后世认为，大顺军在转移的过程中得不到必要的休整时间，同田见秀未能执行命令有一定关系。

（作者：赵恺）

第四章

上枉下曲，上乱下逆

刘禅当了40年皇帝，水平究竟怎么样？

在三国谍战剧《风起陇西》里，后主刘禅的形象让人印象深刻。其实，剧中对刘禅着墨并不多，且出场时，他或以背影示人，或隐藏于帷幕之后，只显露出一个模糊的面孔。这一形象，与我们在其他史书中了解的愚蠢、颟顸、有点儿智障的刘禅有着不小的差别。

剧中的许多情节甚至还在给观众透露一个信息：刘禅并不昏聩，他反而更像一个隐藏在幕后、心机深重的布局者。

千百年来，刘禅的身上始终贴着"乐不思蜀"的标签，顶着"扶不起的阿斗"的帽子，成为群嘲的对象。但近年来，刘禅在一些人的口中又成了一个被误解千年、大智若愚的君王。所以，到底哪张面孔才属于真正的刘禅？

前半生：稳固的"二元权力架构"

我们对历史人物的评价，经常是在比较中获得的。刘禅的历史评价长期是负面的，除了因为他是亡国之君，还因为人们往往将他与刘备、诸葛亮二人对比。刘备是"天下枭雄"，诸葛亮是"千古名相"，置于这两大光环之下，自然高下立判。

魏之曹操，蜀之刘备，吴之孙坚、孙策、孙权（前半生）是三国里开疆拓土的一代人，三国的疆域和根基在他们手中确立。之后虽然天下三分，三国之间征伐不断，但其力量对比、疆域面积始终没有太大的变化，这意味着三国进入了守成之君的时代。开疆之君与守成之君，其成长背景、人生经历和所面对的困难与挑战均不同。

以曹魏来说，曹操征战一生，面对的是袁绍、袁术、吕布、刘表等强敌，而曹丕、曹叡在位时，除了需要应对吴、蜀的进犯，还要平衡内部朝臣、制衡派系，让整个官僚体系既能够有效运转，又不至于尾大不掉、威胁皇权。此外，守成之主还要面临个人权威树立的问题。江山是开疆之君浴血拼杀开创的，朝臣对他们无不俯首帖耳，而守成之君不过是凭借血脉关系而承其基业，他们又何以服众呢？

因此我们看到，当曹操、刘备、孙策等开疆之君谢世之后，权力交接之际，总会发生一些动荡与不安。如曹操甫一去世，就有臧霸所部及青州兵"以为天下将乱，皆鸣鼓擅去"。刘备病逝前后，汉嘉太守黄元、南中豪帅雍闿等先后叛乱。孙策暴毙，孙权即位之初，也有庐江李术、宗室孙暠之叛。尽管叛乱者只是少数人，但大多数的旧臣是站在旁观者的位置上。如何实现权力过渡，让作壁上观的文武旧臣们心悦诚服地效力，考验着新君的智慧与能力。

威望明显不及先君，这些年纪与资历尚轻的新君势必要找帮手。曹丕依靠曹真、曹休等宗室，以及司马懿、陈群等士族，依然承袭着曹操时代"谯沛集团"与"颍川集团"并峙的权力格局，让曹魏政权内部的结构性稳定一直保持到曹芳时代。孙权任用周瑜、张昭等"淮泗集团"，后又提拔陆逊、顾雍等江东世族与之制衡，这一格局让东吴平稳渡过了多次政治危机。但到了孙权晚期，淮泗派势力消退、江东世族与孙权失和，江东新贵（全琮）崛起，权力格局逐渐失衡，再加上孙权诸子夺嫡之争，最终酿成严重的内讧，让东吴国力大为折损。

刘禅即位时只有17岁，比孙权即位时的年龄还要小两岁，当时蜀汉政权正面临着前所未有的危机：先失地于荆州，后败军于夷陵，魏吴虎视，内部生变，而且股肱之臣大多凋零。正如诸葛亮所说"此诚危急存亡之秋也"。因此刘禅即位后，蜀国进入一个特殊的政体之中，即如《魏略》所言"政由葛氏，祭则寡人"。

刘禅作为名义上的一国之主，主持祭祀天地祖庙的国家礼仪，而诸葛亮总摄内外军政，是国家实际上的话事人。诸葛亮在《出师表》里说得明白："宫中府中，俱为一体。"皇宫与相府，内廷与外朝，在实际运转中并不需要彼此分隔，而是连通管理，最大限度地给予诸葛亮治国理政的空间，减少掣肘与羁绊。

刘禅将朝政全部委以诸葛亮，从某种程度上违背了刘备"托孤于丞相亮，尚书令李严为副"，"以严为中都护，统内外军事"的临终安排。诸葛亮在刘禅即位后相继开府、领州牧，亲率大军南征，而同为托孤重臣的李严则被孤立在江州，远离政治中心，连"统内外军事"的权力都逐渐被褫夺，最终在建兴九年（公元231年）因运粮失职被诸葛亮弹劾，被贬为庶人。

蜀汉朝政"二元权力架构"的形成，以往论者多着眼于诸葛亮的政治意图，甚至有不少人将诸葛亮比拟于曹操，而后主刘禅的处境在他们眼中宛若汉献帝刘协一样形同傀儡。诚然，诸葛亮的相府与曹操的"霸府"有不少相似之处，包括丞相开府的制度也是承袭曹操（东汉在曹操之前不置丞相，以三公领衔），但后主刘禅并非任人摆布。我们可以看到，自刘备死后蜀汉的一系列政治体制变化，都是刘禅与诸葛亮共同参与的结果。也就是说，"政由葛氏，祭则寡人"的"二元权力架构"，其实是最符合刘禅利益的选择。

这一切都源于早在荆州时期刘禅与诸葛亮就已经结成了天然的政治同盟体。建安十二年（公元207年），诸葛亮出山、刘禅诞生，历史的偶然将这两个年龄相差26岁的人的命运捆绑在一起。刘禅出生之后，刘备常在外征战，而诸葛亮负责镇抚后方，足食足兵，他也自然担负起刘禅的监护和抚养之责。诸葛亮陪伴刘禅的时间，要远多于刘备，诸葛亮在刘禅的人生中比刘备更像一名"父亲"。《出师表》里的谆谆教导，不断出现的宜什么、不宜什么，以至于后人读起来会觉得它更像一篇《诫子书》。

更重要的是，诸葛亮始终在维护刘禅这个唯一合法继承人的地位。刘禅并非刘备的嫡子，他的生母甘夫人虽然因为刘备"数丧嫡室"而"常摄内事"，但在有生之年并未被"扶正"，最终以妾室的身份去世。刘备之后又出于政治联姻的需要，先后娶孙、吴二位夫人为正妻，这使得刘禅为继承人的地位并不明朗。诸葛亮为此做了两件事，一是劝刘备杀了养子刘封，为刘禅的即位扫清障碍，二是亲自担任刘禅的学业老师，在公务繁忙之余亲手抄写《申》《韩》《管子》《六韬》等刑名法家之书给刘禅当教材，并且不遗余力地向刘备大赞刘禅的才能。这才有了刘备欣慰的遗言："丞相叹卿智量，甚大增修，过于所望，审能如此，吾复何忧！"

刘备在永安崩殂后，主持政事的诸葛亮做的第一件事是将刘禅生母甘夫人追谥为皇后，与刘备合葬惠陵，解决了刘禅十余年来庶子身份的尴尬。这成为刘禅与诸葛亮君臣相知、精诚合作的重要基础。此后，刘禅放手将权力交给诸葛亮，甚至在诸葛亮与李严党争之时、在诸葛亮与反对北伐的朝臣辩论之时，也明显偏袒于诸葛亮，这都体现了刘禅对诸葛亮充分的信任。而诸葛亮通过不断北伐、鞠躬尽瘁，展现自己的忠诚，以及自己对刘禅的君权绝无威胁之意。

后半生：比孙权更深谙政治制衡之妙

刘禅与诸葛亮的"二元权力架构"是一种特殊时期的特殊产物，它建立在蜀汉内外交困、存亡危机的现实需求之上，建立在诸葛亮与刘禅超越一般君臣、近乎父子之情的推心置腹之上。建兴十二年（公元234年）诸葛亮于五丈原去世，此后这一模式便不能复制。28岁的刘禅已非幼主，他开始实施一系列的改革措施，将权力重新收回到自己手中。

其一是废置了丞相一职，前文已述，东汉一朝本无丞相，而以三公为首。东汉末年，曹操复立丞相，意在为自己"挟天子以令诸侯"的政治野心服务，为后来的汉魏禅代做铺垫。蜀汉所置的丞相是为诸葛亮量身打造的，蜀汉的丞相没有像曹操的丞相那样成为改朝换代的工具，是因为有诸葛亮的绝对忠诚作为保证。而在诸葛亮之后，刘禅无法信任任何一位诸葛亮的继任者，于是干脆将丞相悬置。蒋琬最终官至大司马，这已是补偿他不能为丞相的极高殊荣了（刘备称帝前曾任大司马），而后来的费祎、姜维也只是担任大将军。蜀汉首席大臣的官位一再被"降格"，这映射着刘禅对朝臣的控制力在不断加大。

其二是弱化辅臣"开府"的权力。诸葛亮以丞相兼益州牧开府治事，并常驻汉中沔阳。其丞相府体系十分庞大，拥有长史、司马、参军、军师、护军、军祭酒、从事中郎等众多职位，几乎囊括了当时蜀汉全部的精英人才，包括魏延这样的前朝宿将，都需兼任相府府官职务（先为丞相司马、后为前军师），这让汉中的相府俨然成为蜀汉真正的政令中心。诸葛亮去世后，刘禅以车骑将军吴懿督汉中，后又将其更替为"文盲"出身的王平，而让诸葛亮"钦定"的接班人蒋琬留守成都，以此切断汉中与首辅大臣的联系。后来，尽管蒋琬为了筹备新一轮北伐北驻汉中数年，但随着东下计划的流产而被召回，屯于距离成都不远的涪县（今四川绵阳），终病卒于斯。继任蒋琬的费祎无北伐之意，因此将大将军府置于汉寿（今四川昭化），并最终被刺客刺死于斯。到了姜维时期，刘禅虽然授予他重启北伐之权，但汉中督却让荆州旧人胡济担任，以分割其权力。成都之外再也不可能出现"第二朝廷"。

其三是在人事安排上呈现更多刘禅的主见。诸葛亮死后，蒋琬、费祎、董允先后担任蜀汉尚书令，是蜀汉庶政的实际执掌者。他们都是诸葛亮培养起来的"贞良死节之士"，无论从能力还是从忠诚度来说，都是当时蜀汉群臣中的不二人选。出于对诸葛亮遗愿的尊重，刘禅默许了这一人事安排，但很难说刘禅与蒋、费、董关系融洽。如董允在担任侍中时就曾严厉阻止刘禅搜罗美女以扩充后宫的想法，让刘禅"益严惮之"。

姜维地位的提升也是刘禅的想法。《三国演义》将姜维描述为诸葛亮以平生所学相授之人。但实际上，姜维作为一员降将，在诸葛亮时期的地位不高，还远远达不到"接班"的资格。然而，正因为他降将的身份，让他在蜀汉内部成为一个政治素人，毫无根基与派系色彩，反而更容易受到刘禅的信赖。因此，在蒋琬卒后，刘禅就将姜维拔擢为卫将军，与费祎共录尚书事。姜维与费祎在北伐之事上长期存在分歧，让姜维与费祎互相制约，这正是刘禅希望看到的结果。费祎被刺，舆论汹汹，姜维是最大的"嫌疑者"。但刘禅不仅毫不追究，反而放手让姜维重启北伐。此后姜维无岁不征，这是姜维向刘禅效忠的方式，也是姜维让刘禅放心的唯一途径。因为只有手握重兵的大将不遗余力地对外征伐，他才没有任何机会干预朝政、威胁君主的地位。于是从延熙十六年（公元253年）开始，姜维与刘禅建立了新的君臣默契：姜维主掌征伐，而国中之事则全部集中在刘禅手中。

自古而来，在内部对国君权力构成威胁的力量无外乎三种：权臣、外戚与宗室。通过上述对政治体制的改革，刘禅在亲政之后于蜀汉消除了权臣专权的土壤，蜀汉一班文武不仅能够各尽其用，且权力彼此钳制，无法威胁皇权。蜀汉外戚、宗室也势单力薄，且在刘禅的压制之下始终无法独大。反观曹魏，政失于权臣，芳、髦、奂三主沦为司马氏之傀儡，或被废，或被弑。再看东吴，自孙权晚期就陷入无穷的内斗，权臣与宗室血腥搏杀，孙亮被黜，孙休亦庸碌无为。魏吴的少主们与稳坐成都宫中40年的刘禅相比，可谓是相形见绌。

当然，刘禅并不具备一个中兴之主的能力。他亲政之后，也只能表面维持蜀汉的局势，不可能在"兴复汉室"这个遥远而缥缈的目标上有太大作为。平心而论，他只能算是一个中庸的守成之君，在蜀地安逸之风的浸润之下，他的意志也随着岁月慢慢消磨。直至陈祗死后，他宠信黄皓，猜忌姜维，令蜀国走上了如东汉衰亡的老路。随着炎兴元年（公元263年）邓艾偷渡阴平，直抵成都城下，刘禅放弃抵抗，献城归降。在蜀地待久了的统治者，可能都有一种认命的思想，与其拼死抵抗，不如顺势而为。当年的刘璋如此，整整50年后，刘禅亦是如此。

《三国志》作者陈寿对刘禅这样评价："后主任贤相则为循理之君，惑阉竖则为昏暗之后，传曰'素丝无常，唯所染之'，信矣哉！"应该说，这样的评价是比较中肯的。刘禅就是一个平庸之人，只是不幸生在帝王之家，不幸生在一个英雄辈出的乱世之中，从而不幸成了千百年来"昏君"的代名词。

（作者：成长）

北宋军事元气大伤，赵光义有多大责任？

顾名思义，"二当家"是某个团队里排行第二的人，也就是地位仅次于头目的成员。要是把北宋开国时的统治集团也看作一个"团队"的话，大概赵光义是称得上"二当家"的。

他是赵匡胤的亲弟弟。两人相差12岁，都属猪。

史书上记载，这两人出生时都有"异象"，比如赵光义（原来叫赵匡义）生出来的时候"赤光上腾如火，间巷闻有异香"。这显然是后世文人对皇帝的美化，毕竟同一个母亲生下赵光义的弟弟匡美（后来改名"光美"，又改"廷美"）时，就什么奇异现象都没有了。

至于赵光义能当上皇帝，跟出生时的"异象"也没什么关系。首先，他靠的就是哥哥赵匡胤（宋太祖）。赵匡胤是一员勇猛的战将，《水浒传》一开头就说他凭借一条铁杆棒打下四百座军州江山。这话是有根据的。宋人蔡絛在所著的《铁围山丛谈》中说，确有一条太祖皇帝使用的铁棒，经常执握的地方有指甲压痕可见。蔡絛是权奸蔡京的儿子，熟悉宫廷掌故，没有吹牛的必要。

转正的"二当家"

赵匡胤凭借军功，在短短10余年里就从普通军官升到了后周（"五代"的最后一个朝代）的"殿前都点检"（禁军的最高长官）。这时候，赵光义都在干些什么呢？用四个字就可以概括：乏善可陈。

举个例子，赵光义当上皇帝后声称，自己16岁就跟着周世宗（柴荣）讨伐南唐（十国之一，京城在今南京）。赵光义16岁时是显德元年（公元954年），周世宗伐唐则是显德三年（公元956年）的事情。这明显是因为他并未参与其事，随口吹牛搞错了年代。依此来看，赵光义的早年并无任何值得夸耀之事，尤其是武艺和战功方面。他只不过是一个普通的禁军将校的弟弟罢了。唯一有点儿可信度的大约只是赵光义少年时期就比较喜欢读书，"幼颖悟，好读书"。但当时处于战乱时期，他又生活在一个军旅家庭，也没有什么条件接受系统性的教育。

显德七年（公元960年），赵匡胤发动"陈桥兵变"，从孤儿寡母手里夺来天下，建立北宋政权。借着哥哥的光，赵光义的人生也迎来了转折。宋太祖是很信任这位亲弟弟的。北宋建立后，赵光义就当上了殿前都虞候，掌握了一定的兵权，而且在宋太祖亲征时，他两次被委以留守京师的重任。第二年，赵光义更是当上了开封府尹（同平章事），成为首都开封府的最高长官。这个职位很容易让人想到日后的"包青天"，但他的地位比想象的还要重要：五代时这个职位多由皇位继承人担任，北宋担此职者有四成机会能在日后任宰辅、执政。

赵光义出任开封府尹后，开宝六年（公元973年）又封晋王，隐然就有了"一人之下万人之上"的地位。到了开宝九年（公元976年）十月十九日晚上，宋太祖召弟弟入宫饮酒，当晚共宿宫中。隔日清晨，年仅50岁的赵匡胤忽然驾崩。赵光义这位"二当家"就这样"转正"了。

按说，封建王朝皇位传承的常理，乃是"父死子继"，为何在北宋初年成了"兄终弟及"？何况宋太祖并不是没有自己的儿子！为确保自己继位的合法性，赵光义登基后抛出了"金匮之盟"。据说，在宋太祖即位的第二年（公元961年），皇太后杜氏临终前告诫赵匡胤，前朝（后周）之所以灭亡，是因为继位的君主过于年幼，若要常保大宋江山，必须兄终弟及，传位给年长的皇室成员。这份遗书藏于金匮中，因此叫"金匮之盟"。

问题在于，如果宋太祖有传位其弟的想法，必然会主动在各方面为赵光义制造其承继帝位的合法性，而这一切合法性的证明却是出现在其即位后。再加上宋太祖的死实在过于突然，赵光义又是离现场最近的人，其继位的合法性实在不能不遭到质疑。野史就有记载，宋太宗即位之事甚为蹊跷，有弑兄篡位之嫌，即"烛影斧声"之疑案。终北宋之世，"太祖后裔当有天下"的说法一直在民间广为流传，即是对赵光义非正常即位的一种间接反对——最后赵光义的后代赵构（宋高宗）无后，宋朝的皇位还是回到了太祖后裔的手里。

心里有点儿虚

就算是赵光义自己，对继位一事恐怕也免不了心虚。一般来说，新皇帝在先帝驾崩后翌年改元，可是宋太宗的改元时间是继位当年的十二月，距离新的一年已经只剩下几天而已。就这几天，他也等不了吗？

赵光义称帝改元坐上皇位之后，还有几件事情可以表现出他的心虚。

其一，继位不过 3 个月，宋太宗就举行了一次科举，进士及诸科等共录取 500 人，其中进士就超过百人。之前太祖一朝，17 年间，共取进士 180 余人。太宗的第一次科举取士人数居然就相当于太祖时期所取全部进士人数的 56%！这些"天子门生"还被迅速授以地方要职。赵光义巩固帝位的目的实在是昭然若揭。若是正常得位，何至于如此行色匆匆？

其二，"皇位争夺者"不得善终。这里说的皇位争夺者并非真的有了争位的行动，而是在赵光义看来，他们对自己（及后代）的皇位构成了威胁。刚上台时，宋太宗封弟弟赵廷美为开封府尹兼中书令，赐封齐王，侄（赵匡胤子）赵德昭为节度使和郡王，赵德芳也被封为节度使，这样做不过只是暂时安抚人心而已。太平兴国四年（公元 979 年），赵光义借故逼赵德昭自杀（事后还上演了猫哭耗子的滑稽剧）。两年后，赵德芳也暴毙，年仅 23 岁。最后，赵廷美也被屡屡贬斥，忧悸而卒……另外，宋太宗继位后便下令修撰了《宋太祖实录》，他的儿子真宗继位后，又重修了一遍《宋太祖实录》，增加了不少美化赵光义的内容。这恐怕也是为了替父亲文过饰非（从侧面确保自己得位的正当性）。

甚至从宋太宗对待政治对手的方式上也可以看出其不自信的地方。太祖、太宗两代，北宋相继荡平"十国"残余的荆南（今湖北）、后蜀（今四川、重庆）、南汉（今岭南一带）、南唐（今南京一带及江西）、吴越（今浙江及上海、苏州）、北汉（今山西中部）等政权，完成了中原的统一。这自然是值得称道的事情，但相比兄长的作为，宋太宗的气度着实有些小了。

宋太祖时期已经沦为"违命侯"的南唐后主李煜，只因感伤吟诗（"故国不堪回首月明中""恰似一江春水向东流"）就招来杀身之祸。吴越国主钱弘俶主动"纳土归宋"，其六十大寿时宋太宗派使祝寿宴饮，当夜钱弘俶即告暴卒。这些事不能不叫人怀疑是一桩桩毫无必要的政治谋杀。

大凡得位不正的君主，一方面要堵人之口，另一方面则要建功立业，证明自己乃是天命所归。太平兴国四年（公元979年），宋军大举北伐"十国"里仅存的北汉时，赵光义就宣称，"周世宗及太祖皆亲征不利，朕决取之，为世宗、太祖刷耻"。其用心是很明显的，就是企图通过攻灭北汉，来实现英明神武的周世宗与宋太祖都不能完成的功业，借以提高自己的地位和威望。

北汉是个蕞尔小国，这次宋军北伐又动用了10万大军。大军围困太原城，自春至夏，昼夜攻打，矢石如雨。太平兴国四年夏，宋军终于平定北汉。有句话叫作"得意忘形"，宋太宗趁攻破北汉之后又打算收复后晋割让的"燕云十六州"，进而对辽开战。

偏偏宋太宗志大才疏，特别是他的军事指挥才能平庸，运筹帷幄的能力明显不及太祖（这也从侧面反映出有关赵光义早年军功的记载不够真实）。后人干脆评价太宗是"此人不知兵"。实际上，经过太原一战，宋军军士疲乏，已是强弩之末，偏偏宋太宗还打算"趁热打铁"继续进攻。结果在幽州（今北京）城下，辽军以铁骑来援，于高粱河大败宋军。宋太宗本人的大腿亦中两箭，差点儿当了俘虏，最后乘着驴车狼狈逃跑才算逃过一劫。

打烂的好牌

胜败乃兵家常事。宋军虽在高粱河一战大败亏输，但好在元气未损。战后第二年，辽军攻雁门，被宋将杨业（杨老令公）与潘美击败，可见宋军实力犹在。到了雍熙三年（公元986年），宋太宗下定决心再度北伐。此次出兵，是宋朝准备了好几年的大规模军事行动。三路大军，不下20万兵力，真可谓声势浩大。

谁知，这次北伐，败得比上次更惨。

这次，反倒是辽萧太后、辽圣宗南下亲征。宋军三路人马，相继败北，连威名赫赫的杨业也兵败被俘，不屈而死。宋初以来，选练的能征惯战的精锐部队终于损失殆尽。宋军的士气从此一蹶不振，宋太宗本人也已吓破胆，他对大臣说："卿等共视，朕自今复作如此事否！"从此，他再也不敢提收复"燕云十六州"的事了。

平心而论，辽军铁骑在河北平原野战里较宋军的确占有优势，但这次北伐如此一败涂地，这个板子其实还是应该打在宋太宗身上。这次出兵，宋太宗不敢亲征，却又不放心手握重兵的将领，于是来了个"遥控指挥"。他的指挥手段是"阵图"——将预先设计好的阵图交给出征的将帅，让他们不折不扣地执行。这与宋太祖用将"用人不疑，疑人不用"，只在命将出师前作简要的指示和告诫的做法大相径庭了。

偏偏宋太宗对自己的阵法很有自信，后来还发明了一个"平戎万全阵"。按这个阵法，中军分成3个方阵，共超过11万人（主要是步兵）。前、后、左、右4个方阵都是骑兵，总数不过3万。不难想见，若按其阵图部署，方阵总宽度达20里之遥，这就势必对地形提出苛刻要求，唯有在宽大平坦且无障碍的地带才能使用。对手又不是宋襄公，为什么要乖乖配合宋军布阵之后交战？这显然违背了用兵的基本原则，使指挥者既不敢根据战场形势对御制方案做出必要的调整，更不能发挥主动作战的积极性，唯有被动应付。可以说，这样子能打胜仗才见鬼了！

收复"燕云十六州"终成黄粱一梦。宋太宗不但没有妥善解决北宋前期的头等大事，即军事和统一问题，反而令其统治出现了积贫积弱的苗头。一方面，对辽作战的失败，使宋太宗借武功以提高威望的企图成了泡影，于是不能不对广大士大夫广施恩泽，加以笼络。另一方面，宋军兵势不振，不得不扩充军队人数聊以自安。宋太祖初年，兵力总数约22万人，内有禁军12万人。到了宋太宗末年，兵力总数居然猛增到约66万人。

不仅如此，宋太宗统治时期，国内甚至爆发了大规模的农民起义。淳化四年（公元993年），青城县（今四川都江堰市以西）农民王小波聚众起义，号召群众"吾疾贫富不均，今为汝等均之"。这场起义震动全蜀，一直持续到至道元年（公元995年）才在大军镇压下平定。开国不到50年的时间，就爆发如此大规模的农民起义，这在历代封建王朝中也是不多见的。宋太宗也不得不承认自己用人不当，致黎民"起为狂寇"。

两年之后，宋太宗去世，年约58岁。即便在千年之前，这也算不上高寿。究其原因，要了他性命的还是高粱河之战中的那两箭。战后，宋太宗每天早晚都要用盐汤来治理创伤。就算这样做，也只是暂时抑制住了箭伤，往后年年都会复发。皇帝多方求医，最后仍告不治。盖棺论定的话，太宗从太祖手中接过的是一个大好的局面——统一将成，社会稳定，可是太宗遗留给儿子真宗的，却只是一个危机四伏的局面。这位转正的二当家，打烂了一副好牌，实在是有点儿不合格。

（作者：郭晔旻）

西辽往事：
皇三代如何靠实力迅速败光一个中亚大国？

把一个处在巅峰期的政权败完是一件技术活儿。在这方面，秦二世、隋炀帝、宋徽宗自然是把好手。然而，败家与败家之间亦有差距。有的是因过于残暴变态而荒废的，有的是不懂装懂玩儿砸的。

但实在让人难以想象的是，一个靠政变上位、稳坐江山几十年的君主，会无脑地相信一个外族人，并给他很大的兵权，最后看着他造反登基，自己却成了太上皇。

这个人不是唐玄宗李隆基，而是西辽末代皇帝耶律直鲁古。

1

西辽的创建者耶律大石，是辽太祖耶律阿保机的八代孙。公元1114年，女真首领完颜阿骨打起兵反辽。耶律大石作为辽国少有的契丹族科举高官"大石林牙"（契丹语将"翰林"称为"林牙"），弃文从武，在辽天祚帝帐下任都统一职，帮助辽军抵挡了两次北宋配合金军进攻幽州的行动。

在抗金过程中，辽天祚帝不断逃跑，耶律大石不慎被金军俘虏。公元1123年秋，耶律大石随金西征，带领家眷从金营逃出，率一支部队投奔天祚帝。辽天祚帝想利用这支军队出兵收复燕云，但被耶律大石劝谏。天祚帝不采纳其建议，坚持出兵。事情正如耶律大石所料，公元1125年春，天祚帝在兵败逃亡西夏的途中被金军俘虏，辽自此灭亡。公元1127年，金掳走北宋徽、钦二帝，北宋灭亡。

此时已离开天祚帝的耶律大石，意图光复辽国，积极同南宋、西夏斡旋，壮大"反金统一战线"。同时，他想到了同辽有通商联姻的喀喇汗王朝，决定先向西域发展，积累更为雄厚的物质基础，再来灭金。

公元1130年，耶律大石率领漠北可敦城的主力部队西征，但实力不济，被东喀喇汗王朝挫败。同时，金国西北前线很快得到情报，攻打耶律大石。公元1131年，金军前来讨伐耶律大石，结果在沙漠中损失大半兵力，只能放弃。

西进不成的耶律大石决定暂停西征，与民休养生息，得到当地突厥各部族的拥护，疆域空前扩大，东起土兀剌河（今土拉河），西至也迷里河。公元1132年，耶律大石在叶密立城登基称帝，号"菊儿汗"（或译为古儿汗），突厥语意为"大汗"或"汗中之汗"。至此，西辽建立。

随后，经过10年的扩张，西辽扩展为一个西到咸海、东到哈密和蒙古高原的称霸中亚的强大国家。

公元1143年，耶律大石病逝，儿子耶律夷列即位，遗诏命皇后萧塔不烟摄政。母子二人在执政期间励精图治，国力日盛。

当时西辽国"籍民十八岁以上，得户八万四千五百户"。在水资源不多且战乱频仍的中亚地区，这样的人口规模并不算小。

从外部环境来看，西辽下属的高昌回鹘、东喀喇汗国、西喀喇汗国和花剌子模在此期间都对西辽颇为臣服，蒙古高原上的乃蛮部也是被西辽征服的部族。

世仇金国几次派兵西征，不是被西辽军击退，就是路都没走完就被打败了。

但耶律夷列在位时间不长，30多岁就去世了。按照辽国传统，本该由年幼的长子即位，耶律夷列的皇后晋升皇太后临朝称制。可是，耶律夷列娶的是强大的外戚萧氏女子，是西辽第一大将和重臣萧斡里剌家族的人。

萧斡里剌是跟着耶律大石东征西讨、打下西辽基业的最大功臣。在西边，萧斡里剌连克诸国军队，将中亚霸主塞尔柱帝国苏丹桑贾尔打得仅以身免。在东边，萧斡里剌受命统率7万大军东征金国，但走到半路上牛马死，非战斗减员严重，所以被迫撤军。

耶律大石死后，萧斡里剌一直掌握着西辽军权。耶律夷列害怕萧氏皇后临朝称制会导致外戚权力过大，威胁皇权，于是遗命让耶律大石的女儿，也就是自己的妹妹耶律普速完监国称制，这也开创了中国历史上皇帝遗命让妹妹做摄政太后的先例。

耶律普速完上位后，自称承天太后，在中亚也获得了和西辽皇帝一样的"菊儿汗"称号。

从太祖耶律阿保机的述律皇后开始，辽国的摄政太后几乎没有拖后腿的。这位承天太后的军政能力也很强，她先是解决了西辽的隐患中亚葛逻禄人，随后对逐渐发育起来的花剌子模采取拉一派打一派、不断挑起花剌子模贵族内乱的方式，保证了对花剌子模各部的控制，让它们不能统一起来反抗西辽的统治。

耶律普速完的丈夫萧朵鲁不是萧斡里剌的儿子，军事能力也不错，但在政治上还是倾向于站在自己家族那边，而不是自己的菊儿汗夫人。

为了分化强大的萧家势力，她色诱丈夫的弟弟萧朴古只沙里和自己偷情，试图让他成为自己的死忠，从而取代萧朵鲁不在萧家的地位。在时机成熟后，她罗织罪名将萧朵鲁不赐死。

可耶律普速完聪明一世，糊涂一时。她以为萧斡里剌是一把年纪的老头子，活不了几天了，只要把萧家年轻一代搞定就行了，却不懂政治斗争就是要最大可能地消除威胁。萧斡里剌是西辽开国功臣，德高望重，就算没什么理由杀他，但如果想办法收了他的兵权，让他以富贵体面的方式度过余生，也可以避免后来的事情发生。

萧老爷子得知儿子被杀，哪里咽得下这口气，只想找儿媳妇报仇。恰好这时，耶律夷列的次子耶律直鲁古长大成人，也觊觎起皇位来。如果耶律普速完将来还政给夷列长子，那耶律直鲁古就彻底没有上位的希望了。

于是，这两人一拍即合，决定发动政变。

公元1178年，萧斡里剌趁耶律普速完疏于防备，率军包围皇宫，亲手射杀了耶律普速完，顺带处死了背叛家族的儿子萧朴古只沙里。随后，萧斡里剌拥立耶律直鲁古即位。

西辽在经历了损失大批高层精英的血腥政变后，开启了耶律直鲁古时代。

2

耶律直鲁古即位初期，在萧斡里剌等先朝老臣的辅佐下，西辽保持了巅峰国势。然而，在这帮老臣去世后，耶律直鲁古就没了顾忌，开始暴露自己荒淫无度的本性，沉湎于娱乐游猎，朝政逐渐腐败。

他既没有学习爷爷耶律大石整军经武、纵横捭阖，也没有学习奶奶、父亲和姑妈修齐成政、恩威并施，治国和外交全靠心情。

他犯下了一个致命错误，就是缺乏战略眼光和手段，让不老实的小弟花剌子模崛起。

12世纪末期的周边局势，已经和耶律大石时期完全不同。宿敌金国在金世宗完颜雍的统治下，国力达到巅峰，还把之前心向西辽的乃蛮部和克烈部收服成自己的臣属。史料没有记载耶律直鲁古对此有何应对措施。

在耶律大石取得了卡特万会战[①]的胜利之后，塞尔柱王朝的势力逐渐衰落，阿富汗地区的古尔王朝逐渐强大起来，同河中地区的花剌子模产生了冲突。

此时花剌子模在西辽扶持的首领塔咯什的统治下，不断向外扩张。塔咯什一度和阿拉伯帝国的哈里发合作，瓜分了塞尔柱帝国最后的地盘，将势力深入波斯地区。这样一来，两国为了争抢地盘开始大打出手。

这里有必要讲一下西辽政权的特殊性。西辽作为一个外来政权，其基础是当年耶律大石带到西域的契丹人、奚人、汉人和部分草原民族的军队及部众，人数最多不过几万。靠着耶律大石的才能和威望，征服了西域和中亚的一大批国家。

中亚大地如此广袤，主体民族又是中亚民族，耶律大石是无法靠几万人

---

① 公元1141年，西辽军队同以塞尔柱帝国为首的西域联军发生冲突，双方在撒马尔罕以北的卡特万草原对峙，此战役是中亚史上的著名战役，西辽耶律大石在此战中以少胜多，塞尔柱帝国势力退出河中地区，西辽成为中亚霸主。

的基础在中亚维持一个强大政权的。因此,他被迫采用分封制,征服高昌回鹘、东喀喇汗国、西喀喇汗国等,之后都没有取消其建制,而是让它们成为自己的封国,向西辽首都虎思斡耳朵缴纳贡赋,履行征兵、徭役等义务。

这样的政治体制类似西周时期的分封制。菊儿汗就是有实权的周天子,直接统治都城周边的地区。花剌子模则是作为西辽的外部藩属国而存在的。

再说回当时的中亚局势。古尔王朝于公元1197年占领了巴里黑(今阿富汗马扎里沙里夫之西北)。该城的统治者原来每年向西辽送缴土地税,在古尔王朝占领巴里黑后就停止了一切贡赋行为。

随后,古尔王朝攻打花剌子模。塔喀什不敌,向西辽求救,声称如果西辽不救,古尔人将像夺取巴里黑一样夺取花剌子模,然后进攻西辽。

耶律直鲁古自认西辽军队多年来战无不胜,收拾一个古尔王朝还不轻而易举?遂派大将塔阳古为统帅带领大军出征。

深居内宫的耶律直鲁古迷信国家的武力值,却忽略了两点实际情况:

其一,古尔王朝并不弱。古尔王朝从阿富汗西北的赫拉特地区起家,到12世纪末领土已包括今伊朗东部、阿富汗大部、印度北部和巴基斯坦地区,疆域不比当时的西辽小。

其二,耶律直鲁古对巴里黑等地方施加的贡赋压力太大,在当地人心已失,大家不再支持西辽的统治,反而更加欢迎古尔王朝。

公元1198年春,西辽大军进入呼罗珊地区,同时,花剌子模沙特克什也率军到达图斯。西辽军队起初势如破竹,占领了古尔王朝的许多地方。没想到取胜后,西辽军队强盗本性发作,对于占领的地区不但不加以保护以求安定人心,反而到处烧杀抢掠,激起了当地人民的愤怒和反抗。

西辽军队劝降巴里黑城长官,不但被对方拒绝,反而遭到呼罗珊的一些城堡军的袭击。西辽军队疏于防备，遂大败，损失了 1.2 万人。

耶律直鲁古觉得太亏了，向塔喀什派出使臣索要损失赔偿，被塔喀什拒绝。

耶律直鲁古心想：西辽打不过古尔王朝，还打不过花刺子模吗？于是派兵攻打花刺子模，结果又被打败，还一直被追到中亚重镇布哈拉城。不过塔喀什一直主张不背叛西辽，所以这次只进行了自卫战争，并没有和西辽撕破脸全面开战，而是再次派使者表示臣服。

耶律直鲁古的这番操作，不但没树立权威，反而还连败两场，打破了西辽多年来的无敌形象。

3

公元 1200 年，塔喀什去世，儿子摩诃末即位。公元 1203 年，花刺子模的摩诃末和与他同名的古尔王朝的摩诃末再次发生战争。

古尔王朝的苏丹摩诃末御驾亲征，花刺子模的摩诃末和他父亲一样不敌对方，再次向西辽求救。

耶律直鲁古或许不想丢掉菊儿汗的威信，派塔阳古率军 1 万人救援，西喀喇汗王国君主奥斯曼也率军援助。

古尔王朝得知西辽援军来后马上撤兵，在安都淮沙漠被西辽军队截击，这一战损失了 5 万余人。如果这个数字记载属实，西辽这次用兵的成就不亚于耶律大石当年的卡特万会战。

古尔王朝的苏丹被西辽军队追至一个城堡。经西喀喇汗国君主奥斯曼斡旋，古尔王朝的苏丹交出赎金买了自己一条命，也宣告自己彻底没有能力再抗衡花刺子模了。

从战略来说，耶律直鲁古作为中亚话事人，如果抱着离岸平衡的目的打击古尔王朝，本身也没毛病。可是他没有考虑西辽国力衰退的实际情况，付出很大的代价去打一场大仗，不仅没有给西辽增加土地，反而严重削弱了西辽军力，又为花剌子模在呼罗珊地区的发展扫清了道路。

在彻底打败古尔王朝后，摩诃末的野心再也按捺不住，直接停止了给西辽的年贡。

耶律直鲁古派人催缴贡赋，当使者抵达花剌子模宫廷时，摩诃末正准备对钦察开战，既怕西辽此时前来讨伐，又不愿继续以藩属身份面对，就让母亲图儿罕太后以尊崇的礼节接待西辽使臣，缴纳了所欠的年贡，并派出几名贵族朝见耶律直鲁古致歉，保证履行藩属义务。

如果耶律直鲁古是其姑妈耶律普速完，就该趁着摩诃末打钦察的时候，以不听话为理由征讨花剌子模，打断其上升的势头。

为何我们刚刚还说耶律直鲁古不应该打一场大仗，现在又说他应该对花剌子模动手呢？

因为之前古尔王朝和花剌子模在力量上差距不大，花剌子模虽然处于下风，但也不至于没有抵抗之力，没必要透支国力去帮它，给予一些适当的援助就行了。而现在古尔王朝全面溃败，花剌子模一家独大且反迹昭彰，所以说趁摩诃末和钦察开战时讨伐它，是一个绝好的机会。

可惜耶律直鲁古被图儿罕太后的行为麻痹，什么事都没干。眼看着摩诃末征钦察胜利后停止了对西辽纳贡，还顺手征服了河中地区。

公元 1206 年，布哈拉爆发了桑贾尔领导的人民起义，摩诃末趁机率军进入河中地区，攻占布哈拉并镇压了人民起义。摩诃末拉拢西喀喇汗王朝君主奥斯曼与西辽对抗，但被西辽打败。奥斯曼想重新臣服，便向耶律直鲁古的女儿求婚。

耶律直鲁古如果同意，就可以很好地拉拢这个属国一起对抗花剌子模。然而，耶律直鲁古拒绝了，这使得奥斯曼感觉受到羞辱，再次和花剌子模站在了一起。

公元1210年，摩诃末率军进入河中地区，受到奥斯曼的热烈欢迎。摩诃末为动员当地人支持自己，宣布对西辽开战，在怛逻斯附近打败了西辽军队，俘虏了其主帅塔阳古。

此战使得花剌子模取代西辽，成为中亚地区的新霸主。

与此同时，东部的高昌回鹘王国杀死西辽的监督官，投靠成吉思汗建立的大蒙古国。葛逻禄部首领阿儿斯兰汗也投奔了大蒙古国。

几个属国叛变后，西辽只剩下首都虎思斡耳朵所在的东喀喇汗王朝这一个附庸国，结果连东喀喇汗王朝也造反了，只不过这场造反被耶律直鲁古镇压了下去。

耶律直鲁古荒废国政，一通操作搞得属国坐大，众叛亲离，生生把一个中亚大国搞到崩溃的边缘。

而他最离谱的操作还不止于此。

4

成吉思汗建立大蒙古国后，打垮了仇敌乃蛮部，乃蛮部太阳汗的儿子屈出律率残部逃往别失八里，翻越天山进入西辽境内。

耶律直鲁古召见了屈出律，见他面容英俊，且可以召集乃蛮残部帮助自己，便不看他的人品如何，直接同意将公主嫁给屈出律，让他纠集乃蛮旧部，帮助西辽对付蒙古人，甚至授予他一定的军权。

屈出律是不甘人下的野心家，见耶律直鲁古初次相见就这么信任他，不仅不感激涕零，反而认为耶律直鲁古是昏聩的君主，自己应当取而代之。

屈出律到叶密立和海押立一带召集族人，又同其他部落结成联盟，进入西辽直辖领地，大肆杀戮和抢劫。他暗中联络摩诃末，约定瓜分西辽土地。

公元1210年，在怛逻斯战败返回的西辽军队不加约束，沿途烧杀抢掠。抵达巴拉沙衮时，居民们怕花剌子模人跟在后面，拒绝他们入城。

西辽军队的将领们声称花剌子模已退兵，但居民们不相信。居民们坚守16天后，西辽军队用大象把城门击毁。西辽军队入城后，不仅大肆抢掠财物，还屠杀了4.7万人。

此时耶律直鲁古的国库经他多年挥霍，已经空空如也。宰相马赫穆德巴依怕皇帝征收自己的财产，便建议把士兵抢劫的财物集中归国库，这么离谱的请求耶律直鲁古也觉得可行。

当将军们听到这一消息后，马上就带着军队离开了虎思斡耳朵，还煽动各地叛乱。

在这样的情况下，心大的耶律直鲁古还有心思到外面打猎。

屈出律得知这一情况后，于公元1211年秋，趁耶律直鲁古没有防备，带军队突袭并擒获之。

屈出律自立为西辽君主，"尊耶律直鲁古为太上皇，皇后为皇太后，朝夕问起居"。

事已至此，耶律直鲁古懊悔不已，两年后便郁郁而终。

虽然蒙古帝国在公元1218年才灭亡西辽，但是西辽在被屈出律篡夺的那一刻起，事实上就已经亡了，契丹贵族完全被屈出律带来的乃蛮部族人所取代。

想当年耶律大石"万里威声震,百年名教垂",父辈也算英明之主,到了耶律直鲁古时期却变成这样。历史如人生一样,有时候决定命运的,只需要一两个瞬间或者那么几个人。

(作者:铁骑如风)

朝鲜长期追随明朝，为何在萨尔浒之战中三心二意？

万历四十六年（公元1618年）夏，炎热一如既往，可此时的汉城王宫里充满了秋日般的寂寥肃杀之气。大明辽东巡抚李维翰一封咨文送到朝鲜，要求朝鲜加紧备战，并在北方边境秘密布置7000名精锐火器手，一旦时机成熟，则让朝鲜军配合明军，"合兵征剿"。这"合兵征剿"四个字让朝鲜国王光海君李珲眉头紧锁。

并不亲明的朝鲜国王

李珲的父王李昖是一个彻底的"明粉"。按他的话说，中国是父母之邦，朝鲜与日本都是中华之子，但"我国（朝鲜）孝子也，日本贼子也"。在惨烈的壬辰倭乱中，若非明朝倾力相救，这世上可就没什么李氏朝鲜了。因此，李昖那一代的朝鲜君臣对大明的再造之恩念念不忘。然而，光海君不同于其父，他对大明并没有那么死心塌地，不认同其父恪守的"大明孝子"之道。对光海君李珲而言，这甚至是一种威胁王位的危险举动。这和他坎坷的继位之路有关。

与日后清朝残酷的"九龙夺嫡"不同，光海君上位的主要阻力并非来自兄弟倾轧。李氏王朝原本恪守从大明学来的嫡长子继承制，结果父王李昖的懿仁王后朴氏无法生育，根本就没有嫡子，所以其长子是恭嫔金氏所生的庶子。

而这个长子临海君完全不像个未来国王的样子，公然打着王子的名号抢占民财，搞得天怒人怨。如此一来，次子光海君就成了未来国王众望所归的人选，士大夫纷纷夸奖他"聪明端厚，笃善好学，不喜芬华，自奉简俭"。

在日军入侵来临之际，国王李昖一心想要逃跑，甚至发表过"予死于天子之国可也，不可死于贼手"的高论，意思是干脆一口气逃到大明境内。而光海君临危之际受封储君，马上代替其父到前线抚慰将士。所谓没有对比就没有伤害，许多士大夫由此抨击国王的软弱，要求他退位，给王子光海君腾地方。但是，国王李昖极为反感光海君，至死都对光海君态度冷淡。

更倒霉的是，从光海君被立为世子到登基的14年间，明廷5次拒绝册封光海君，就因为他既非嫡子，又非长子。原来此时的大明也在为嫡长子继承制的事情闹得不可开交。万历皇帝想立三子，群臣以为不可，于是闹出了明末著名的"国本之争"，最后万历也只得收回成命，遵循祖宗定下的嫡长子继承制。

朝鲜原本是没有嫡子的，但国王李昖又封了新王后，顺利生下男孩，按宗法，这个比光海君小30多岁的弟弟才是嫡长子。因此直到他继位后，大明礼部仍拒绝册封光海君为朝鲜王，并且派官员前往朝鲜，求证他哥哥临海君是不是自愿让位的。光海君李珲实在没办法了，用大量银子贿赂明朝使臣，最终才获得册封，早就实至名归的王位这才算落定。经过这10多年的反复折腾，光海君李珲算是恨透了亲明的父王，又参透了明朝的腐朽，一颗不服从的种子早已在他心中生根发芽。

以"畏虏如虎"而闻名的李朝军队

与大明不同，朝鲜因为地缘相近，对女真诸部早有认识，从明中叶起，朝鲜就与建州冲突不断。彼时的建州各部还远远未能整合，所以朝鲜一般都是实力占优的一方。饶是如此，朝鲜人却早早领教了建州女真的战斗力。近百年前的北方边境上，朝鲜士兵就已经以"畏虏如虎"而闻名。

而数十年过后，北方的建州已经完成了实力整合。朝鲜此前经常欺压一盘散沙的建州诸部，还将努尔哈赤音译成"老乙可赤"，对其态度很是鄙夷。此时的"仇虏"早已今非昔比，这对朝鲜显然并非好消息。在建州女真实力剧增之际，朝鲜却更加羸弱，壬辰倭乱将朝鲜武力废弛的一面彻底暴露。

万历二十年（公元1592年）春，日军在朝鲜南部的釜山登陆，朝鲜的防御以匪夷所思的速度崩溃。按朝鲜人自己的说法，是"升平二百年，民不知兵，郡县望风奔溃"。也就是说日本人所面对的朝鲜城池大部分是不设防的，因为守军和官吏在日本人到达之前就"望风奔溃"了。短短半个月后，距离釜山400千米的汉城就被攻克。两个月之后，当时的朝鲜国王已经在认真考虑带着一家老小逃到辽东，在大明踏踏实实地成为东北一家人了。

3个月之后，日军主力加藤清正部打过图们江，到今天吉林的延吉一带和女真交上火了。丰臣秀吉激动得不行，写下"今略明地"四个字。他完全没想到这么快就到大明了。经过7年的残酷战争，朝鲜人口剧减，经济崩溃，而且在政治上形成了影响深远的后遗症。朝鲜的朋党之争并未稍有消停，反而愈演愈烈。

出人意料的是，后金政权对朝鲜的心思似乎了如指掌，这与当年朝鲜官场的风俗有关：当年的李朝官员退朝回家，一定要就朝廷军机大事和亲友议论卖弄，不这样做就会被认为是看不起人，所以他们根本不以泄密为耻。曾前往朝鲜抗倭的大明兵部右侍郎宋应昌就对此非常恼火。在这种特别的风俗之下，保密工作也就无从谈起了，朝鲜的情况对后金间谍而言几乎是透明的。

早在明朝提议"合兵征剿"半年之前，朝鲜就已经收到了来自后金的威胁。此时是万历四十五年（公元1617年）冬十月，努尔哈赤连"七大恨"还没发布，就已经移书朝鲜称"我于南朝有怨，欲为报复。贵国若助南朝，当以一支兵先往"。而与李维翰咨文的同时，朝鲜不止一次收到后金的"七宗恼恨"文书，"胡书中语意极其凶悖""屡屡恐吓"，对朝鲜进行赤裸裸的武力威胁。朝鲜备边司对后金十分恐惧，认为"奴酋情形之凶逆，兵力之鸱张，十余年来已作难当之虏"，其已经形成，难以剿灭。

朝鲜人尤其看透了"七大恨"背后的野心，他们明白努尔哈赤的目的并非挟私报复，怕是有更大的图谋。备边司作为朝鲜王朝总领中央和地方军务的官厅，正一品衙门，在朝鲜的军国大事中有很高的话语权。他们希望光海君能婉拒明朝的出兵请求，光海君也向明朝表示，不是朝鲜不想派兵，而是"以不教弱卒，驱入贼窟，比如群羊攻虎，无益于征剿，其在我国，反有不守之忧矣"。这意思表达得很明确，朝鲜只想守好自己的家门。

事后朝鲜王朝的《李朝实录》称，"王不欲助兵天朝，阴观成败"，揭露了光海君的真实想法。

磨磨蹭蹭的都元帅姜弘立

但无奈，朝堂之上的亲明势力占绝大多数，一开始表态暧昧的几个近臣也很快改变了态度，坚决支持出兵。同时，万历皇帝的诏书到达，这下朝鲜国王如果不出兵就是无父无君，是真的要下台了。朝鲜派出了1.3万人的军队，由议政府左参赞姜弘立担任都元帅，负责指挥。这支部队很快渡过鸭绿江，前往萨尔浒。姜弘立本是个文官，此次却授衔都元帅，成为这支朝鲜援军的最高长官。有人认为是因为他善于站队，深得光海君喜爱，获得了火箭式的提拔。但其实这次出兵后金的任务根本不是什么美差，搞不好是要送命的。

姜弘立连续上了几道辞呈，不惜在辞呈里把自己贬得一无是处，说什么"未老先衰，年仅五十，齿发俱变""精神虚脱，昏聩恍惚，如在烟雾中，遇事茫然，前忘后失"。他把话都说到这份上了，任谁都看得出来他根本不想去打仗。光海君最后给他回了一句话："国事危急，勿辞调理，速为下往，统率三军。"意思是老姜你就别磨蹭了，赶紧给我上前线吧。但出征前，光海君交给姜弘立一道命令，让他不要盲从明军将领的指挥，首要任务是保存好实力。姜弘立自然心领神会。

万历四十七年（公元1619年）二月二十二日，在朝鲜军主力过江整整3天之后，姜弘立才渡过鸭绿江，与前来监军的大明辽东镇江卫游击乔一琦会面。乔一琦是上海县人，书法家，又中过武举，素质很全面。不过，他是个大嘴巴。姜弘立很快从他嘴里听到一个八卦：朝鲜军所在的东路明军指挥刘绖和总指挥杨镐关系一向不和,率领西路主力明军的杜松则是"勇而无谋",其余诸将更是"平平"。

过了几天,姜弘立见到刘𬘩本人,刘大刀也向他倒苦水:"东路兵只有俺自己亲丁数千人,且有各将所领,要不出满万耳!"姜弘立心说大事不好,自己怎么入了这兵力最单薄的一支明军阵列了?他赶紧问刘𬘩:"东路兵甚孤,老爷何不请兵?"刘𬘩也不避讳,再次向姜弘立传达了"杨爷与俺,自不相好,必要致死"的消息。姜弘立更慌了:自己怎么进了敢死队了?姜弘立在刘𬘩军营内没看到大炮重器。原来刘𬘩军轻装简从,所有的火力支援全都指望姜弘立的朝鲜军!

姜弘立本来就不想来打仗,行军一贯磨磨蹭蹭,这下彻底绝望了。此后朝鲜军行军更加拖延,一直推脱粮草未到(也是事实,整个东路明军都缺粮)。乔一琦急了,写信怒斥道:"朝鲜军非无粮也,逗留观望,畏缩太甚!"姜弘立没有办法,从朝鲜各营中抽取了600个腿脚好的士兵,撇下一切辎重,连武器都不带,做出前去追赶明军的阵势。

欲走则归路断绝,欲战则士心崩溃

初二,东路明军到达深河,遭遇小股后金军,刘𬘩与朝鲜军合力击败了这500人的小部队。此后朝鲜军又断粮了,他们不得不停下休整一天,而刘𬘩的部队则继续前进。这就给了后金将其各个击破的机会。

距离深河战斗的胜利才过去两天,乔一琦狼狈地逃到了朝鲜营中,姜弘立从他口中得知了刘𬘩战败的消息,"传说天兵尽殁,提督亦不免"。正当姜弘立犹豫之际,后金兵马竟然已经杀到阵前,"贼骑齐突,势如风雨",朝鲜军的火枪手只开了一枪，后金的骑兵已经冲入阵中，就在转瞬之间，朝鲜军"两营皆覆"！

其中，朝鲜左营将金应河率部3000人力战。该部展开布阵，打得很有章法，阵前布置了拒马，在拒马后从容射击。但随后狂风大作，朝鲜火枪手的火绳被吹灭，无法继续射击，以至于阵形大乱。后金兵马杀入阵内，金应河取出弓箭杀敌，最终被绕到身后的后金军用长矛刺死。此后，金应河的英雄事迹成了朝鲜王朝时代长盛不衰的爱国诗歌题材。

姜弘立率部登山据险，此时的朝鲜军已经断粮两日，只剩4000多人。后金军将朝鲜军围在山上。在朝鲜的官修《李朝实录》中，这些朝鲜"士卒知必死，愤慨欲战"，但根据姜弘立的幕僚李民寏的日记记载，那场战役则完全是另一幅场景。朝鲜崩溃的中营距离山上残兵不足千步，山上残兵眼睁睁看着仅在千步之外的后金骑兵像割草一样成片砍倒漫山遍野的朝鲜败卒，死伤者的哀号声声入耳。姜弘立和诸将还想激励士气，但"百无一应者""无不丧魄，至有抛弃器械，坐而不动者"，完全是坐以待毙。此时的朝鲜军"屡日饥卒，焦渴兼剧，欲走则归路断绝，欲战则士心崩溃"。

此时后金军中一骑冲上山来，在朝鲜军阵前连声高喊"通事！""通事！"通事即翻译。朝鲜军中的汉语通事黄连海马上应答。朝鲜人大叫："两国自前无怨，今此人来，迫不得已，汝国岂不知之乎！"后金军自然心领神会。很快，姜弘立派出军官与后金大将代善（努尔哈赤之子）会面，这位负责谈判的朝鲜军官名叫朴从命。这个名字很直观地反映了朝鲜军现在的处境，除了从命之外别无他求。躲在朝鲜军中的明军将领乔一琦很明白，自己已经没有别的出路了。就在短短10多天前，他还和姜弘立谈笑风生，毫不忌讳地把刘綎与杨镐不和的八卦相告，而此时的他已经穷途末路，于是跳崖而死。

投奔在朝鲜军中的明军败卒很快被交给后金，他们全部遭到砍杀。姜弘立很快前去拜会努尔哈赤，才走出四五里，又看到了极为血腥的一幕：几千浙江溃兵屯据山上，早无战意，数百后金骑兵驰突而上，浙军立即崩溃。姜弘立明白，如果自己昨天没有立即投降，同样的命运也会降临到朝鲜军头上。

萨尔浒战后，光海君在汉城的宫室内向两班大臣说，既然明朝不能一鼓作气消灭建州，日后搅动中原大乱的首倡者必然是努尔哈赤。

此语竟然成真。

（作者：罗山）

崇祯一朝，
有多少大将败给了莫须有的"养寇自重"？

明代是一个重文轻武的朝代，文人地位远远高于武人地位。《明季北略》中记载："明制最重进士，可仕至六部。进士中，翰林为最。一入翰林，则不屈膝，虽拱揖，腰背不甚折，所以养相体也。举人止可仕至太守而已。故进士观举人颇卑，虽同处不甚欹接。至岁贡荫官，又无论矣。若武职则微甚，虽大至总戎，自文臣视之，抑末也。"

在文臣眼中，武将即便官至总兵，也不过一介武夫罢了。当然，这是太平盛世的规矩，到了王朝末期，朝廷朝不保夕，大小军阀的养寇自重，往往成为皇朝面临的棘手问题，这既与末世的秩序瓦解有关，更与军人权力的过度膨胀有关。

不过，明朝武将地位低，很多重要的武职常常由文官来担任，这样既提高了武将集团的受重视程度，也在一定程度上遏制了武将集团尾大不掉的状况。因此，从总体上说，虽然崇祯朝后期军队同样出现过失控，但从未达到威胁皇权的程度。

这确实是明朝在军事制度上先进的一面，象征军队最高权力的兵部只有调兵权，没有统兵权；掌握着实际兵马的五军都督府则只有统兵权，没有调兵权。但这种军事体制有一个弊端——有点儿水平的人都不愿从军，武将的指挥能力大幅滑坡；军队的整体素质下降，战斗力更是远不如前。

谁在"养寇自重"？

明朝体制如此，加上崇祯皇帝颇为勤政，始终牢牢地控制权力，且对军队的事情事必躬亲，不放过任何微末的细节，甚至对军人的养寇自重敏感到了杯弓蛇影的地步。

所谓"养寇自重"，字面意思就是故意放过敌人、不去剿灭，以显示自己的重要性。说白了，军人的"养寇自重"就是想搞独立，不拿皇帝当回事儿，这是所有王朝的大忌，也是崇祯皇帝最为担心的事情。为了防患于未然，崇祯皇帝便时常以"养寇自重"的罪名，来敲打与警示那些手握重兵的将领们。对他来说，"养寇自重"甚至成为一个万能的帽子，只要看谁不顺眼，或是谁打仗不积极，就送他一顶并借以惩戒。上有所好，下必甚焉，朝臣之间的相互攻讦、军人之间的彼此指责，也必会拿出"养寇自重"这顶高帽来压人，以至于崇祯一朝，深受"养寇自重"之苦的将领不乏其人。

所以，尽管崇祯朝不乏军事强人，他们却很少能有完美的结局，或遭到朝廷的冤杀，或被皇帝间接逼死，或者死于萧墙之祸——他们面对的不仅仅是前方的敌人，同时还要面对来自后方皇帝的猜忌、朝臣的打压、同侪的拆台，以及党争的倾轧……打仗原本是军人的天职，而崇祯朝的军人要面对的远非打仗那么简单。无论他们怎样卖力，打过多少胜仗，均无法解决皇帝的猜忌和朝廷的种种痼疾。以明朝与后金的战争为例，明朝的很多军事强人，并没有败给实力强大的后金，而是败给了崇祯皇帝强加给他们的"养寇自重"的罪名。

说毛文龙"悬踞海上，养寇自重"

崇祯朝第一个被"养寇自重"这一罪名击倒的军事强人是平辽总兵官毛文龙。不过，击倒毛文龙的并不是崇祯皇帝本人，而是后来同样因"养寇自重"被治罪的蓟辽督师袁崇焕。

毛文龙其人，算得上明末的传奇人物。天启元年（公元1621年），后金以席卷之势扫荡辽东，时任练兵游击之职的毛文龙却率领197名明军深入敌后，出其不意地攻取镇江，占据皮岛，且以皮岛及周围的岛屿为基地，招募流民，招徕降卒，整训军队，奔袭后金，从而形成对后金的牵制之局，让努尔哈赤如鲠在喉、如芒在背。吴国华的《东江客问》所谓："朝野之人，无不壮之，牵制之名，于是乎著。奴屠一城归，战一胜归，终不敢窥关一步，谓非毛之功不可。"这算是对毛文龙以及东江军的客观评价。

当然，与关宁军面对的正面战场不同，孤悬海外且势单力薄的东江军起到的主要作用是牵制后金，使之无法放开手脚投入正面战场，并与驻扎在山海关和登莱的明军形成掎角之势，构成一个攻防一体的立体网络。东江军的主要战术，则是派出细作，安插眼线，遣将四出，据险设伏。这些避实就虚、声东击西的游击战术，是最典型的毛氏打法。然而，因为要养活数十万东江军民，向朝廷催粮催饷，就成了毛文龙日常工作的一部分。可朝廷发来的粮饷总是杯水车薪，无法满足东江军民的基本需求。毛文龙别无他法，有时不得不以海上贸易的所得，来贴补饷银的不足。

逐渐自给自足的毛文龙部，确实有了一定的独立性。毛文龙也开始在军中设置亲军，其中重要的将领均被赐予毛姓，甚至被其收为"养子"与"养孙"。在明军单兵素质普遍下降的境况下，培养私军原本是提高战斗力的一条有效途径，虽然弊病明显，但除此之外不足以笼络人心。尤其处在非常时期，私军往往是王朝唯一的可用之军，像袁崇焕、卢象升、洪承畴等人治军的方式也莫不如此。然而，毛文龙所做的这些，虽本人问心无愧，却很容易授人以柄。自毛文龙开镇东江之日起，朝中对他的攻讦之声就不绝于耳。更为关键的是，朝中大臣需要看得见、摸得着的胜利，毛文龙的游击战术很难产生立竿见影的功效；朝中大臣看不到毛文龙经营皮岛的辛苦，却只看到了毛文龙"悬踞海上，养寇自重"，并借以向朝廷冒功縻饷……

崇祯二年（公元1629年）六月，毛文龙被新上任的督师袁崇焕以十二条大罪斩于双岛。抛开毛文龙个人的是非功过不论，毛文龙被杀将直接导致东江军再难形成一个领导核心。毛文龙的旧部或死，或逃，或降——毛文龙的心腹将领孔有德、耿仲明和尚可喜全都投靠后金，成为深受皇太极倚重的"三顺王"。他们帮助后金攻陷旅顺，占领皮岛，征服朝鲜，使明朝最终丧失了战略进攻的可能性。

至于袁崇焕本人，他的矫诏擅杀为自己埋下了祸根，他的悲剧命运就此注定。

说袁崇焕:"纵敌长驱,顿兵不战"

崇祯二年(公元 1629 年)十月,明朝爆发了著名的"己巳之变"。毛文龙被杀仅仅 4 个月后,袁崇焕即被推上风口浪尖。

"己巳之变"的过程是这样的,皇太极吸取了强攻宁、锦坚城导致战败的教训,率领后金军避开明军的宁锦防线,转以蒙古喀喇沁部骑兵为向导,绕道蒙古的领地,分兵三路从龙井关、洪山口、大安口突入关内,直逼京师。而彼时的蓟镇疏于防务,后金军几乎没有遇到像样的抵抗,便顺利突破关口。此前袁崇焕曾向崇祯皇帝许下"五年复辽"的诺言,此时的崇祯皇帝正眼巴巴地等着袁崇焕从前线带来的好消息,但万万没有想到,他等来的并不是袁崇焕辉煌的战绩,而是后金兵围城的消息。

面对突然降临的灾难,崇祯皇帝惊慌失措,急令各地兵马驰援。袁崇焕先是派遣赵率教率部增援遵化,试图将后金军挡在遵化一线。不料赵率教在遵化城下身中流矢阵亡,遵化随即失陷。袁崇焕本人亲率大军进抵蓟州,准备在蓟州构成第二道防线,不料皇太极并没有在蓟州与袁崇焕交战,而是绕过蓟州,进至通州。至此,袁崇焕已经先机尽失,他试图在中途拦截后金军的计划全部落空,战火不可避免地烧到京城之下。

京城乃是王公贵族聚居之地,京郊更是遍布王公贵族的家产。在这些人看来,袁崇焕退保京师,无异于纵敌深入,置他们的家产于不顾,自然引起他们极大的不满,于是纷纷上疏朝廷,声言:"崇焕虽名入援,却听任敌骑劫掠焚烧民舍,不敢一矢相加。城外戚畹中贵园亭庄舍,为敌骑蹂躏殆尽。"因为此前袁崇焕曾与后金有过和议,很多朝中大臣便怀疑袁崇焕故意"纵敌拥兵",将战火引至京师,以实现与后金达成城下之盟的目的。

按照明朝的规定,外镇之兵若没有皇帝的旨意,不可轻易进抵京城。所以,当袁崇焕与诸将商议进驻京城时,副总兵周文郁便极力反对,但袁崇焕的回答是:"君父有急,何遑他恤。苟得济事,虽死无憾。"遂将兵马驻扎在广渠门外,配合大同、宣府等地的援兵,与后金反复拉锯,交战于京城之下,并互有杀伤。

此时的崇祯皇帝已对袁崇焕起了疑心,他表面上不动声色,却断然拒绝了袁崇焕想要率军进城休整的请求。关键时刻,皇太极所施的反间计起到了作用。再加上袁崇焕一再渲染后金势大,难以力敌,崇祯皇帝开始严重怀疑袁崇焕与皇太极有密约在先。袁崇焕实是养寇自重、大胆要挟,目的就是想与后金达成和议,借以塞"五年复辽"之责。至此,崇祯皇帝终于下决心将袁崇焕逮治下狱,并于次年八月以"付托不效,专恃欺隐,以市米则资盗,以谋款则斩帅,纵敌长驱,顿兵不战"等多项罪名将其凌迟处死。

《明史·袁崇焕传》所谓:"初,崇焕妄杀文龙,至是帝误杀崇焕。自崇焕死,边事益无人,明亡征决矣。"

卢象升:我不死疆场,死西市耶?

就崇祯朝的军事将领而言,毛文龙和袁崇焕的悲剧显然是影响深远的——袁崇焕杀毛文龙,毛文龙的手下或逃或叛,东江军分崩离析;崇祯皇帝杀袁崇焕,明朝的将领人人自危,再则为了摆脱"养寇自重"的罪名,真正的大将,有时不得不以一死来剖明自己的心迹。如果说毛文龙被杀造成的只是局部影响,那么袁崇焕的被杀则严重破坏了明朝的政治生态,以至于到了崇祯朝末期，很少再有军人愿意为朝廷出力，崇祯皇帝落到无人可用的地步，最终铸成了王朝的灭亡。

比如崇祯四年（公元1631年）的大凌河之役，明军被后金军围困在大凌河城中等待救援，老帅孙承宗在1个月内分4次派兵救援，结果4次救援均以惨败告终。作为一名久经战阵的军事将领，孙承宗自然知道，以添油战术让不擅野战的明军去救援大凌河城，无异于给等待围点打援的后金军送人头，但他不能从单纯的军事角度考虑救援问题，同时还要从政治的角度考虑救援问题。所以，孙承宗既不能违抗朝廷的命令，又要照顾被围的明军家属的情绪。故而，在大批援军未到的情况下，他也不得不做出一种积极救援的姿态，以获得各个方面的认可。

另外，比较突出的例子还有卢象升。在明末军事强人中，论勇猛善战和忠勇双全，卢象升无疑能排到前几位。然而，就是这样的人物，在明末战事中却没有发挥应有的作用，而是在战场上白白牺牲了。崇祯十一年（公元1638年）十二月，在卢象升平生的最后一战——巨鹿贾庄之战中，面对占有绝对优势的清军（此时后金已经改国号为清），卢象升本来有机会突围，最终却选择慨然赴死。因为有袁崇焕的前车之鉴，卢象升已然认识到崇祯皇帝的猜忌多疑和刻薄寡恩。他明白自己即便拼尽全力，也依然得不到善终，所以他才会在与清兵决战的最后关头拒绝突围，并悲愤地说出："我不死疆场，死西市耶？"

与卢象升相比，后来因苦战力竭而降清的洪承畴的境遇也好不到哪去。在决定明朝命运的松锦之战中，洪承畴本来打算步步为营、稳打稳扎，以消耗战应对清军擅长的闪电战。而且清军的粮草经不起消耗，只要固守阵地，假以时日，清军将不战自溃。但兵部尚书陈新甲却出于"兵多饷艰"的考虑，希望明军速战速决，以减轻朝廷的负担。而支持陈新甲的崇祯皇帝则为了防止洪承畴"养寇自重"，派出兵部职方司郎中张若麒出任监军，督促洪承畴尽快进军。无奈之下，洪承畴只好抱着侥幸的心态与清军决战，最终因被清军切断粮道，十几万明军在突围中土崩瓦解，松锦之战以明军惨败告终。

孙传庭：吾固知往而不返也

崇祯十一年（公元 1638 年），清兵入塞，这也是"明末最后一位名将"孙传庭命运的转折点。崇祯皇帝同时调集卢象升、洪承畴和孙传庭进京勤王，对于当时的局势，孙传庭虽然不同意杨嗣昌、高起潜等人的主和之议，却也不像卢象升那样试图与清兵决战，毕其功于一役。孙传庭既清醒地认识到明军的实力不济，以及"一言北敌，遂无人色"的事实，也对巨鹿贾庄之战的失利进行过深刻的检讨。他以为"巨鹿之失，缘当事者计无复之，惟思谢责朝廷，罔顾贻忧宗社，真堪令人切齿痛心也"。所以，孙传庭主张对阵清军"断不宜轻言进战，饰报捷功"，而是应当在做好防守的前提下，伺机反击。

然而，孙传庭"不轻出、严守备、伺机攻"的御敌方略，却遭到内阁首辅刘宇亮和关宁总监高起潜的严厉指责。他们对孙传庭的指责主要集中在两个方面：其一是说孙传庭指挥的官军从来没有打过一场像样的大仗，孙传庭强调的扬长避短，其实只是消极避战的借口；其二是说孙传庭的调度不周，孙传庭指挥的官军只是避实就虚、疲于奔命。面对他们的责难，孙传庭百口莫辩，急火攻心，突然罹患双耳失聪的病症。崇祯皇帝则认定孙传庭并不是真耷,而是借以推卸责任,竟下旨将他革职下狱。孙传庭就此开始了将近3年的监狱生涯。

孙传庭获释出狱时,已是崇祯十五年(公元1642年)正月。此时中原板荡,局势糜烂,先是李自成和张献忠重新起兵,杨嗣昌、傅宗龙、汪乔年等人相继败亡,崇祯皇帝无人可用,只好放出了关在狱中的孙传庭。重新带兵的孙传庭初战失利,他目睹民军的实力,认识到以一役剿灭"流贼",已是不切实际的幻想,于是痛定思痛,开始清军清屯,修造器械,制造新式装备,储备粮草,扩大募兵规模,作为与民军的长久周旋之计。但是,孙传庭以强硬的手段督促豪强士绅捐献粮钱,得罪了陕西的豪门巨族。他们便纷纷传言孙传庭按兵不动是为了"养寇自重",以促使孙传庭尽快进兵。

崇祯皇帝既怀疑孙传庭按兵不动的动机,更幻想着以最快的速度剿灭"流贼",遂"下手敕催战"。接到手敕的孙传庭"见上意及朝论趣之急",不禁仰天长叹:"奈何乎!吾固知往而不返也。然大丈夫岂能再对狱吏乎!"孙传庭的喟然长叹,不禁让人想起卢象升慷慨赴敌时所说的:"我不死疆场,死西市耶?"可以说,卢、孙二人同样抱有义无反顾的赴死之心,那种壮志难酬却又万般无奈的心情也并无不同。

崇祯十六年(公元1643年)十月,孙传庭战败身亡。孙传庭死后不足半年,李自成攻破北京,大明王朝落下帷幕。《明史》曰:"传庭死而明亡矣。"

(作者:王淼)

南明实力明明远胜东晋、南宋，为何没能长期偏安南方？

崇祯十七年（公元1644年）三月，崇祯自缢殉国。两个月后，福王朱由崧在留都南京称帝，国号续之曰"大明"，史称"南明"。然而，自朱由崧政权草创伊始至永历帝被戮于云南，历经"四帝一监国"仅18年，算上此后盘踞于中国台湾岛的明郑政权，南明纵向跨度也仅有39年。

同样是偏安政权，西晋为前赵所灭后，司马睿即逃往建康，以偏安方式再续晋朝大一统百余年；北宋为金所灭后，赵构逃往临安，也以偏安的方式再续宋朝大一统百余年。为什么南明如此短命？是因为实力不够吗？

清代学者戴名世曾感慨："呜呼，自古南渡灭亡之速，未有如明之弘光者也。地大于宋端，亲近于晋元，统正于李昇，而其亡忽焉。"

这句话道出了南明对比前朝几个偏安政权的优势。首先，尽管中原地区和陕西、四川、湖北等地遭受了多年战争和灾害的创伤，但富甲天下的江南并没有受到多大影响，这里仍然是明帝国物产最丰富、人口最密集、赋税最主要的地区；其次，南京原本就有一套留守的政府班底，在南京延续大明国祚的把握，要远远胜过仓皇奔赴南方的司马睿和赵构；最后，南京有开国皇帝朱元璋的陵墓，这是一种正统的象征，对明朝政府治下的臣民，是一个心理上的鼓舞。

总而言之，南明的政权基础、物质积累和军队保有量，比起东晋和南宋都更为优越。但遗憾的是，它在历史上只是昙花一现。

统治者昏庸

崇祯皇帝在死之前并没有对身后的抗清大业有一个安排，因此，南明的皇帝福王朱由崧在没有经过任何考核的情况下匆匆上位。事实证明，这是一个完全不称职的统治者。当他的新宫殿兴宁宫落成之际，他令大学士王铎书写了一副对联。这副对联由朱由崧亲拟：万事不如杯在手，一年几见月当头。

由此可见，这位皇帝的志向并非重整河山，北伐中原，而是给自己营造奢华的生活，醉生梦死。

他登基后，一是大选秀女入宫，让自己尽情地享受美女。当时民间就有人创作《拉郎配》这个戏剧，讽刺弘光帝不顾国情、为了个人私欲而滥用国家资源进行全国范围的选妃活动。二是以原来的宫殿漏水为名，大事营造。由于他只当了一年皇帝就做了清军俘虏，许多宫殿在他下台时还在建设之中。他举行大婚时，铺张程度更是登峰造极，单是一顶镶有猫眼石和祖母绿的礼冠，价值就高达白银10万两，相当于5000名士兵一年的费用。另外，当时宫中辖下负责制作金银器的银作局，就有工匠多达千名，单是每个月的伙食费，就多达3600两，这还不算这千名工匠每天制作金银器具的花费。

由于皇帝的开销太大，政府财政变得十分拮据。为了解决财政困境，主持中央政府工作的马士英开动脑筋，公开出售官职和生员身份。他先是从广大士子开始，规定各府州县童生只要交一定金额的银子，就可以免试取得秀才资格，直接参加科举考试。此后，又明码实价地卖官，如武英殿中书900两，文华殿中书1500两，拔贡1000两，内阁中书2000两。

一时间，江南的有钱人都纷纷花钱买官。哪怕是大字不识一个，只要有钱，就可以成为秀才。他们当官后，想方设法地以权谋私、压榨百姓，加紧收回买官的投资。这些官员迅速败坏了南明政权在人们心中的形象。当时南京的一首民谣一针见血地讽刺道：

　　　　中书随地有，都督满街走。
　　　　监纪多如羊，职方贱如狗。
　　　　荫起千年尘，拔贡一呈首。
　　　　扫尽江南钱，填塞马家口。

统治者胸无大志，整个南明政权无法制定出一个抗清的具体战略规划，只能在被动中应付清军的不断攻击。相比之下，东晋建国之初，就积极派兵北上收复失地；南宋建国伊始，就派高级官员到河南、河北联络收编抗金起义军，骚扰金国腹地，不让金国建立起稳固的统治。同时又派岳飞率军收复鄂北重镇襄阳，从侧翼威胁南下金军，从而有力地拱卫了东南之地。反观南明，可以说毫无作为。

而且，弘光帝骄奢淫逸的做派，马士英卖官鬻爵的疯狂，引起了百姓的强烈不满。当时民间就流行这么一首民谣：

> 老天爷，你年纪大，耳又聋来眼又花。
> 老天爷，你年纪大，你看不见人来听不见话。
> 杀人放火的享受荣华，吃素看经的活活饿杀。
> 杀人放火的享尽荣华，吃素看经的活活饿杀。
> 老天爷，你不会做天，你塌了罢！
> 老天爷，你不会做天，你不会做天，
> 你塌了罢！你塌了罢！你塌了罢！

可见百姓对弘光政府的刻骨仇恨。

人心不和，自然国势不安，在君臣无能的情况下，南明哪里能抵御如狼似虎的清军呢！

高层持续内耗

大敌当前，国事危亡之际，南明政权的内部高层斗争处于胶着状态，在持续的内耗中将整个国家带入万劫不复的深渊。

马士英作为拥立弘光帝上位的功臣，被弘光任命为兵部尚书兼凤阳总督，主持中央政府工作。原本主持中央政府工作的史可法，则被火速派到前线督战。

马士英取得一人之下万人之上的地位后，立即让他的死党阮大铖复出。阮大铖罢官多年，此次再回政坛，首要之事就是报复压制了他近20年的东林党人。东林党人与马士英本没有大过节，但马士英是个讲义气的人，既然东林党人与他的死党有不共戴天之仇，也就等于和他过不去，他甚至公开说道："若辈东林，犹借口防江，欲纵左逆入犯耶？北兵至，犹可议款。左逆至，则若辈高官，我君臣独死耳！"

另一边的东林党人，曾重点攻击朱由崧的父亲老福王。因此，朱由崧登基后，东林党人担心他"或追妖书及梃击、移宫等案"，便不顾福王继统的合法性与社会舆论，意图以"立贤"为名拥立潞王朱常淓。

于是，明朝为祸已久的派系之争再次在南明政府里沉渣泛起。

除了政府内部的斗争，前线将领们的斗争也是此起彼伏。史可法设立的江北四镇，是指将高杰、刘良佐、黄得功和刘泽清4位原本活动于今天的山东、河南和江苏一带的总兵及所辖军队，在长江以北划分为4个相对独立的战区。江北四镇每镇定员3万，共计12万军队。四镇之外，史可法以督师的身份驻扬州，居中调遣，直属3万余人。这总共15万人，算是南明军队的主力。

但是，这江北四镇的将领之间你看我不顺眼，我看你不爽快。高杰和黄得功向来不和，后来，高杰被调往瓜洲，他怀疑是仇人黄得功在整他，于是在不经过任何考证的情况下，就趁黄得功不备，发动突然袭击。如果不是黄得功的亲兵死命保护，再加上他本人勇猛异常，估计他已经死在这场自己人的突袭中了。

黄得功的脾气本来就暴躁，经此一役非要带领自己的属下与高杰决一死战。史可法只得出面当和事佬，自己拿出一笔钱赔付给黄得功。但是这只能将二人之间的仇隙暂时掩盖，不能根本解决问题。史可法本人披肝沥胆，死不旋踵，但是他的个人能力实在有限，无法将弘光政权从悬崖边拉回来。

四镇将领不和，黄得功和高杰更是势同水火，稍有误会便会大打出手。

史可法只能和稀泥，却无法让将领们握手言和。当清兵大军压境之时，南明的重要将领却在自相残杀，不顾大局。夏完淳曾总结道："朝堂与朝外不和，朝堂与朝堂不和，外镇与外镇不和，朋党势成，门户大起，清兵之事，置之蔑闻。"这样的朝廷如何能够不亡？

反观南宋，由于北宋是被金人直接灭掉的。并且，在靖康之变中，汉人受到了中国正统王朝亘古未有的耻辱。因此，南宋政权视金人为不共戴天之仇敌，全国上下莫不奋力抗金。在长期的抗金战争中，宋军历练出了宗泽、韩世忠、岳飞等杰出将领，他们所取得的一系列胜利，保障了朝廷元气的恢复，南宋政权也因此迅速在南方站住了脚跟。

清军强烈的进取心

南明政权内部腐败无能，藩王割据，同时，它的外部环境也远比东晋、南宋要复杂。尤其是南明的对手——清，远比东晋和南宋的对手强大。

东晋南渡后，中原地区陷入了军阀大混战，匈奴、鲜卑、羯、羌、氐5个胡人大部落相互攻伐。其实卷入的胡人远远不止五族，也不止史书所说的十六国。从西晋灭亡到鲜卑北魏统一北方，长江以北从没有形成一个统一的强大政权。这些势力斗得你死我活，根本就顾不上偏安一隅的东晋。直到前秦苻坚基本上统一北方，才率大军攻取江南，结果被已经稳定下来的东晋在淝水击败。

南宋能够苟且偷生，与金国的南进政策有很大关系。金国军事实力虽然强悍，但内部的政治制度还很原始，权力结构十分混乱。金国实行的是一种贵族集体领导的勃极烈制度，这种制度在决策上总是互相掣肘，效率低下。金国占领中原后，最高统治者完颜亶是跟弘光帝不相上下的昏君，嗜酒如命，滥杀无辜，最终为完颜亮所杀。而完颜亮是另外一位昏君，最终被部下所杀。金国高层混乱的政治局面，持续了很长时间，一直都没有稳定下来，这就导致金人立国之初的血性早已消磨殆尽。宫斗中上台的官僚，不由自主地把重心放在内部斗争上，唯恐征战过多，引发武人独大，威胁自身权力，南征计划也就从此束之高阁。加上金国还被北方崛起的蒙古威胁，更是无心也无力跟南宋一较高下。

到南明时期，形势又发生了变化。以金人后裔自居的满人，早已深受中原政治文化的影响，建立起稳定的治国理念和政治方向。大权在握的多尔衮高瞻远瞩，他不仅采纳了汉族官僚范文程等人的建议，快速将首都从盛京迁移到北京，抢占政治上的制高点，还快速定下武力统一全国的方针。此后，清军仅用一年时间就扫平了北方的大顺军和明朝残余势力后，于南明弘光元年（公元1645年）跃马跨过长江，攻取江南，一边随地设置官员，推行"以汉制汉"的统治，一边对南明势力穷追猛打，使惊魂未定的弘光朝廷没有喘息的机会。

南明气数已尽

弘光政权灭亡之后，长江以南又先后出现了几个小朝廷领导抗清，分别是隆武政权、永历政权以及潞王监国政权、鲁王监国政权。在这几个先后出现的南明政权里面，领导人的表现大相径庭，其中只有隆武帝的表现可圈可点。隆武政权虽然在南明的历史上仅仅存在了一年，但据史书记载，隆武帝和其他几位贪图享乐、畏惧清军的南明皇帝、监国等不同，他以收复失地、重建明朝为己任，立志北伐。

然而，隆武帝在军政大权上受制于郑芝龙。为了拉拢郑芝龙，隆武帝专门赐郑芝龙之子郑森为国姓，并为他改名成功，这也是郑成功后来誓死不降清的原因之一。但是郑芝龙是个机会主义者，他对抗清大业没有兴趣。尽管隆武帝广开言路、虚心纳谏、赏罚分明、爱民如子，但是郑氏家族却卖官鬻爵，大肆搜刮百姓，狠毒凶暴甚至超过弘光朝的马士英，以至于"受害者延颈待清兵，谣曰'清兵如蟹，曷迟其来！'"，将隆武政权的民心丧失得一干二净。

岌岌可危的情况下，其内部还在争斗不休。文官集团东林党瞧不起武官集团郑氏家族。而且，东林党本身就是政商结合体，在商业上和郑芝龙有很深的矛盾。郑芝龙出身海盗，归顺明朝后更是一直把持着南方海商的命脉，所有海商出海贸易都要给他交税。东林党对郑芝龙十分敌视。根据史书记载："芝龙初以海寇受抚，虽晋五等爵，与地方有司不相统属，闽士大夫辄呼之为'贼'，绝不与通。"明明郑芝龙已经是一方大员、朝廷重臣，但东林党人还是称他为贼。

南明隆武二年（公元1646年），清朝贝勒博洛率清军攻打福建，本应统军御敌的郑芝龙却选择按兵不动，隆武帝只好命令东林党首领黄道周外出募集军队，黄道周仓皇募集的流民百姓，没有经过像样的军事训练，战斗力非常弱。加上郑芝龙早已暗中与清兵约降，福建各关隘均无人把守。只一战，黄道周的"扁担军"就被清军击溃，全军覆没，隆武帝只能仓皇出逃。最后，隆武帝被清军俘虏，在福州的监牢内绝食而死。

隆武帝纵有雄心壮志，却无法整合抗清力量，只能坐视朝廷高层继续内耗。隆武帝这样颇有抱负与血性的皇帝尚且不能扭转乾坤，南明的灭亡似乎是命中注定。

（作者：柏舟）

垂死挣扎的晚清军队：
八旗绿营不行，为什么湘淮军也不行？

战争是财富的粉碎机，军队是财政的吞金兽。

晚清统治者对军队疯狂噬金的感受尤为深刻。从第一次鸦片战争到辛亥革命爆发的70多年间，帝国的裱糊匠们一直在体制、军制、财税乃至政体之间辗转，苦苦寻觅破局之法。清末新军编练，虽始于甲午惨败之后，但究其思想启蒙、人才储备、军事工业、体制改革等诸多铺垫，实际始于数十年前。

八旗、绿营的吞金与无用

晚清进行军制改革的原动力，首先是因为缺钱。

清朝经制军队，最初是源于部落兵制的满洲八旗军。入关之后，又将归附投靠的汉族军队编为绿营，以补充八旗军之不足。绿营在清朝中前期尚勉强可用，但到嘉庆初年镇压川楚白莲教起义时，就已疲态尽显，甚不得力了。

至道光年间，绿营的战斗力更是每况愈下。

以第一次鸦片战争为例。战争总共只打了26个月，清政府累计开销高达2871万两银；而劳师远征的英国花了多少呢？英国人在《南京条约》中索赔的战费，才不过1200万银圆（折合840万两银）。即便按东印度公司报的花账1263万银两算，也只相当于清政府战费的40%。

第一次鸦片战争虽然打醒了沉睡的帝国，也暴露了八旗、绿营的吞金与无用，但统治者改革的决心仍旧不是那么容易下的。朝廷本着求稳怕乱的心态，睁一只眼闭一只眼，继续任由态势发展。

等到咸丰元年（公元1851年）太平天国起义，应对的仍然是毫无长进的八旗和绿营，其表现也一如既往地"稳定从容"——从道光三十年（公元1850年）冬至咸丰三年（公元1853年）春，在仅两年多一点的时间内，朝廷用兵才不过9.77万人，但经户部奏拨的军需银就已高达2510万两！至咸丰三年六月，户部库存正项待支银仅剩下22.7万两。

清王朝眼看就要破产了。而八旗和绿营在掏空国库的同时，却连一份像样的捷报也交不出来，他们唯一的贡献是尾随着太平军，胜利地完成了从广西到江苏的长途公费旅行。

面对破产危机，朝廷不得不另找出路。那就是重拾嘉庆年间对付白莲教的老办法，兴办团练。所谓团练，即由地方士绅发起组织的民兵，用于地方自保，而其口粮费用也主要由地方自筹解决。从咸丰二年（公元1852年）末至咸丰三年初，共有10省奉诏兴办团练，朝廷先后任命了43名"团练大臣"。其中湖南团练大臣，就是后来鼎鼎大名的曾国藩。

省钱管用的"临时工"

曾国藩能从这43名"团练大臣"中脱颖而出，完全是因为他压根儿就没执行朝廷指示精神，真去搞什么"团练"。

从一开始，曾国藩就瞧不起乌合之众的"团练"，他毫不客气地指出"经过各省，从未见有团练能专打一役，专守一城者"。他认为，与其召集一帮无组织、无训练又无责任心的社会闲散人员胡乱凑数，还不如索性另建新军。

他指出，绿营效率低、开销大，主要因为他们是终身制，虽然平时拿低薪（战兵月支1.5两，守兵1两），但外出打仗差旅费就要飙升（每兵月支5两上下）。又因为平时工资低，大家只好四散打工养家糊口，故而毫无操练时间和精力。打仗临时拼凑的兵力，等同于乌合之众，此外账上还有各种浮销虚账和贪污白肥，"平日有粮少之名，临事无省费之实，百年受养兵之累，应急无破寇之效"。

湘军则不分平时战时，一个兵每月就是4.2两（小月扣减），战时每千人月支才5700余两（含各级官佐），而绿营战时每千人月支7000两，比湘军整整高了1300余两（还不算虚账浮销）！至于平时绿营比较省钱这碴儿，在湘军那里更不是个事儿——战斗结束，队伍解散。

在曾国藩的努力下，咸丰三年，一支以"湘勇"为名的体制外队伍正式诞生。之所以称"勇"而非"军"，就是为了与正规军相区别。12年后，这支彻头彻尾的"临时工"队伍，攻克了太平天国的都城天京，完成了其创建的初衷。

曾国藩12年间所耗军费，总计尚不足3000万两（从公元1853年至公元1860年的7年间，仅花了450余万两）。而该部却从最初的1.7万人发展到最高峰的12万人。与两年就花掉2510余万两的绿营相比，高下立判。

但就在这支"湘勇"取得胜利之日，曾国藩却出人意料地宣布解散湘军。除湘军水师经吏部等议准给予正式编制转正，改为长江水师外，全军12万人均次第解散。

曾国藩做出"这个艰难的决定"，其实不难理解。

为什么裁撤湘军保留淮军

如前所述，从制度上讲，湘军并不是帝国的固定编制军队，而是济临时之急的"募勇"，也就是"临时工"。事平之后，湘军就失去了存在的理由，撤裁遣散当然势在必行。

而从政治上讲，朝廷之所以一度慷慨许以封疆之任，只不过因临事仓皇，非湘军不足以借重支吾而已。一旦鸟尽兔死，藏弓烹狗之举自将随之而至。

而要争取主动，避免坐而待烹，曾国藩只有两条路可走。

其一是造反，覆清而代之。当时，曾国藩的身边颇不乏支持谋反之辈。他的四弟曾国荃就曾私下劝他自立为帝，水师大将彭玉麟也密函试探："东南半壁无主，老师其有意乎？"甚至连已沦为阶下囚的太平天国重臣如李秀成，也以汉族复兴为题目，煽动他率部谋反。

但他们只见得清王朝表面上的破败，却未见得其深厚的软实力———湘军以书生带兵，用"忠孝节义"日相砥砺。曾国藩自己，十余年来也无日不强调"忠孝"二字，并且要反首先在政治上就缺乏群众基础。

从财政上讲，曾国藩手中不过两江四省的地盘，用之以倡乱，远不足以养活12万人的军队。其他各省的门生故旧，平日协饷虽然给力，真要论及谋反，人家也未必肯放弃督抚的前程，冒着诛九族的危险来支持他。平生谨慎小心的曾国藩，自不肯率尔出此下策。

其二是争取主动的道路。就是自剪羽翼，主动撤裁军队，示朝廷以忠诚。但此举也有风险，曾国藩在朝中的大靠山肃顺，此时业已垮台，而他自己在此前12年中风光过头，难免得罪满洲权贵。湘军撤裁之后，自身爪牙全失，若遭倾轧报复，前途亦极可忧。

有鉴于此，曾国藩不得不提前准备了一条"李代桃僵"的退路。从湘军逐渐进入军事高潮的咸丰十一年（公元1861年）起，他便刻意培养门生李鸿章，帮助李鸿章建立了一支与湘军宛如孪生的新军——淮军。淮军初起时全军6500人，这当中就有3000人来自湘军主力，而其中又有1000人为曾国藩的亲兵营，另有1000人则是曾国荃所部精锐。

湘、淮之间有如此渊源，则湘军虽撤，淮军之于曾国藩，仍犹如亲子般可倚。而该军操之于安徽人李鸿章之手，又尽可避免满洲贵族对湘系官僚的猜疑。所以，曾国藩在攻陷天京之后，便以"暮气深沉"为由，决然撤裁了所部湘军。

湘军的经验与"临时工"转正

曾国藩以在籍侍郎身份起而练兵，所用将官也多是书生出身，故湘军惯以"书生带兵"自称。但书生缺少战争经历和带兵打仗经验，这是硬伤。

即便是曾国藩本人，也仅仅是个干过10个月的兵部左侍郎，但那是组织上让他去挂职锻炼培养其资历的，实际上他并没在部队待过，对实际带兵打仗仍属一窍不通。

但书生的特质就是爱学习，善于从前人的书本里汲取营养。曾国藩亦是如此，他倚为军事宝典的就是明朝戚继光的"束伍成法"。

尽管年代久远，但"戚氏成法"用之于19世纪中期的国内战争，却不算落伍——毕竟太平军的军制是冯云山参照《周礼》制定的，装备的则是吴三桂造的旧炮。所以，湘军这支以《纪效新书》和《练兵实纪》为蓝本组训的"山寨戚家军"，还算有些代差优势，逐渐扭转了战场局势。

曾国藩不搞技术垄断，且乐于推广"先进经验"。咸丰三年，湘军初定营制、营规，曾国藩便即在衡州刊印，旋即又在江西刊印。咸丰十年（公元1860年），曾国藩督师安徽祁门，又刊印一次。同治元年（公元1862年），曾国藩的弟子李鸿章率淮军援上海，因各处索求，又代为翻刻了一次，但依然供不应求。

在如此学习热潮下，集纳了从人才招募、编制阵法到绩效管理全套实务规范的湘军营制、营规，俨然成为清军这一轮军事改革的理论圭臬。

但不管怎么改，其里子仍是明朝的水平。

湘军缺乏先进军事理论的指导，曾国藩只能以加强管理来提升湘军效能。他继承戚继光"澄定浑水，再汲新水"之说，认为一支部队年久必生"暮气"。"暮气"深了就得撤裁统领、撤职营官，解散队伍，另委新干部在编余人员中招募上岗，再建新营新军。靠严格的绩效考核和"下岗—竞聘—再上岗"的强硬手段，来防止队伍腐化失能。有人称之为"抽帮换底，整旧如新"。

湘军仅存在了12年，其间靠坚持裁旧建新的强硬手段，一直维持着一定的战斗力。但到末期，天京城陷，官兵都在战争中发了财，普遍思乡厌战，再无"新水"可引入之际，湘军最终还是陷入了"奖之而不劝，痛之而不服"，暮气深沉不堪用的绝境。再加之政治考虑，曾国藩不得不解散湘军。

湘军撤裁之际，天下并不太平：西北回民起义，中原捻军正炽，大理的杜文秀正组织20万大军东征，一度包围昆明，各地太平军余党还在蠢蠢欲动……

同治四年（公元1865年）四月，帝国唯一堪用的"正式工"蒙古亲王僧格林沁，竟在山东菏泽高楼寨被捻军设伏阵斩，所部全军覆没。

眼看经制军队仍然扛不起责任，朝廷只好沿用现成办法。在曾国藩力荐下，李鸿章的淮军全面接手"剿捻"业务。在淮军围剿下，同治七年（公元1868年）腊月，东捻主力全军覆没于山东胶莱河；同年八月，西捻主力也于茌平被全歼。

淮军锐气方涨，甫一独立便得到了朝廷的肯定。此后二三十年间，清朝东部北起津沽、南至淞沪，南北纵贯数千里的国防线，均承包给淮军扼守。在此期间，淮军的身份也发生了原则性的转变——从"临时工"转为"正式工"，变成了八旗、绿营之外的第三种经制军队"勇营"。

尽管与湘军有深厚的渊源，但湘系人物除曾国藩外，大多对淮军不抱好感。无他，只因淮系崛起太快，兼之吃相难看，抢了湘系的风头和实利。

由湘军出身，前后做到总督者共13人，做到巡抚者亦有13人，不可谓不多。但这些做到方面大员者，大多原有科举功名在身。如湖北巡抚胡林翼、广东巡抚郭嵩焘、直隶总督李鸿章、两江总督沈葆桢、山西巡抚李宗羲等人均为进士出身；安徽巡抚江忠源、陕甘总督左宗棠等、安徽巡抚唐训方等人则为举人出身。其他优贡、拔贡、诸生、文童等名目亦不在少数。这些人本就是朝廷官员，即便湘军撤裁，仍可以回去继续仕途。但武职出身者，就没这么好待遇了。

湘军败得比淮军更难看

为了鼓舞"临时工"的士气，朝廷最初也曾有"转正表现优秀者"一说。无奈湘军前后12年间，因战功得到保举者实在太多（最初是按全军人数的3%进行保举，最高时竟有按全军人数的20%进行保举），故湘军历年保至武职三品以上者即高达数万人——大清正式的绿营武官编制，总共才12933员，其中三品以上（提督、总兵、副将、参将、游击）仅有646员。

由于武职立功者太多，所以这种朝廷功名也就滥贱了。如《官场现形记》中的江湖骗子冒得官先生，只花30元，便买得了一副"花翎副将衔尽先候补游击"。最糟糕时，竟闹出过武职正二品的记名总兵朱德树（实授浙江处州镇游击），被文职正七品的中书吴士迈（实职为统领，朱德树实为他手下营官）拖出去杀头的案例。

湘军被遣散后，武职人员的境遇潦倒不堪，而同为"临时工"的淮军却转正成功，湘军自然不服，为此湘淮两系在利益之争中摩擦持续不断。

光绪九年（公元1883年）年底，中法战争爆发。由于淮军在战场上表现吃力，朝中清流派对淮系大加指责，力倡"以湘代淮"之议。

光绪二十年（公元1894年），中日之间爆发甲午战争，以淮军为主力的驻朝清军一溃千里，朝中以翁同龢为首的后清流派趁机又掀起"以湘代淮"之议。朝廷对淮系的信心动摇，改以湘系大佬两江总督刘坤一为钦差大臣出防山海关；另一位湘系大佬湖南巡抚吴大澂，则自告奋勇率数万大军出战日军，结果在牛庄一战大败亏输，吴竟"弃冠脱剑"夜逃。

甲午之败说明，无论湘、淮，都已不足以"执干戈以卫社稷"。其实，这压根儿就不是清流们热议的态度问题，明显是技术代差的问题。体制的先天缺陷已无法靠管理来弥补差距、缓和矛盾。

（作者：江上苇）